高职高专“十二五”规划教材
21 世纪高职高专能力本位型系列规划教材·财务会计系列

税务会计实用教程

周常青　黄桃红
王　红　刘东山　编　著

北京大学出版社
PEKING UNIVERSITY PRESS

内 容 简 介

本书是在工学结合的高等职业教育教学理念指导下编写的工作过程系统化教材，打破了以知识传授为主要特征的传统学科教材模式，适合“教、学、做一体化”的教学模式。

本书共设计了 10 个教学情境，将常用税种的税法规则、核算方法、申报办法融入其中。这 10 个教学情境分别是：税务会计岗前准备、增值税的核算与申报、消费税的核算与申报、营业税的核算与申报、关税的核算与申报、资源税的核算与申报、土地增值税的核算与申报、财产行为税的核算与申报、个人所得税的核算与申报、企业所得税的核算与申报。每个教学情境包括 2～6 个工作任务，涉及该税种的税法认知、税款计算、涉税业务核算和纳税申报。

本书可作为高职高专院校财务会计、财务管理以及经济管理等专业的教材，也可作为在职人员培训学习的参考用书。

图书在版编目(CIP)数据

税务会计实用教程/周常青等编著. —北京：北京大学出版社，2015.10
（21 世纪高职高专能力本位型系列规划教材 · 财务会计系列）
ISBN 978-7-301-26295-5

Ⅰ. ①税…　Ⅱ. ①周…　Ⅲ. ①税务会计—高等职业教育—教材　Ⅳ. ①F810.42

中国版本图书馆 CIP 数据核字（2015）第 213463 号

书　　名　税务会计实用教程
著作责任者　周常青　黄桃红　王　红　刘东山　编著
策 划 编 辑　蔡华兵
责 任 编 辑　蔡华兵
标 准 书 号　ISBN 978-7-301-26295-5
出 版 发 行　北京大学出版社
地　　址　北京市海淀区成府路 205 号　100871
网　　址　http://www.pup.cn　新浪微博：@北京大学出版社
电 子 信 箱　pup_6@163.com
电　　话　邮购部 62752015　发行部 62750672　编辑部 62750667
印 刷 者　北京鑫海金澳胶印有限公司
经 销 者　新华书店
787 毫米×1092 毫米　16 开本　16.75 印张　390 千字
2015 年 10 月第 1 版　2015 年 10 月第 1 次印刷
定　　价　37.00 元

前　　言

税务会计是进行税务筹划、税金核算和纳税申报的一种会计系统。一般来说，人们认为税务会计是财务会计和管理会计的自然延伸，但这种自然延伸的先决条件是税收法规的日益复杂化。从事税务会计工作的主要内容包括经营收入的确认、成本费用的计算、经营成果的确定、税额的计算、税款解缴、罚金缴纳和税收减免等业务的会计处理。

关于本课程

高职“税务会计”课程内容涉及企业经营过程中的各项涉税业务，是高职会计专业必修的一门职业核心能力课程，旨在培养既精通会计专业知识又能准确办理涉税业务的中高级应用型、复合型人才。因此，该课程应融现行税法和会计核算于一体，体现理论性、实务性、技术操作性等特点。

关于本书

本书是在《涉税业务核算》(2011 年出版）的基础上修订而成的，是基于行动导向教学观而编写的会计专业教学改革教材。通过修订，本书纠正了工学结合课程的误区，在强调实际操作的同时，降低操作难度，增加分析内容，使“做”的过程不仅是熟悉操作流程和要求的过程，而且也是分析问题掌握知识的过程；强化了“做”的探索、体验、强化功能，使“做”不仅能锻炼技能，而且还能在其中学习知识，培养综合职业能力，达到“会做、能懂、有发展”的目的；同时增加“同步测试”栏目，在其中不仅设置业务处理等操作性任务，而且还设置单项选择题、多项选择题等题型，以促进学生的可持续发展。

本书在分析各行业税务会计、报税员等岗位典型工作任务的基础上，以培养企业涉税业务核算和纳税申报能力为目标选取教学内容，设计教学情境，基本实现了实践理论一体化，内容体系工作任务过程化，结构设计便于实现“教、学、做一体化”的教学模式。

如何使用本书

本书以制造企业各个税种的核算与申报为主线，兼顾商品流通企业、服务企业、资源开采企业、房地产开发企业涉税业务核算与申报的需要，设计了 10 个教学情境。每个教学情境包括 2～6 个工作任务，分别解决税法认知、税款计算、涉税业务核算和纳税申报等问题。在本书设置的情境中，学生可以模拟企业税务会计人员，在情境任务的驱动下边做边学，通过对全书的学习，能够掌握常见企业的涉税核算与申报的基本知识和技能。

本书编写队伍

本书坚持校企合作开发，体现了产教融合、行业指导的思路。本书由黄冈职业技术学院的周常青、黄桃红、王红和刘东山编著。本书的具体编写分工是：周常青负责项目一、项目五、项目六的编写；黄桃红负责项目二、项目三、项目四、项目七、项目九的编写；王红负责项目十的编写，刘东山负责项目八的编写。

湖北诚达信会计师事务所董事长毕根源先生、湖北齐兴税务师事务所漆兰英女士、湖北黄冈洲诚税务师事务所总经理孙林杰先生等专家，对本书编写工作，提出了许多宝贵意见，并为本书编写提供了大量宝贵的实践素材；《涉税业务核算》在使用过程中，黄冈职业技术学院会计专业的全体教师均提出了宝贵的意见。在此对他们一并深表谢意！

本书是高等职业教育教改探索过程中的一个产物，尽管我们在编写过程中付出了许多努力，但由于水平有限，书中还存在缺点和错漏之处，热切希望同行特别是会计职教专家提出宝贵意见，以便本书进一步完善。您的宝贵意见请反馈到电子信箱 sywat716@126.com。

编著者

2015 年 3 月

目　录

项目一 税务会计岗前准备

SHUIWU KUAIJI GANGQIAN ZHUNBEI

税务会计准备，既是指一个合格的税务会计人员在从事税务会计工作前对税收征管法规应有的掌握和了解，又是指税务会计在进行涉税业务核算前后应办理的相关税务事项。履行税务会计岗位职责的基本要求是，熟悉税收法规，清楚税收法律责任，熟悉办税流程，能够有效规避纳税风险。税务会计在进行涉税业务核算前需要完成的工作包括税务登记、发票管理等。

【学习目标】

（1）理解税收的内涵，能说明税收的意义与特征。

（2）理解税法的内涵，能说明我国现行税制体系。

（3）掌握纳税程序要求，能遵守办税规范。

（4）了解税收违法行为，理解税收法律责任，树立依法纳税意识。

任务一 熟悉税收法律责任

【任务引导】

张利从2013年开始担任某食品公司税务会计。为了加强企业管理、健全会计核算，他经领导同意后，将公司执行的会计制度从《企业会计制度》改为《小企业会计准则》，会计制度转换日期为2014年1月1日。2015年年初地税局对该公司进行检查时，发现2014年度该公司转换了会计制度，改变了很多会计处理办法，但未向税务机关备案。地税局遂向该公司下达了《税务处理决定书》，要求公司整改，并处以1 000元罚款。张利想不通，会计制度的转换是公司自己的事，为什么要向税务机关备案呢？公司没有偷税，为什么也会受到处罚呢？

你能解答张利的疑问吗？

【知识介绍】

一般来说，企业税务会计岗位的主要工作职责包括5个方面：①负责税务登记、增值税认证、减免税申请、发票领购和审核等企业日常税务事项的处理；②负责涉税业务的凭证填制，账务登记；③编制企业各类税务报表，及时进行纳税申报；④制定企业税务事项的办理、收入确认等相关规章制度；⑤根据公司业务和国家税收相关政策、法规进行税务筹划。

一、税收

1．税收的概念

税收是国家为满足社会公共需要，凭借政治权力，按照法律所规定的标准和程序，参与国民收入分配，强制地、无偿地取得财政收入的一种形式。它具有强制性、无偿性和固定性的特征。税收是财政收入的主要来源，是调控经济运行的重要手段，是调节收入分配的重要工具，还具有监督经济活动的作用。

知识拓展

税务会计

税务会计是按税法要求提供纳税信息的信息系统，是以纳税人为会计主体，以货币为主要计量单位，依据税收法规，运用会计基本理论和方法，对税务资金运动进行连续、系统、全面的核算与筹划，目的在于使纳税人在不违反税法的前提下，及时、准确地缴纳税金并向税务部门提供税务信息。

企业纳税风险是企业的涉税行为因未能正确有效遵守税收法规而导致企业未来利益的可能损失。

2．我国税收体系

目前，我国共有增值税、消费税、营业税、企业所得税、个人所得税、资源税、城镇土地使用税、房产税、城市维护建设税、耕地占用税、土地增值税、车辆购置税、车船税、印花税、契税、烟叶税、关税、船舶吨税18个税种。其中，16个税种由税务部门负责征收；关税和船舶吨税由海关部门征收；另外，进口货物的增值税、消费税也由海关部门代征。

（1）增值税。增值税是以货物或者劳务在流转过程中产生的增值额作为计税依据而征收的一种流转税。我国现行的增值税，对在我国境内销售或者进口货物、提供加工修理修配劳务以及应税服务的单位和个人征收。

（2）消费税。消费税对特定的消费品和消费行为征收的一种税。我国现行的消费税对在我国境内生产、委托加工和进口应税消费品的单位和个人征收，征税范围包括烟、酒、化妆品、贵重首饰和珠宝玉石等14个税目。

（3）营业税。营业税对在我国境内提供应税劳务、转让无形资产和销售不动产的单位和个人征收，应税劳务包括建筑业、金融保险业等 6 个税目。

（4）企业所得税。企业所得税以在我国境内的企业和其他取得收入的组织（不包括个人独资企业、合伙企业）为纳税人，以企业每一纳税年度的应纳税所得额为计税依据。

（5）个人所得税。个人所得税以个人取得的各项应税所得为对象征收。我国现行的个人所得税征税范围包括个人取得的工资薪金所得、个体工商户的生产经营所得等11个应税项目。

（6）资源税。资源税对在我国境内开采应税自然资源和生产盐的单位和个人征收，征税范围包括原油、天然气、煤炭、其他非金属矿原矿、黑色金属矿原矿、有色金属矿原矿、盐七大类。

（7）城镇土地使用税。城镇土地使用税以在城市、县城、建制镇和工矿区范围内的土地为征税对象，以实际占用的土地面积为计税依据，按规定税额对使用土地的单位和个人征收。

（8）房产税。房产税以城市、县城、建制镇和工矿区范围内的房屋为征税对象，按房产余值或租金收入为计税依据，纳税人包括产权所有人、房屋的经营管理单位、承典人、代管人、使用人。

（9）城市维护建设税。城市维护建设税对缴纳增值税、消费税、营业税的单位和个人征收。它以纳税人实际缴纳的增值税、消费税、营业税为计税依据，与增值税、消费税、营业税同时缴纳。

（10）耕地占用税。耕地占用税对占用耕地建房或者从事其他非农业建设的单位和个人，依其占用耕地的面积征收。

（11）土地增值税。土地增值税以纳税人转让国有土地使用权、地上建筑物及其附着物所取得的增值额为征税对象，依照规定的税率征收。

（12）车辆购置税。车辆购置税对购置汽车、摩托车、电车、挂车、农用运输车等应税车辆的单位和个人征收，实行从价定率的方法计算应纳税额。

（13）车船税。车船税以在我国境内依法应当到车船管理部门登记的车辆、船舶为征税对象，向车辆、船舶的所有人或管理人征收。

（14）印花税。印花税对在经济活动和经济交往中书立、领受应税凭证的单位和个人征收。

（15）契税。契税以出让、转让、买卖、赠与、交换发生权属转移的土地、房屋为征税对象，承受的单位和个人为纳税人。

（16）烟叶税。烟叶税对在我国境内收购烟叶的单位，按照收购烟叶的金额征收，税率为20%。

（17）关税。关税是指国家授权海关对出入关境的货物和物品征收的一种税。它的征税基础是关税完税价格。进口货物以海关审定的成交价值为基础的到岸价格为关税完税价格；出口货物以该货物销售与境外的离岸价格减去出口税后，经过海关审查确定的价格为完税价格。

（18）船舶吨税。船舶吨税是海关代为对进出中国港口的国际航行船舶征收的一种税，其征收税款主要用于港口建设维护及海上干线公用航标的建设维护。我国现行船舶吨税的征税范围包括在中国港口行驶的外国籍船舶、外商租用的中国籍船舶，以及中外合营企业使用的中外国籍船舶征税。

另外，增值税、消费税和营业税的纳税人应以实际缴纳的增值税、消费税、营业税税额为计税依据，按 3%的比例缴纳教育费附加。

需要说明的是，尽管我国有 18 种税，但并不是每个纳税人都要缴纳所有的税种。纳税人只有发生了税法规定的应税行为，才需要缴纳相应的税收，如果没有发生这些应税行为，就不需要缴纳相应的税收。从实际情况来看，规模比较大、经营范围比较广的企业涉及的税种一般在10个左右，而大多数企业缴纳的税种在6～8个。

知识拓展

税收分类

按不同的标准，可将税收分成不同的类型。按征税对象的不同，可以将全部税收分为流转税、所得税、财产税、资源税和行为税。流转税是以商品或劳务的流转额为征税对象的一种税。增值税、消费税、营业税、关税、烟叶税都属于流转税。所得税也称收益税，是指以纳税人的各种所得为征税对象的一类税收，包括企业所得税和个人所得税。财产税是纳税人拥有或者支配的特定财产为征税对象的一类税收。我国的财产税包括房产税、车船税、契税等税种。资源税是对自然资源为征税对象的一类税收。我国现行的资源税、土地增值税、城镇土地使用税、耕地占用税等税种都属于资源税。行为税是国家为了实现特定目的，对纳税人的某些特定行为征收的一类税收。我国行为税包括印花税、城市维护建设税等税种。

按税收收入的归属不同，可将税收分为中央税、地方税、中央地方共享税三类。中央税是指收入由中央政府支配使用的税收，如消费税、关税等。地方税是指收入由地方政府支配使用的税收，如房产税、土地增值税等。中央地方共享税是指收入由中央与地方按比例分享的税收，如增值税、个人所得税、企业所得税等。

按税收与价格的组成关系不同，可将税收分为价内税和价外税。价内税就是税金包含在价格之中，作为价格的组成部分的税种，比如说营业税、消费税等。价外税为价内税的对称，是指税款不包含在商品价格内的税，如我国的增值税属于价外税。

按照计税依据不同，可以将税收分为从价税、从量税和复合税。从价税是指以课税对象的价格为依据，按一定比例计征的一类税，如我国现行的增值税、营业税、企业所得税等。从量税是指以课程对象的实物数量为依据，按固定税额计征的一类税，如我国的车船税，城镇土地使用税等税种就属于从量税。复合税是指对征税对象采用从价与从量相结合的计税方法征收的一类税，如我国的卷烟和白酒征收的消费税即采用复合税的形式。

二、税法

1. 税法及其分类

税法是国家制定的用以调整国家与纳税人之间在税收征纳方面的权利及义务关系的法律规范的总称。它是国家依法征税、纳税人依法纳税的行为准则，其目的是保障国家利益和纳税人的合法权益，维护正常的税收秩序，保证国家的财政收入。

税法按其职能作用不同，可分为税收实体法和税收程序法。税收实体法是规定税收法律关系主体的实体权利、义务的法律规范的总称。它规定各税种的纳税人、征收对象、征收范围、计税依据、税率、纳税地点等。《中华人民共和国企业所得税法》（简称《企业所得税法》）《中华人民共和国增值税暂行条例》（简称《增值税暂行条例》）就属于税收实体法。税收程序法指的是税款征纳和税收管理方面的法律、规范，规定的是国家征税权行使程序和纳税人纳税义务履行程序。税收程序法主要包括税收征管法、发票管理法、税务争议处理办法等。

税法按法律效力层次的不同，可分为税收法律、税收行政法规、税收部门规章和地方性税收法规。税收法律由全国人民代表大会及其常务委员会制定，如《企业所得税法》。税收行政法规由国务院制定，如《增值税暂行条例》。税收部门规章由国务院财税主管部门制定，如《增值税暂行条例实施细则》。地方性税收法规由地方人民代表大会及其常务委员会制定，或是由地方政府部门制定，如《北京市人民政府关于对本市部分摩托车暂免征收车船税的通知》。

2. 税法构成要素

税法构成要素一般是指税收实体法的构成要素，是指各个税种的基本法规必须规定的内容，又称为税收制度构成要素或税制要素。它一般包括纳税义务人、征税对象、计税依据、税率、纳税环节、纳税期限、纳税地点、减免税、法律责任等。其中，最基本的要素是纳税义务人、征税对象和税率。

（1）纳税义务人。纳税义务人简称纳税人，是指税法规定的直接负有纳税义务的法人、自然人和其他组织。它规定了税款的直接承担者。

与纳税义务人相关的概念是扣缴义务人。扣缴义务人是税法规定的，在其经营活动中负有代扣税款并向国库缴纳义务的单位。规定扣缴义务人的目的是为了实行源泉控制，保证国家财政收入。

（2）征税对象。征税对象是指税收法律关系中权利义务所指向的对象，即对什么征税。它规定了每一种税的征税界限，是一种税区别于另一种税的主要标志。每一种税都有特定的征税对象。

与征税对象相关的概念是征税范围和税目。征税范围是指税法规定的征税对象的具体内容或范围，即课征税收的界限。凡是列入征税范围的，都应征税。税目是税法规定应征税的具体项目，是征税对象的具体化。税目体现了征税的广度，反映各税种具体的征税范围。

（3）计税依据。计税依据是税法规定的据以计算应纳税额的依据或标准。计税依据在表现形态上一般有两种：一种是价值形态，即以征税对象的价值作为计税依据，称为从价计征；另一种是以实物形态，即按照征税对象的数量、重量、容积、面积等作为计税依据，称为从量计征。

（4）税率。税率是指应纳税额与计税依据之间的比例，它是计算税额和税收负担的尺度，体现征税的深度，是税收制度的中心环节。其基本形式有以下几种：

① 比例税率。是指对同一征税对象，不论其数额大小，均按同一个比例征税的税率。

② 累进税率。是指根据征税对象数额的大小，规定不同等级的税率。累进税率又分为全额累进税率、超额累进税率、超率累进税率和超倍累进税率等。

③ 定额税率。又称固定税率，是指按征税对象的一定单位直接规定固定的税额。

想一想

全额累进税率和超额累进税率有什么区别？

（5）纳税环节。纳税环节是指应缴纳税款的具体环节，是税法规定的征税对象从生产到消费的流转过程中应当缴纳税款的环节。

（6）纳税期限。纳税期限是指纳税人的纳税义务发生后应缴纳税款的法定期限。

（7）纳税地点。纳税地点是指根据各税种纳税对象的纳税环节和有利于对税款的源泉控制而规定的纳税人的具体纳税地点。

（8）减免税。减免税是指国家为实现一定的政治经济政策，给某些纳税人或征税对象的鼓励或特殊照顾。减税是从应征税款中减征部分税款；免税是免征全部税款。减免税可分为以下 3 种类型：

① 税基式减免。即通过直接缩小计税依据的方式实现的减税、免税，包括起征点、免征额、项目扣除和跨期结转等方式。

② 税率式减免。即通过直接降低税率的方式实现的减税、免税，包括低税率、零税率等方式。

③ 税额式减免。即通过直接减少应纳税额的方式实现的减税、免税，包括全部免征、减半征收、核定减免率等方式。

（9）法律责任。法律责任是指税收法律关系的主体因违反税收法律、规范所应承担的法律后果。

三、纳税人的违法责任

1．违反税务管理的法律责任

纳税人有下列行为之一的，由税务机关责令限期改正，可以处 2 000 元以下的罚款；情节严重的，处 2 000 元以上 1 万元以下的罚款。

（1）未按照规定的期限申报办理税务登记、变更或者注销登记的。

（2）未按照规定设置、保管账簿或者保管记账凭证和有关资料的。

（3）未按照规定将财务、会计制度或者财务、会计处理办法和会计核算软件报送税务机关备查的。

（4）未按照规定将其全部银行账号向税务机关报告的。

（5）未按照规定安装、使用税控装置，或者损毁或者擅自改动税控装置的。

纳税人不办理税务登记的，由税务机关责令限期改正；逾期不改正的，经税务机关提请，由工商行政管理机关吊销其营业执照。

纳税人未按照规定使用税务登记证件，或者转借、涂改、损毁、买卖、伪造税务登记证件的，处 2 000 元以上 1 万元以下的罚款；情节严重的，处 1 万元以上 5 万元以下的罚款。

扣缴义务人未按照规定设置、保管代扣代缴、代收代缴税款账簿或者保管代扣代缴、代收代缴税款记账凭证及有关资料的，由税务机关责令限期改正，可以处 2 000 元以下的罚款；情节严重的，处 2 000 元以上 5 000 元以下的罚款。

2．违反纳税申报管理规定的法律责任

纳税人未按照规定的期限办理纳税申报和报送纳税资料的，或者扣缴义务人未按照规定的期限向税务机关报送代扣代缴、代收代缴税款报告表和有关资料的，由税务机关责令限期改正，可以处 2 000 元以下的罚款；情节严重的，可以处 2 000 元以上 1 万元以下的罚款。

纳税人不进行纳税申报，不缴或者少缴应纳税款的，由税务机关追缴其不缴或者少缴的税款、滞纳金，并处不缴或者少缴的税款 50%以上 5 倍以下的罚款。

3．偷税的法律责任

纳税人伪造、变造、隐匿、擅自销毁账簿、记账凭证，或者在账簿上多列支出或者不列、少列收入，或者经税务机关通知申报而拒不申报或者进行虚假的纳税申报，不缴或者少缴应

纳税款的，是偷税。对纳税人偷税的，由税务机关追缴其不缴或者少缴的税款、滞纳金，并处不缴或者少缴的税款50%以上5倍以下的罚款；构成犯罪的，依法追究刑事责任。

扣缴义务人采取前款所列手段，不缴或者少缴已扣、已收税款，由税务机关追缴其不缴或者少缴的税款、滞纳金，并处不缴或者少缴的税款50%以上5倍以下的罚款；构成犯罪的，依法追究刑事责任。

纳税人、扣缴义务人编造虚假计税依据的，由税务机关责令限期改正，并处5万元以下的罚款。

4．逃税的法律责任

纳税人欠缴应纳税款，采取转移或者隐匿财产的手段，妨碍税务机关追缴欠缴的税款的，是逃税。对纳税人逃税的，由税务机关追缴欠缴的税款、滞纳金，并处欠缴税款50%以上5倍以下的罚款；构成犯罪的，依法追究刑事责任。

5．骗税的法律责任

以假报出口或者其他欺骗手段，骗取国家出口退税款，由税务机关追缴其骗取的退税款，并处骗取税款1倍以上5倍以下的罚款；构成犯罪的，依法追究刑事责任。对骗取国家出口退税款的，税务机关可以在规定期间内停止为其办理出口退税。

6．抗税的法律责任

以暴力、威胁方法拒不缴纳税款的，是抗税，除由税务机关追缴其拒缴的税款、滞纳金外，依法追究刑事责任。情节轻微，未构成犯罪的，由税务机关追缴其拒缴的税款、滞纳金，并处拒缴税款1倍以上5倍以下的罚款。

任务二　掌握办税程序要求

【任务引导】

随着食品公司的发展，会计部门业务大量增加，张利已经升任公司财务经理，负责整个会计部门的工作。今天，他吩咐新来的员工李文到税务局领些发票。李文刚大学毕业，工作积极认真，听到任务就往外跑。可刚出门不久就退了回来，问："领什么发票啊？就这样去领发票吗？"的确，空手到税务局去肯定领不来发票的。

怎么才能领到发票呢？请你代张利经理向李文做出具体说明。

【知识介绍】

办税过程是纳税人遵照税收征管法的规定履行纳税义务的一系列活动过程，也是纳税人接受国家税收征收管理活动的过程。这一过程包括税务登记、税种登记、发票领购与使用、纳税申报、税款缴纳、申请减免税等，每项活动都有严格的程序要求。

一、税务登记

税务登记是税务机关对纳税人的生产经营活动进行登记管理的一项法定制度，也是纳税人已经纳入税务机关监督管理的一项证明。

根据《税收征管法》(《中华人民共和国税收征收管理法》的简称）的规定，从事生产经营的纳税人依照有关规定办理税务登记。税务登记包括开业登记、变更登记、注销登记、停复业登记等。

1．开业登记

开业登记又称设立登记，是指从事生产经营的纳税人，经工商行政管理部门批准开业后办理的税务登记。企业、企业在外地设立的分支机构和从事生产经营的场所、个体工商户、从事生产经营的事业单位，都应向生产、经营所在地税务机关申报办理税务登记。

从事生产、经营的纳税人应在领取工商营业执照，或者签订项目经营合同、协议，或者产生纳税义务之日起 30 日内申报办理税务登记。申请开业登记应向主管税务机关提交税务登记表和相关证明材料。

（1）税务登记表。税务登记表共有 3 种，分别适用单位纳税人（表 1-1）、个体经营、临时税务登记纳税人。

（2）开业登记所需的资料和证件。办理开业税务登记证前，一般企业需要准备以下资料：

① 工商营业执照或其他核准执业证件原件及复印件。

② 注册地址及生产、经营地址证明（产权证、租赁协议）原件及其复印件；如为自有房产，需提供产权证或买卖契约等合法的产权证明原件及其复印件；如为租赁的场所，需提供租赁协议原件及其复印件，出租人为自然人的还需提供产权证明的复印件；如生产、经营地址与注册地址不一致，分别提供相应证明。

③ 验资报告或评估报告原件及其复印件。

④ 组织机构统一代码证书副本原件及复印件。

⑤ 有关合同、章程、协议书复印件。

⑥ 法定代表人（负责人）居民身份证、护照或其他证明身份的合法证件原件及其复印件。

⑦ 房屋产权证、土地使用证、机动车行驶证等证件的复印件。

表 1-1　税务登记表

（单位纳税人适用）

<table>
<tr><td>纳税人名称</td><td colspan="3"></td><td colspan="2">纳税人识别号</td><td colspan="5"></td></tr>
<tr><td>登记注册类型</td><td colspan="3"></td><td colspan="2">批准设立机关</td><td colspan="5"></td></tr>
<tr><td>组织机构代码</td><td colspan="3"></td><td colspan="2">批准设立证明或文件号</td><td colspan="5"></td></tr>
<tr><td>开业（设立）日期</td><td></td><td>生产经营期限</td><td></td><td>证照名称</td><td colspan="3"></td><td colspan="2">证照号码</td><td></td></tr>
<tr><td>注册地址</td><td colspan="3"></td><td>邮政编码</td><td colspan="3"></td><td colspan="2">联系电话</td><td></td></tr>
<tr><td>生产经营地址</td><td colspan="3"></td><td>邮政编码</td><td colspan="3"></td><td colspan="2">联系电话</td><td></td></tr>
<tr><td>核算方式</td><td colspan="6">请选择对应项目打“√”　□独立核算　□非独立核算</td><td colspan="2">从业人数</td><td colspan="2">____其中外籍人数____</td></tr>
<tr><td>单位性质</td><td colspan="10">请选择对应项目打“√”
□企业　□事业单位　□社会团体　□民办非企业单位　□其他</td></tr>
</table>

续表

网站网址		国标行业	□□ □□ □□ □□
适用会计制度	请选择对应项目打“√” □企业会计制度 □小企业会计制度 □金融企业会计制度 □行政事业单位会计制度		
经营范围：		请将法定代表人（负责人）身份证件复印件粘贴在此处：	

项目 内容 联系人	姓名	证件		固定电话	移动电话	电子邮箱
		种类	号码			
法定代表人						
财务负责人						
办税人						

税务代理人名称	纳税人识别号	联系电话	电子信箱

注册资本或投资总额	币种	金额	币种	金额	币种	金额

投资方名称	投资方经济性质	投资比例	证件种类	证件号码	国籍或地址
自然人投资比例		外资投资比例		国有投资比例	

分支机构名称	注册地址	纳税人识别号

总机构名称		纳税人识别号	
注册地址		经营范围	

法定代表人姓名		联系电话		注册地址邮政编码	

续表

<table>
<tr><td rowspan="4">代扣代缴代收代缴税款业务情况</td><td colspan="2">代扣代缴、代收代缴税款业务内容</td><td>代扣代缴、代收代缴税种</td></tr>
<tr><td colspan="2"></td><td></td></tr>
<tr><td colspan="2"></td><td></td></tr>
<tr><td colspan="2"></td><td></td></tr>
<tr><td colspan="4">附报资料：</td></tr>
<tr><td colspan="2">经办人签章：

______年____月____日</td><td>法定代表人（负责人）签章：

______年____月____日</td><td>纳税人公章：

______年____月____日</td></tr>
</table>

2. 变更登记

变更登记是指纳税人办理设立税务登记后，因税务登记内容发生变化，向税务机关申请将税务登记内容重新调整为与实际情况一致的一种税务登记。纳税人税务登记内容发生变化，有下列情况之一的，均应办理变更登记：

（1）改变单位名称、法定代表人或者业主姓名及其居民身份证、护照或者其他合法证件的号码。

（2）改变住所、经营地点。

（3）改变注册登记类型。

（4）改变核算方式。

（5）改变生产经营范围。

（6）改变注册资金（资本）、投资总额、开户银行及账号。

（7）改变生产经营期限、从业人数、营业执照号码。改变财务负责人、办税人员、联系电话（网址）等。

知识拓展

税务登记证

税务登记证是从事生产、经营的纳税人向生产、经营地或者纳税义务发生地的主管税务机关申报办理税务登记时，所颁发的登记凭证。除按照规定不需要发给税务登记证件的外，纳税人办理开立银行账户、申请减税、免税、退税等事项时，必须持税务登记证件。纳税人应将税务登记证件正本在其生产、经营场所或者办公场所公开悬挂，接受税务机关检查。

除按照规定不需要发给税务登记证件的外，纳税人办理下列事项时，必须持税务登记证件：①开立银行账户；②申请减税、免税、退税；③申请办理延期申报、延期缴纳税款；④领购发票；⑤申请开具外出经营活动税收管理证明；⑥办理停业、歇业；⑦其他有关税务事项。

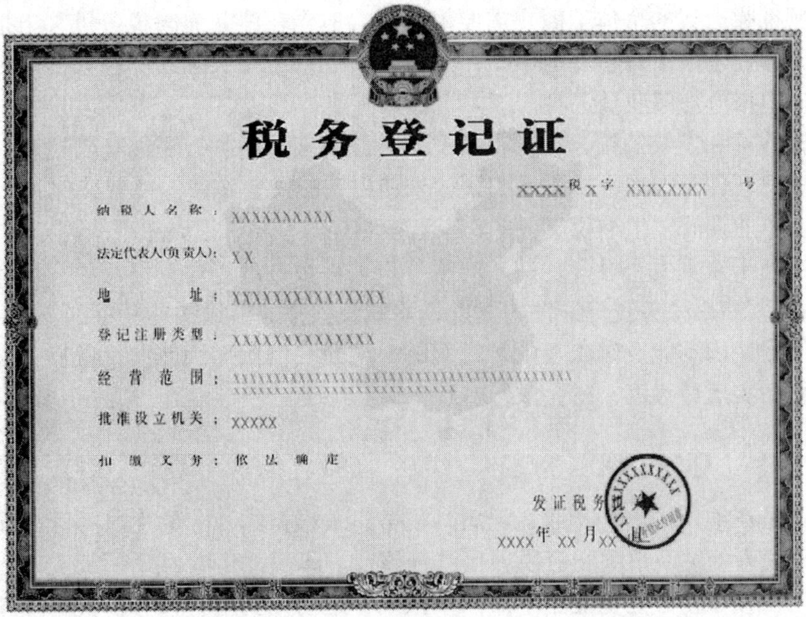
税务登记证

XXXX税X字 XXXXXXXX 号

纳税人名称：XXXXXXXXXX

法定代表人(负责人)：XX

地址：XXXXXXXXXXXXXXX

登记注册类型：XXXXXXXXXXXXXX

经营范围：XXXXXXXXXXXXXXXXXXXXXXXXXXXXXXXXXXXXXXXXXXXXXX XXXXXXXXXXXXXXXXXXXXXXXXXXXXX

批准设立机关：XXXXX

扣缴义务：依法确定

发证税务机关

XXXX年XX月XX日

纳税人已在工商行政管理机关办理变更登记的，应当自工商行政管理机关变更登记之日起30日内，向原税务登记机关申报办理变更税务登记；纳税人按照规定不需要在工商行政管理机关办理变更登记，或者其变更登记的内容与工商登记内容无关的，应当自税务登记内容实际发生变化之日起30日内，或者自有关机关批准或者宣布变更之日起30日内，到原税务登记机关申报办理变更税务登记。

3．注销登记

注销登记是指纳税人发生解散、破产、撤销以及其他情形，不能继续履行纳税义务时，向税务机关申请办理终止纳税义务的税务登记。

纳税人发生解散、破产、撤销以及其他情形，依法终止纳税义务的，应当在向工商行政管理机关或者其他机关办理注销登记前，持有关证件和资料向原税务登记机关申报办理注销税务登记；按规定不需要在工商行政管理机关或者其他机关办理注册登记的，应当自有关机关批准或者宣告终止之日起15日内，持有关证件和资料向原税务登记机关申报办理注销税务登记。

纳税人被工商行政管理机关吊销营业执照或者被其他机关予以撤销登记的，应当自营业执照被吊销或者被撤销登记之日起15日内，向原税务登记机关申报办理注销税务登记。

纳税人因住所、经营地点变动，涉及改变税务登记机关的，应当在向工商行政管理机关或者其他机关申请办理变更、注销登记前，或者住所、经营地点变动前，持有关证件和资料，向原税务登记机关申报办理注销税务登记，并自注销税务登记之日起30日内向迁达地税务机关申报办理税务登记。

境外企业在中国境内承包建筑、安装、装配、勘探工程和提供劳务的，应当在项目完工、离开中国前15日内，持有关证件和资料，向原税务登记机关申报办理注销税务登记。

4．停、复业登记

停、复业登记只适用于实行定期定额征收方式的个体工商户。《税务登记管理办法》规定，实行定期定额征收方式的个体工商户需要停业的，应当在停业前向税务机关申报办理停业登记。纳税人的停业期限不得超过 1 年。

纳税人在申报办理停业登记时，应如实填写停业申请登记表，说明停业理由、停业期限、停业前的纳税情况和发票的领、用、存情况，并结清应纳税款、滞纳金、罚款。税务机关应收存其税务登记证件及副本、发票领购簿、未使用完的发票和其他税务证件。

纳税人在停业期间发生纳税义务的，应当按照税收法律、行政法规的规定申报缴纳税款。

纳税人应当于恢复生产经营之前，向税务机关申报办理复业登记，如实填写《停、复业报告书》，领回并启用税务登记证件、发票领购簿及其停业前领购的发票。

纳税人停业期满不能及时恢复生产经营的，应当在停业期满前向税务机关提出延长停业登记申请，并如实填写《停、复业报告书》。

二、税种登记

税种登记是在纳税人进行开业登记后，税务机关根据纳税人的生产经营范围及税法的有关规定，对纳税人的纳税事项和应税项目进行核定，即税种核定。

纳税人应在领取税务登记证副本后和申报纳税之前，到主管税务机关的征收管理部门填写《纳税人税种登记表》及其附表，申请税种认定。税种登记认定由各地主管税务负责，全国没有统一格式，国税和地税由于各自征管的税种不同，税种登记认定申请表也不一样。办理税种登记认定的基础是对我国税收实体法体系有着全面的了解和理解，能根据法律规定和企业的生产经营情况分析企业应纳哪些税种。例如，表 1-2 是某省地税局税种登记认定表。

表 1-2　纳税人税种认定表（示例）

纳税人识别号	按税务登记证上注的号码填写		
纳税人流水号	×××××	纳税人名称	××省××房地产开发有限公司
一、营业税：			
应税项目	1. 交通运输业□ 2. 建筑业☑ 3. 金融保险业□ 4. 邮电通信业□ 5. 文化体育业□ 6. 娱乐业□ 7. 服务业☑ 8. 转让无形资产□ 9. 销售不动产☑		
二、企业所得税：			
类别	1. 独立核算☑ 2. 非独立核算□		
预缴方式	1. 每季度按上年度 1/4□ 2. 每季度按实际所得□ 3. 每月按实际所得□ 4. 每季按销售额和预征率预征☑		
三、资源税：			
名称		应税项目	
四、土地增值税：			
类别	1. 房地产开发☑ 2. 非房地产开发□	缴纳方式	1. 按月预缴☑2. 按次预缴□
五、房产税：			
类别	1. 自用房产☑ 2. 出租房产☑	缴纳方式	1. 按月☑ 2. 按季☑ 3. 按半年□
六、车船税：			
类别	1. 机动船□ 2. 非机动船□ 3. 机动车☑ 4. 非机动车□		
七、城镇土地使用税：			
类别	1. 大城市□ 2. 中等城市□ 3. 小城市□ 4. 县城、建制镇、工矿区☑ 5. 农村□		
等级	1. 一级☑ 2. 二级□ 3. 三级□ 4. 四级□ 5. 五级□		

续表

八、城市维护建设税：	
类别	1. 增值税□ 2. 消费税□ 3. 营业税☑
性质	1. 市区□ 2. 县城、建制镇☑ 3. 其他□
九、教育费附加：	
类别	1. 增值税□ 2. 消费税□ 3. 营业税☑
十、个人所得税：	
方式	1. 按月计算☑ 2. 按年计算，分月预缴□ 3. 按次□
类别	1. 工资薪金所得☑ 2. 个体工商户生产经营所得□ 3. 对企事业单位承包承租经营所得□ 4. 劳务报酬所得☑ 5. 稿酬所得□ 6. 特许权使用费所得□ 7. 利息股息红利所得☑ 8. 财产租赁所得□ 9. 财产转让所得□ 10. 偶然所得□ 11. 其他所得□
十一、印花税：	
类别	1. 购销合同☑ 2. 加工承揽合同□ 3. 建设工程勘察设计合同☑ 4. 财产租赁合同☑ 5. 建筑安装工程承包合同☑ 6. 货物运输合同☑ 7. 仓储保管合同□ 8. 借款合同☑ 9. 财产保险合同☑ 10. 技术合同□ 11. 产权转移书据☑ 12. 营业账簿☑ 13. 权利许可证照☑
十二、堤防维护费：	
类别	1. 增值税□ 2. 消费税□ 3. 营业税☑
十三、文化事业建设费：	
类别	1. 娱乐业□ 2. 广告业□
十四、地方教育附加费：	
类别	1. 增值税□ 2. 消费税□ 3. 营业税☑
十五、旅游开发基金：	
类别	旅游企业□
十六、	
十七、	
十八、	
以上内容纳税人必须如实填写，如内容发生变化，应及时办理变更登记。	

以下由税务机关填写：

税种名称	税目或品目	纳税期限	申报期限	税率或单位税额	缴款方式	金　库	预算级次	款项分类	款项分类名称	是否单独纳税

认定人		认定日期		录入人		录入日期	

三、发票及其管理规定

发票是指在购销商品、提供或者接受服务以及从事其他经营活动中开具、收取的收付款凭证。它是确定财务收支行为发生的法定凭证，是会计核算的原始依据。

《税收征管法》规定，税务机关是发票的主管机关，负责发票印制、领购、开具、取得、保管、缴销的管理和监督。单位、个人在购销商品、提供或者接受经营服务以及从事其他经营活动中，应当按照规定开具、使用、取得发票。

发票的基本联次为 3 联。第一联为存根联，开票方留存备查；第二联为发票联，收执方作为付款或收款原始凭证；第三联为记账联，开票方作为记账原始凭证。增值税专用发票的基本联次还应包括抵扣联，收执方作为抵扣税款的凭证。

发票的基本内容包括发票的名称、字轨号码、联次及用途，客户名称，开户银行及账号，商品名称或经营项目，计量单位、数量、单价、大小写金额，开票人，开票日期，开票单位（个人）名称（章）等。

1. 发票的种类及其使用范围

发票按其用途及反映的内容不同，可分为增值税专用发票、普通发票和专业发票。

（1）增值税专用发票。增值税专用发票只限于增值税一般纳税人领购使用，增值税小规模纳税人和非增值税纳税人不得领购使用。从行业划分来讲，它是工业、商业企业用于结算销售货物和加工修理修配劳务使用的发票。

（2）普通发票。普通发票主要由营业税纳税人和增值税小规模纳税人使用，增值税纳税人在不能开具专用发票的情况下也可使用普通发票，所不同的是具体种类要按适用的范围选择。如普通发票中的商业批发零售发票、加工修理修配发票等普通发票是由增值税纳税人使用的，而属于结算服务收入、运输收入等普通发票主要由营业税纳税人使用。普通发票由行业发票和专用发票组成，前者适用于某个行业的经营业务，后者仅适用于某一经营项目。

增值税纳税人使用的普通发票主要有工业企业产品销售统一发票、工业企业材料销售统一发票、工业企业加工产品统一发票、工业加工修理统一发票、商业零售统一发票、商业批发统一发票、农林牧水产品收购统一发票、废旧物资收购发票、机动车维修专用发票、机动车配件销售发票、电业局电力销售专用发票、自来水公司水销售专用发票、公共事业联合收费处缴费专用发票、临时经营发票等。

营业税纳税人使用的普通发票主要有建筑安装企业统一发票、旅店业统一发票、饮食业统一发票、广告业统一发票、社会服务业统一发票、代理购销业务统一发票、商品房销售专用发票、社会办医疗机构收费统一发票、产权交易专用发票、房屋出租专用发票、全国联运行业统一发票、水路货运结算发票、临时经营发票等。

（3）专业发票。专业发票是指国有金融、保险企业的存贷、汇兑、转账凭证，保险凭证；国有邮政、电信企业的邮票、邮单、话务、电报收据；国有铁路、民用航空企业和交通部门、国有公路、水上运输企业的客票、货票；等等。

想一想

专用发票和专业发票有什么区别？

2．发票领购

依法办理税务登记的单位和个人，在领取税务登记证件后，向主管税务机关申请领购发票。申请领购发票的单位和个人应当提出购票申请，填写纳税人领购发票票种核定申请表（见表 1-3）提供经办人身份证明、税务登记证件或者其他有关证明，以及财务印章或者发票专用章的印模，经主管税务机关审核后，发给发票领购簿。领购发票的单位和个人应当凭发票领购簿核准的种类、数量以及购票方式，向主管税务机关领购发票。

（1）发票领购方式。现行税法规定，发票的领购方式主要有批量供应、交旧购新和验旧购新 3 种方式。

① 批量供应。税务机关根据用票单位业务量对发票需求量的大小，确定一定时期内合理领购数量，用量大的可以按月提供，用量不太大的可以按季领购，防止其积存较多发票而引起管理上的问题。这种方式主要适用于财务会计制度较健全，有一定经营规模的纳税人。

表 1-3 纳税人领购发票票种核定申请表（示例）

纳税人识别号:	税务登记证号码	申请日期:	××××年××月××日	流水号:	×××××
纳税人名称:	××省××集团股份有限公司	法定代表人:	江××		
登记注册类型:	按照营业执照类型填写	申请人:	江××	联系电话:	×××× ××××
申请理由：因生产经营需要，申请购领发票。 法定代表人： 江×× 申请人（签章）：邹×× 申请时间：××××年××月××日			申请人发票专用章:		

发票经办人	证件类型	证件号码	联系方式
邹××	居民身份证	××××××××××××××××××	×××× ××××

发票名称	联次	单位（卷/份/本）	每月最高购票数量	单张发票最高开票金额/元	每月最高开（用）票金额/元	购票方式
湖北省通用网络发票	2	份	30	10 000	300 000	批量供应
建筑业网络电子发票（自开）	3	份	10	100 000	1 000 000	批量供应
销售不动产网络电子发票（自开）	4	份	10	100 000	1 000 000	批量供应
地方税务局税控发票	2	卷	3	2 000	600 000	批量供应
××市地方税务局通用定额发票（50 面额）	1	本	40		100 000	批量供应
××市地方税务局统一收款收据	2	本	3			验旧购新
以下由税务机关填写						
主管税务机关意见： 负责人： 经办人： （公章） 年 月 日						

② 交旧购新。用票单位交回旧的发票存根联，经主管税务机关审核后留存，才允许再购领新发票。主管税务机关对旧发票存根联进行审核，主要看其存根联是否按顺序号完整保存，作废发票是否全份缴销，填开的内容是否真实、完整、规范等。

③ 验旧购新。这种方式与交旧购新基本相同，主要区别是税务机关审核发票存根后，由用票单位自己保管。后两种方式，适用会计不健全规模小的单位和个体工商业户。

（2）领购普通发票。纳税人需要使用发票的，凭《发票领购簿》核准的种类、数量以及购票方式，向主管税务机关领购发票。领购普通发票需要准备好以下资料：

① 发票购领簿。

② 税控 IC 卡（一般纳税人使用）。

③ 财务专用章或发票专用章。

④ 已用发票存根（初次购买除外、购税控发票携带已开具的最后一张记账联）。

（3）领购增值税专用发票。

① 领购专用设备。一般纳税人应通过增值税防伪税控系统使用专用发票，因此，应先购置防伪税控系统专用设备。防伪税控系统是指经国务院同意推行的，使用专用设备和通用设备、运用数字密码和电子存储技术管理专用发票的计算机管理系统。专用设备是指金税卡、IC 卡、读卡器和其他设备。通用设备是指计算机、打印机、扫描器具和其他设备。

② 申请专用发票最高开票限额。增值税专用发票实行最高开票限额管理。因此，纳税人在领购、使用增值税专用发票前，需申请最高开票限额。申请最高开票限额时，需填报《最高开票限额申请表》，同时提交单笔销售业务、单台设备销售合同及其复印件和履行合同的证明材料。

③ 办理专用发票的初始发行。一般纳税领购专用设备后，凭审批后的《最高开票申请表》《发票领购簿》《纳税人领购发票票种核定申请审批表》、税控收款机用户卡和税控卡、购机发票复印件等资料，到主管税务机关办理初始发行。初始发行是指主管税务机关将一般纳税人的下列信息载入空白金税卡和 IC 卡的行为：企业名称，税务登记代码，开票限额，购票限量，购票人员姓名、密码，开票机数量，国家税务总局规定的其他信息。

④ 领购专用发票。办妥上述事项后，一般纳税人可凭发票领购簿、税控 IC 卡和经办人身份证明领购专用发票。

3．发票的开具和填写

任何单位和个人销售商品、提供服务以及从事经营活动时，对外发生经营业务收取款项，收款方应当向付款方开具发票。特殊情况下，由付款方向收款方开具发票，一是收购单位收购货物或者农副产品付款时，应当向收款人开具发票；二是扣缴义务人支付个人款项时，应当向收款人开具发票。

开具发票应当按照规定的时限、顺序、逐栏、全部联次一次性如实填开，即必须做到按号码顺序填开，填写项目齐全，内容真实，字迹清楚，全部联次一次性复写或打印，内容完全一致，并在发票联和抵扣联加盖单位财务印章或发票专用章。

使用电子计算机开具发票，须经主管税务机关批准，并使用税务机关统一监制的机外发票，开具后的存根联应当按照顺序号装订成册。

任何单位和个人不得转借、转让、代开发票；未经税务机关批准，不得拆本使用发票；不得自行扩大专业发票使用范围。禁止倒买倒卖发票、发票监制章和发票防伪专用品。

发票限于领购单位和个人在本省、自治区、直辖市内开具。任何单位和个人未经批准，不得跨规定的使用区域携带、邮寄、运输空白发票。禁止携带、邮寄或者运输空白发票出入境。

开具发票的单位和个人应当建立发票使用登记制度，设置发票登记簿，并定期向主管税务机关报告发票使用情况。

4．发票的取得

为了便于进行会计核算，任何单位和从事生产经营活动的个人在购买商品、接受服务以及从事其他经营活动中支付款项，应当向收款方索取发票。根据《中华人民共和国发票管理办法》规定，在取得发票时不得要求变更品名和金额。同时，不符合规定的发票，即应经而未经税务机关监制的发票；填写项目不齐全，内容不真实，字迹不清楚的发票；没有加盖财务印章或发票专用章的发票；伪造、作废以及其他不符合税务机关规定的发票，一律不得作为财务报销凭证，任何单位和个人有权拒收。

5．发票的作废

用票单位和个人开具发票发生错填、误填等需要重新开具发票的，可在原发票上注明“作废”字样后，重新开具发票；开具发票后，如果发生销货退回需开红字发票的，必须收回原发票并注明“作废”字样或者取得对方的有效凭证；发生销售折让的，在收回发票并注明“作废”字样后，重新开具销售发票。

四、纳税申报

纳税申报是指纳税人、扣缴义务人按照法律、行政法规的规定，在申报期限内就纳税事项向税务机关书面申报的一种法定手续。

凡是按照国家法律、行政法规的规定负有纳税义务的纳税人或代征人、扣缴义务人，无论本期有无应纳、应缴税款，都必须按税法规定的期限如实向主管税务机关办理纳税申报。

纳税人应指派专门办税人员持《办税员证》办理纳税申报。纳税人必须如实填报纳税申报表，并加盖单位公章，同时按照税务机关的要求提供有关纳税申报资料，纳税人应对其申报的内容承担完全的法律责任。

一般来说，纳税申报主要有直接申报（上门申报）、邮寄申报、数据电文申报、简易申报和其他申报方式。

上门申报是指由纳税人、扣缴义务人、代征人在纳税申报期限内到主管国家税务机关报送纳税申报表和其他有关纳税申报资料。

邮寄申报是指经税务机关批准的纳税人、扣缴义务人采取邮寄方式办理纳税申报的，统一的纳税申报专用信封，并以邮政部门收据作为申报凭据。邮寄申报以寄出的邮戳日期为实际申报日期。

数据电文申报是指税务机关确定的电话语音、电子数据交换和网络传输等电子方式。纳税人采取电子方式办理纳税申报的，应当按照税务机关规定的期限和要求保存有关资料，并定期书面报送主管税务机关。

简易申报是指实行定期定额征收方式的纳税人，经税务机关批准，通过以缴纳税款凭证代替申报的一种特殊申报方式。

纳税人、扣缴义务人的纳税申报或者代扣代缴、代收代缴税款报告表的主要内容包括：税种、税目，应纳税项目或者应代扣代缴、代收代缴税款项目，计税依据，扣除项目及标准，适用税率或者单位税额，应退税项目及税额、应减免税项目及税额，应纳税额或者应代扣代缴、代收代缴税额，税款所属期限、延期缴纳税款、欠税、滞纳金等。

五、税款缴纳

税款缴纳是指纳税人、扣缴义务人依照国家法律、行政法规的规定实现的税款依法通过不同方式缴纳入库的过程。纳税人、扣缴义务人应按税法规定的期限及时足额缴纳应纳税款，以完全彻底地履行应尽的纳税义务。

1. 税款缴纳方式

纳税人可根据自己的实际情况，申请选择税款缴纳方式。我国现阶段税款缴纳的方式主要有以下几种：

（1）自核自缴。即三自纳税，是指在法定的纳税申报期内，由纳税人自行计算应纳税款、自行填开缴款书并自行到银行缴纳税款，然后持纳税申报表、缴款书报查联和有关资料，向税务机关办理申报。

（2）转账缴税。是指纳税人在法定的纳税申报期内，由纳税人持纳税申报表和有关资料，向税务机关办理纳税申报，并根据税务机关填制的缴款书通过开户银行转账缴纳税款的方式。

（3）预储账户缴税。是在实行银行税务一体化管理的前提下，纳税人在银行开设税款预储账户，按期提前储入当期应纳税款，并在法定的申报期内向税务机关报送纳税申报表和有关资料，由税务机关开具税收缴款书通知银行划款入库。

（4）支票缴税。是在法定的申报期内，纳税人持纳税申报表和有关资料以及应付税款等额支票，报送税务机关，税务机关审查支票的有效性后，开具《税收转账专用完税证》交纳税人作为完税凭证，然后集中报缴数字、支票清单，统一交由国库办理清算。该方式需在税务机关、银行、国库 3 家计算机实现联网后方能实施。

（5）现金缴税。是对未在银行开立银行账户的纳税人，在法定的纳税申报期内，由纳税人自行计算应纳税款后持纳税申报表和有关资料、现金向税务机关办理纳税申报手续。无固定经营场所的零散税收缴纳也适用该方式。

（6）信用卡缴税。是在法定的纳税申报期内，由纳税人自行计算应纳税款后持纳税申报表和有关资料、信用卡向税务机关办理纳税申报手续。税务机关在查询信用卡的余额足够缴交应缴税款后，开具完税凭证，征收税款。

2. 延期缴税

纳税人因有特殊困难，不能按期缴纳税款的，经省、自治区、直辖市国家税务局、地方税务局批准，可以延期缴纳税款，但是最长不得超过 3 个月。特殊困难包括：①因不可抗力，导致纳税人发生较大损失，正常生产经营活动受到较大影响；②当期货币资金在扣除应付职工工资、社会保险费后，不足以缴纳税款。

纳税人需要延期缴纳税款的，应当在缴纳税款期限届满前提出申请，并报送下列材料：申请延期缴纳税款报告、当期货币资金余额情况及所有银行存款账户的对账单、资产负债表、应付职工工资和社会保险费等税务机关要求提供的支出预算。

3．多缴税款的退回

纳税人超过应纳税额缴纳的税款，税务机关发现后应当自发现之日起10日内办理退还手续；纳税人自结算缴纳税款之日起3年内发现的，可以向税务机关要求退还多缴的税款并加算银行同期存款利息，税务机关及时查实后，应当自接到纳税人退还申请之日起30日内查实并办理退还手续。

4．少缴税款的补缴

纳税人、扣缴义务人计算错误等失误，未缴或者少缴税款，数额在10万元以内的，自税款所属期起3年内发现的，应当立即向主管国家税务机关补缴税款；数额在10万元以上的，自税款所属期起在10年内发现的，应当立即向主管国家税务机关补缴税款。因国家税务机关责任致使纳税人、扣缴义务人未缴或者少缴税款，自税款所属期起3年内发现的，应当立即向主管国家税务机关补缴税款，但不缴滞纳金。

六、税款的减免

法律、行政法规规定或者经法定的审批机关批准减税、免税的纳税人，应当持有关文件到主管税务机关办理减税、免税手续。减税、免税期满，应当自期满次日起恢复纳税。

享受减税、免税优惠的纳税人，减税、免税条件发生变化的，应当自发生变化之日起15日内向税务机关报告；不再符合减税、免税条件的，应当依法履行纳税义务；未依法纳税的，税务机关应当予以追缴。

纳税人申请减免税的，应当在政策规定的减免税期限内，向主管税务机关提出书面申请，并报送以下资料：①减免税申请报告，列明减免税理由、依据、范围、期限、数量、金额等；②财务会计报表、纳税申报表；③有关部门出具的证明材料；④税务机关要求提供的其他资料。

同步测试

一、单项选择题

1. 税务登记不包括（　　）。

A. 开业登记　　B. 变更登记　　C. 核定应纳税额　　D. 注销登记

2. 以纳税人转让国有土地使用权、地上建筑物及其附着物所取得的增值额为征税对象，采用超率累进税率征收的税种是（　　）。

A. 增值税　　B. 土地使用税　　C. 土地增值税　　D. 房产税

3. 根据《税收征管法》的规定，从事生产、经营的纳税人领取工商营业执照的，应当自领取工商营业执照的一定期间内申报办理税务登记。该期间是（　　）。

A. 5日内　　B. 10日内　　C. 20日内　　D. 30日内

4. 实行定期定额征税方式的个体工商户需要停业的，应当在停业前向税务机关申请办理停业登记。纳税人的停业期为（　　）。

A. 6个月　　B. 1年　　C. 不得超过6个月　　D. 不得超过1年

5. 下列关于发票的表述中，不正确的是（　　）。

A. 不得转借发票　　B. 不得转让发票
C. 不得代开发票　　D. 可以自行决定拆本使用发票

6. 区别不同类型税种的主要标志是（　　）。

A. 税率　　B. 纳税人　　C. 征税对象　　D. 纳税期限

7. 一般纳税人应通过（　　）开具增值税专用发票。

A. 计算机网络　　B. 增值税防伪税控系统
C. 发票领购簿　　D. 国家税务局

8. 纳税人因有特殊困难，不能按期缴纳税款的，经省、自治区、直辖市国家税务局、地方税务局批准，可以延期缴纳税款，但是最长不得超过（　　）。

A. 2 年　　B. 1 年　　C. 6 个月　　D. 3 个月

9. 下列税种中，与房产无关的税种是（　　）。

A. 房产税　　B. 土地增值税　　C. 消费税　　D. 契税

10. 根据征税对象数额的大小，规定不同等级的税率。这种税率形式是（　　）。

A. 比例税率　　B. 累进税率　　C. 定额税率　　D. 幅度税率

二、多项选择题

1. 下列发票，发球专用发票的是（　　）。

A. 商品房销售发票　　B. 商业批发统一发票
C. 工业企业产品销售统一发票　　D. 广告费用结算发票

2. 纳税申报方式包括（　　）。

A. 直接申报　　B. 网上申报　　C. 邮寄申报　　D. 数据电文申报

3. 由海关负征收或者代收的税款包括（　　）。

A. 关税　　B. 船舶吨税
C. 进口货物应纳增值税　　D. 出口货物应纳消费税

4. 按照税收实体法要素的规定，下列表述正确的有（　　）。

A. 纳税人是税法中规定的负担税款的单位和个人，包括自然人和法人
B. 计税依据是课税对象量的体现
C. 零税率表明纳税人仍负有纳税义务，但不需要缴纳税款
D. 税目的作用是进一步明确征税范围

5. 增值税、消费税和营业税的纳税人应以实际缴纳的增值税、消费税、营业税税额为计税依据缴纳的税费包括（　　）。

A. 企业所得税　　B. 营业税金及附加
C. 城市维护建设税　　D. 教育费附加

6. 我国现行的增值税，对在我国境内销售或者进口货物、提供加工修理修配劳务以及应税服务的单位和个人征收，它是一种（　　）。

A. 中央税　　B. 价外税　　C. 从价税　　D. 流转税

7. 增值税的专用发票的初始发行，是指主管税务机关将一般纳税人的主要信息载入空白金税卡和 IC 卡的行为，应该载入的信息包括（　　）。

A. 企业名称　　B. 税务登记代码　　C. 开票限额　　D. 商品名称

8. 下列行为可认定为偷税的是（　　）。

A. 纳税人伪造、变造、隐匿、擅自销毁账簿、记账凭证，不缴或者少缴应纳税款的

B. 在账簿上多列支出或者不列、少列收入，不缴或者少缴应纳税款的

C. 经税务机关通知申报而拒不申报，不缴或者少缴应纳税款的

D. 进行虚假的纳税申报，不缴或者少缴应纳税款的

9. 现行税法规定，发票的领购方式主要有（　　）。

A. 批量供应　　B. 单张供应　　C. 交旧购新　　D. 验旧购新

10. 除按照规定不需要发给税务登记证件的外，纳税人办理下列事项时，必须持税务登记证件的是（　　）。

A. 开立银行账户　　B. 申请减税、免税、退税

C. 申请办理工商营业执照　　D. 领购发票

三、案例分析题

个体工商户甲在某集贸市场从事服装经营。2014 年 1 月，甲以生意清淡经营亏损为由，没有在规定的期限办理纳税申报，所在地税务所责令其限期申报，但甲逾期仍不申报。随后，税务所核定其应缴纳税款 1 000 元，限其于 15 日内缴清税款。

问题：

1. 甲的行为是否违法？

2. 根据现行税法规定，应如何处理甲的行为？

项目二

增值税的核算与申报

ZENGZHISHUI DE HESUAN YU SHENBAO

增值税是对销售货物或者提供加工、修理修配劳务以及进口货物的单位和个人就其实现的增值额征收的一个税种。增值税已经成为中国最主要的税种之一，增值税的收入占中国全部税收的60%以上，是最大的税种。增值税由国家税务局负责征收，税收收入中75%为中央财政收入，25%为地方收入。

【学习目标】

（1）掌握增值税的征税范围，会识别增值税应税业务。
（2）掌握增值税纳税人的分类，会识别增值税纳税人身份。
（3）掌握增值税的计算方法，会计算应纳增值税。
（4）掌握增值税应税业务的核算方法，会核算增值税应税业务。
（5）掌握增值税纳税申报的相关规定，会填制增值税纳税申报表。
（6）掌握增值税出口退（免）税的计算与核算方法，会核算增值税出口业务。

任务一 识别增值税应税业务、纳税人

【任务引导】

1. 识别应税业务

丰阳公司2014年3月发生以下业务，请识别下列业务是否属增值税应税业务。若属于增值税应税业务，指出具体的业务类型。

（1）2日，销售一批产品，取得收入10万元。

（2）10日，转让一栋仓库所有权，取得收入100万元。

（3）12日，附设的运输队承运一批货物的远程运输业务，取得货物打包收入1万元、运输费收入3万元。

（4）15日，收到万和公司支付的配件加工费3万元。

（5）20日，组织进口1辆管理部门用的小轿车。

（6）21日，委托万阳公司销售产品一批，收到代销清单注明取得代销收入32万元。

（7）23日，公司附属招待所交来半月收入汇总表，注明取得餐饮收入20万元。

（8）26日，将一批价值为6万元的购进货物用于职工集体福利。

（9）28日，将一批价值为10万元的自产产品，用于分配给投资者。

（10）30日，销售空调60台，并负责送货上门和提供安装劳务，共取得收入240 000元。

2. 识别纳税人类别

虹美服装加工厂2014年度发生四类业务，要求确定2014年应纳增值税销售额。若该服装加工厂会计核算健全，则其从理论上是否可申请成为增值税一般纳税人？

（1）生产销售服装，年销售额35万元。

（2）附属门市部零售服装，年销售额10万元。

（3）加工服装，年销售额20万元。

（4）出租门店，年租金收入5万元。

【知识介绍】

一、增值税概述

增值税是对从事货物销售、进口或提供应税劳务的单位和个人取得的增值额为征税对象征收的一种税。

增值税按其在计算时对外购固定资产所含税款的处理方式不同，分为消费型、收入型和生产型3种类型。

（1）消费型增值税。消费型增值税在计算当期应纳增值税额时，允许一次性全部扣除固定资产所对应的增值税款。

（2）收入型增值税。收入型增值税在计算当期应纳增值税额时，允许分期扣除固定资产所对应的增值税款。即当期只允许扣除固定资产折旧部分所含的税款，未提折旧部分，当期不得扣除。

（3）生产型增值税。生产型增值税在计算当期应纳增值税额时，不允许扣除固定资产所对应的增值税款。

注意：我国 2009 年 1 月 1 日前采用的是生产型增值税，2009 年 1 月 1 日转型为消费型增值税，不同类型增值税的会计处理存在区别。

二、识别增值税应税业务

1. 征税范围的一般规定

（1）销售或进口货物。货物是指有形动产，包括电力、热力、气体在内，不包括土地、房屋等不动产，也不包括专利权等无形资产。销售货物是指有偿转让货物的所有权。有偿是指从购买方取得货币、货物或者其他经济利益。进口货物即组织货物进入中国的关境。

（2）提供加工、修理修配劳务。加工是指受托加工货物，即委托方提供原料及主要材料，受托方按照委托方的要求，制造货物并收取加工费的业务；修理修配是指受托对损伤和丧失功能的货物进行修复，使其恢复原状和功能的业务。

（3）提供应税服务。应税服务包括交通运输业、邮政业、部分现代服务业。

交通运输业是指运用工具将货物或者旅客送达目的地，使其空间位置得到转移的业务活动，包括陆路运输服务、水路运输服务、航空运输服务和管道运输服务。

邮政业是指中国邮政集团公司及其所属邮政企业提供邮件寄递、邮政汇兑、机要通信和邮政代理等邮政基本服务的业务活动，包括邮政普遍服务、邮政特殊服务和其他邮政服务（不包括邮政储蓄业务）。

部分现代服务业是指围绕制造业、文化产业、现代物流产业等提供技术性、知识性服务的业务活动，包括研发和技术服务、信息技术服务、文化创意服务、物流辅助服务、有形动产租赁服务、鉴证咨询服务、广播影视服务等。

2. 征税范围的具体规定

增值税征税范围除了上述的一般规定以外，对于实务中某些特殊项目或行为是否属于增值税的征税范围，还需要作出具体规定。

1）属于征税范围的特殊行为

（1）视同销售行为。单位或者个体工商户的下列行为，视同销售货物，一律征收增值税：

① 将货物交付其他单位或者个人代销。

② 销售代销货物。

③ 设有两个以上机构并实行统一核算的纳税人，将货物从一个机构移送其他机构用于销售，但相关机构设在同一县（市）的除外。

④ 将自产或者委托加工的货物用于非增值税应税项目。

⑤ 将自产或者委托加工的货物用于集体福利或者个人消费。

⑥ 将自产、委托加工或者购进的货物作为投资，提供给其他单位或者个体工商户。

⑦ 将自产、委托加工或者购进的货物分配给股东或者投资者。

⑧ 将自产、委托加工或者购进的货物无偿赠送其他单位或者个人。

（2）混合销售行为。一项销售行为如果既涉及货物又涉及非增值税应税劳务，称为混合销售行为。这里所谓非应税劳务，是指属于应缴纳营业税的劳务。纳税人出现混合销售行为，涉及的货物和非增值税应税劳务只是针对一项销售行为而言，也就是说，非增值税应税劳务是为了直接销售一项货物而提供的，两者之间是紧密相连的从属关系。

从事货物的生产、批发或零售的企业、企业性单位及个体经营者以及以从事货物的生产、批发或零售为主，并兼营非增值税应税劳务的企业、企业性单位及个体经营者的混合销售行为，视为销售货物，应当征收增值税；其他单位和个人的混合销售行为，视为提供非增值税应税劳务，不征收增值税。这里所称的“以从事货物的生产、批发或零售为主，并兼营非应税劳务”，是指纳税人年货物销售额与非应税劳务营业额的合计数中，年货物销售额超过50%，非应税劳务营业额不到50%。

【例 2-1】 某家电商场销售某型号电热水器并负责安装，销售时约定每台电热水器和安装费均由购买方支付，每台价格3 000元。

在这项业务中，既涉及销售货物（电热水器），又涉及提供非应税劳务（安装劳务），非应税劳务是为了销售货物而发生，两者之间具有紧密相连的从属关系，所以属于混合销售行为。

纳税人的下列混合销售行为，应当分别核算货物的销售额和非增值税应税劳务的营业额，并根据其销售货物的销售额计算缴纳增值税，非增值税应税劳务的营业额不缴纳增值税；未分别核算的，由主管税务机关核定其货物的销售额。

① 销售自产货物并同时提供建筑业劳务的行为。

② 财政部、国家税务总局规定的其他情形。

（3）兼营非增值税应税项目。兼营非增值税应税项目是指增值税纳税人在从事销售应税货物或者提供应税劳务、应税服务的同时，还从事非增值税应税项目（即营业税应税项目），且两者之间并无直接的联系和从属关系。

纳税人兼营非增值税应税项目的，应分别核算货物、应税劳务、应税服务的销售额和非增值税应税项目的营业额。对货物和应税劳务、应税服务的销售额按各自适用的税率征收增值税，对非增值税应税项目的营业额按适用税率征收营业税。如果未分别核算的，或不能准确核算的，由主管税务机关核定货物、应税劳务、应税服务的销售额。

纳税人兼营免税、减税项目的，应当分别核算免税、减税项目的销售额；未分别核算的，不得免税、减税。

想一想

混合销售行为和兼营行为有什么不同?

（4）混业经营。混业经营是指纳税人生产或销售不同税率或者征收率的货物，或者既销售货物又提供应税劳务和应税服务的行为。纳税人发生混业经营行为的，应当分别核算适用不同税率或者征收率的销售额，未分别核算的，按从高适用税率或者征收率的原则征收增值税。

2）属于征税范围的特殊项目

（1）货物期货（包括商品期货和贵金属期货），应当征收增值税。

（2）银行销售金银的业务，应当征收增值税。

（3）典当业的死当物品销售业务和寄售业代委托人销售寄售物品的业务，均应征收增值税。

（4）集邮商品（如邮票、首日封、邮折等）的生产、调拨，以及邮政部门以外的其他单位和个人销售的集邮商品，均征收增值税。

（5）邮政部门发行报刊，征收营业税；其他单位和个人发行报刊，征收增值税。

（6）电力公司向发电企业收取的过网费，应当征收增值税，不征收营业税。

在实际业务中，属增值税征税范围内的特殊项目，除上述项目外，还有其他条款，在此不再赘述。

知识拓展

“营改增”税制改革

“营改增”是对过去征收营业税的部分业务改为征收增值税，从制度上解决营业税制下“道道征收，全额征税”的重复征税问题，实现增值税税制下的“环环征收、层层抵扣”，税制更科学、更合理、更符合国际惯例。“营改增”是一次重大的税制改革，也是结构性减税的一项重要措施，有利于促进经济发展方式加快转变和经济结构战略性调整。

2012 年 1 月 1 日起在上海市交通运输业和部分现代服务业开展营业税改征增值税试点改革，拉开营业税改征增值税的改革大幕。2012 年 8 月 1 日起至年底，将交通运输业和部分现代服务业“营改增”试点范围，由上海市分批扩大至北京、天津、江苏、浙江、安徽、福建、湖北、广东、厦门、深圳 10 个省、直辖市和计划单列市。2014 年，“营改增”新试点行业顺利推进，2014 年 1 月 1 日和 6 月 1 日，铁路运输、邮政和电信业相继纳入“营改增”试点。根据国家部署，2015 年“营改增”的范围将扩大到建筑业和不动产、金融保险业、生活服务业。按照规划，最快有望在“十二五”（2011—2015 年）期间完成“营改增”。

三、识别增值税纳税人

在我国境内发生增值税征税范围内业务的单位和个人，为增值税纳税人。我国增值税实行凭专用发票抵扣税款的制度，客观上要求纳税人具备健全的会计核算制度和能力。在实际经济活动中，我国增值税纳税人众多，会计核算水平差异较大，大量的小企业和个人还不具备使用专用发票抵扣税款的条件。为了简化增值税的核算和征收，将增值税的纳税人按经营规模和会计核算水平分为小规模纳税人和一般纳税人。

1. 小规模纳税人

小规模纳税人是指年销售额在规定标准以下，并且会计核算不健全，不能按规定报送会计资料，实行简易办法征收增值税的纳税人。根据相关规定，小规模纳税人的标准如下：

（1）从事货物生产或者提供应税劳务的纳税人，以及以从事货物生产或者提供应税劳务为主，并兼营货物批发或者零售的纳税人，年应征增值税销售额（以下简称应税销售额）在 50 万元以下（含本数，下同）的。这里所称以从事货物生产或者提供应税劳务为主，是指纳税人的年货物生产或者提供应税劳务的销售额占年应税销售额的比重在 50%以上。

（2）除上述第（1）条规定以外的纳税人，年应税销售额在 80 万元以下的。

（3）年应税销售额超过小规模纳税人标准的其他个人按小规模纳税人纳税。

（4）非企业性单位、不经常发生应税行为的企业可选择按小规模纳税人纳税。

（5）“营改增”规定的应税服务年销售额未超过 500 万元的纳税人为小规模纳税人。

2．一般纳税人

一般纳税人是指年应征增值税销售额超过规定的小规模纳税人标准，且会计核算健全的企业和企业性单位。

年应税销售额未超过财政部、国家税务局规定的小规模纳税人标准以及新开业的纳税人，可以向机构所在地主管税务机关申请一般纳税人资格认定。对提出申请且符合下列条件的纳税人，主管税务机关应当为其办理一般纳税人资格认定：

（1）有固定的生产经营场所。

（2）能够按照国家统一的会计制度规定设置账簿，根据合法、有效凭证核算，能够提供准确税务资料。

除国家税务总局另有规定外，纳税人一经认定为一般纳税人后，不得转为小规模纳税人。纳税人自认定为一般纳税人的次月起（新开业纳税人自主管税务机关受理申请的当月起），按照《增值税暂行条例》第四条的规定计算应纳税额，并按照规定领购、使用增值税专用发票。

任务二 计算应纳增值税

【任务引导】

1．一般纳税人销项税额的确定

华美电器公司为增值税一般纳税人，2014 年 6 月份发生以下业务，要求计算应纳增值税销项税额。

（1）向某消费者个人直接销售空调一台，开具普通发票，收取款项 23 400 元。

（2）向丙单位销售洗衣机，开具增值税专用发票，注明价款 100 万元，税额 17 万元；另开具收据 1 份，注明向丙单位收取洗衣机包装费、搬运费 600 元。

（3）将成本价为 16 万元的新产品——豆浆机，用于对外投资，已知该豆浆机的成本利润率为 10%。

（4）当月空调销售开具增值税专用发票 15 份，共计销售额为 300 万元，另单独开具红字专用发票，注明销售折扣 80 万元。

（5）销售电扇 60 台，开具增值税专用发票注明销售额为 20 万元，因对方提前 10 天付款，所以按合同规定给予 5%的折扣，实际只收 19 万元。

（6）采取以旧换新方式，销售计算机 100 台，每台计算机不含税售价 9 000 元，收购旧型号计算机不含税折价 250 元。

（7）向甲单位销售电视机时提供送货上门、上门安装的服务，开具增值税专用发票注明共取得收入 5 万元。

（8）将 20 台空调无偿赠送给市福利院，每台的平均不含税售价为 2 100 元，成本价为 1 800 元，成本利润率为 10%。

2．一般纳税人进项税额的确定

某果酱厂为增值税一般纳税人，当月取得的扣税凭证均能及时认证抵扣，2014 年 3 月发生以下业务，要求分析并确定本月准予抵扣的进项税额。

外购水果 10 000 千克，取得的增值税专用发票上注明的外购金额和增值税额分别为10 000 元和 1 300 元。当月外购 10 000 千克水果，在运输途中因管理不善腐烂 1 000 千克。水果运回后，用于发放职工福利 200 千克，用于厂办招待所 800 千克，其余全部加工成果酱 400 千克（20 千克水果加工成 1 千克果酱）。当月加工成的 400 千克果酱，350 千克全部销售，不含税单价 20 元，50 千克因管理不善被盗。另外，在销售果酱时支付销货运输费用 2 000 元，取得货物运输业增值税专用发票一张。

3．一般纳税人应纳增值税的计算

A 电子设备生产企业（简称 A 企业）与 B 商贸公司（简称 B 公司）均为增值税一般纳税人，2014 年 9 月份有关经营业务如下，要求计算 A 企业、B 公司当期应缴纳的增值税。

（1）A 企业从 B 公司购进生产用原材料和零部件，取得 B 公司开具的增值税专用发票，注明货款 180 万元、增值税 30.6 万元，货物已验收入库，货款和税款未付。

（2）B 公司从 A 企业购电脑 600 台，每台不含税单价 0.45 万元，取得 A 企业开具的增值税专用发票，注明货款 270 万元、增值税 45.9 万元。另外，B 公司向 A 企业支付软件安装费 1 000 元。

（3）A 企业为 B 公司制作大型电子显示屏，开具了普通发票，取得含税销售额 9.36 万元、调试费收入 2.34 万元。制作过程中 A 企业委托 C 公司进行专业加工，支付加工费 2 万元、增值税 0.34 万元，取得 C 公司增值税专用发票。

（4）B 公司从农民手中购进免税农产品，收购凭证上注明支付收购货款 30 万元，支付运输公司的运输费 3 万元，取得运费普通发票。入库后，将收购的农产品 40%作为职工福利发放，60%零售给消费者并取得含税销售额 35.03 万元。

（5）B 公司将一批成本价为 80 万元的货物用于对外投资，已知该货物成本利润率为 10%，税率为 17%。

4．小规模纳税人应纳增值税的计算

兴和便民商店为增值税小规模纳税人，2014 年 10 月购进商品一批，取得普通发票注明总价款 6 万元；零售商品共取得零售额 11.36 万元；将一批零售价为 1 万元的商品无偿赠送给市养老院。要求计算当期应纳增值税。

【知识介绍】

一、一般纳税人应纳增值税的计算

除销售特定货物，实行简易办法征收增值税外，一般纳税人销售货物或提供应税劳务、应税服务，一般适用扣税法。当期应纳税额等于当期销项税额抵扣当期进项税额后的余额。用公式表示为

应纳税额＝当期销项税额－当期进项税额

1．销项税额

销项税额是指纳税人销售货物或者应税劳务，按照销售额乘以增值税暂行条例规定的税率计算并向购买方收取的增值税额。用公式表示为

销项税额＝销售额×税率

1）税率

增值税税率有三档，即基本税率、低税率和零税率。

（1）基本税率及其适用范围。增值税的基本税率为 17%。除另有规定外，增值税一般纳税人销售或进口货物、提供加工修理修配劳务、提供应税服务，均适用基本税率。

（2）低税率及其适用范围。增值税一般纳税人销售或进口下列货物按低税率为 13%计征增值税：

① 粮食、食用植物油。

② 自来水、暖气、冷气、热水、煤气、石油液化气、天然气、沼气、居民用煤炭制品。

③ 图书、报纸、杂志。

④ 饲料、化肥、农药、农机、农膜。

⑤ 国务院规定的其他货物，如农业产品、音像制品和电子出版物、盐、二甲醚等。

注意：实行“营改增”的一般纳税人提供交通运输业、邮政业服务，税率为 11%；实行“营改增”的一般纳税人提供现代服务业（有形动产租赁服务除外），税率为 6%。

（3）零税率及其适用范围。纳税人出口货物和财政部、国家税务总局规定的应税服务，适用零税率，但国务院另有规定的除外。零税率不能简单地等同于免税。免税仅指在出口环节不征收增值税，零税率是指对出口货物和应税服务除了在出口环节不征增值税外，还要对该产品和应税服务在出口前已经缴纳的增值税进行退税，使该出口产品和应税服务在出口时完全不含增值税税款，以无税产品和应税服务进入国际市场。我国根据经济形势的变化和调节出口产品与应税服务结构规定了出口退税率，对大部分产品与应税服务实行零税率。

2）一般情况下销售额的确定

销售额为纳税人销售货物或者应税劳务向购买方收取的全部价款和价外费用，但是不包括收取的销项税额。价外费用是指在销货款之外向购买方收取的手续费、补贴、基金、集资费、返还利润、奖励费、违约金、延期付款利息、包装费、包装物租金、储备费、优质费、奖励费、运输装卸费、代收款项、代垫款项，以及其他各种性质的价外收费，但下列项目不包括在内。

（1）向购买方收取的销项税额。

（2）受托加工应征消费税的消费品所代收代缴的消费税。

（3）同时符合两个条件的代垫运输费用：承运部门的运输费用发票开具给购买方的；纳税人将该项发票转交给购买方的。

（4）同时符合 3 个条件代为收取的政府性基金或者行政事业性收费：由国务院或者财政部批准设立的政府性基金，由国务院或者省级人民政府及其财政、价格主管部门批准设立的行政事业性收费；收取时开具省级以上财政部门印制的财政票据；所收款项全额上缴财政。

（5）销售货物的同时代办保险等而向购买方收取的保险费，以及向购买方收取的代购买方缴纳的车辆购置税、车辆牌照费。

3）含税销售额的换算

一般纳税人销售货物或者提供应税劳务，采用销售额和销项税额合并定价方法的，应将含税销售额换算成不含税的销售额以计算销项税额或应纳税额。计算公式为

$$销售额=\frac{含税销售额}{1+税率}$$

一般纳税人向购买方收取的价外费用，逾期没收的包装物押金，以及向消费者销售时收取的零售额，视为含税销售额，应换算为不含税销售额，再计算应纳增值税。

4）特殊销售方式下销售额的确定

（1）纳税人为销售货物而出租出借包装物收取的押金，单独记账核算的，时间在 1 年以内的，无须并入销售额征税。但对因逾期未收回包装物而不再退还的押金，或者超过 1 年（含 1 年）仍不退还的押金，应按所包装货物的适用税率征收增值税。

对销售除啤酒、黄酒以外的其他酒类产品而收取的包装物押金，无论是否返还以及会计上如何核算，均应并入当期销售额征税。

（2）纳税人采取折扣方式销售货物，如果销售额和折扣额在同一张发票上分别注明的，可按折扣后的销售额征收增值税；如果将折扣额另开发票，不论其在财务上如何处理，均不得从销售额中减除折扣额。

（3）纳税人采取以旧换新方式销售货物，应按新货物的同期销售价格确定销售额，不得扣减旧货物的收购价格。

（4）纳税人采取还本销售方式销售货物，以货物的销售价格作为销售额，不得从销售额中减除还本支出。

（5）纳税人采取以物易物方式销售货物，双方都应作购销处理，以各自发出的货物核算销售额并计算销项税额，以各自收到的货物按规定核算购货额并计算进项税额。如果收到的货物不能取得增值税专用发票或其他扣税凭证的，不能抵扣进项税额。

（6）纳税人以外汇结算销售额的，应当按外汇市场价格折合成人民币计算。纳税人按外汇结算销售额的，其销售额的人民币折合率可以选择销售发生的当天或当月 1 日的国家外汇牌价（原则上为中间价）。纳税人应在事先确定采用何种折合率，确定后 1 年内不得变更。

（7）纳税人的混合销售行为按照规定应当征收增值税的，其应税销售额为货物销售额与非增值税应税劳务营业额的合计数。

（8）纳税人发生视同销售货物行为而无销售额者，或计税价格明显偏低并且无正当理由的，由主管税务机关核定其销售额。核定销售额的方法和顺序如下：

① 按纳税人最近时期同类货物的平均销售价格确定。

② 按其他纳税人最近时期同类货物的平均销售价格确定。

③ 按组成计税价格确定。组成计税价格的公式为

$$组成计税价格=成本\times（1+成本利润率）$$

对于只征增值税的货物而言，组成计税价格公式中的成本利润率为 10%。属于应征消费税的货物，成本利润率为消费税制度中规定的成本利润率，且其组成计税价格中应加计消费税额。

2. 进项税额

进项税额是指纳税人购进货物或者接受应税劳务、应税服务所支付或者负担的增值税税额。进项税额与销项税额是对应的，销售方收取的销项税额，就是购买方支付的进项税额。

1）准予从销项税额中抵扣的进项税额

符合下列条件的准予从销项税额中抵扣：

（1）从销售方或提供方取得的增值税专用发票上注明的增值税额。

（2）从海关取得的海关进口增值税专用缴款书上注明的增值税额。

(3) 购进农产品，除取得增值税专用发票或者海关进口增值税专用缴款书外，按照农产品收购凭证或者销售发票上注明的农产品买价和13%的扣除率计算的进项税额。计算公式为

$$\text{进项税额}=\text{买价}\times\text{扣除率}$$

式中，买价包括纳税人购进农产品在农产品收购发票或者销售发票上注明的价款和按规定缴纳的烟叶税。

(4) 接受境外单位或者个人提供的应税服务，从税务机关或者境内代理人取得的解缴税款的中华人民共和国税收缴款凭证上注明的增值税额。

2) 不予抵扣的进项税额

纳税人取得的法定扣税凭证（增值税专用发票、海关进口增值税专用缴款书、农产品收购发票、农产品销售发票、从税务机关或者境内代理人取得的解缴税款的《中华人民共和国税收缴款凭证》）不符合有关规定的，其进项税额不得从销项税额中抵扣。

下列项目的进项税额，不得从销项税额中抵扣：

(1) 用于适用简易计税方法计税项目、非增值税应税项目、免征增值税项目、集体福利或者个人消费的购进货物或者接受应税劳务、应税服务。

非增值税应税项目是指提供非增值税应税劳务、转让无形资产、销售不动产和不动产在建工程。个人消费包括纳税人的交际应酬费。

(2) 非正常损失的购进货物及相关的应税劳务、应税服务。非正常损失是指因管理不善造成被盗、丢失、霉烂变质的损失。

(3) 非正常损失的在产品、产成品所耗用的购进货物（不包括固定资产）或者应税劳务、应税服务。

(4) 接受的旅客运输服务。

(5) 一般纳税人兼营简易计税方法计税项目、免税项目或者非增值税应税项目而无法划分不得抵扣的进项税额的，按下列公式计算不得抵扣的进项税额。

$$\text{不得抵扣的进项税额}=\frac{\text{当期无法划分的全部进项税额}\times(\text{当期简易计税方法计税项目销售额}+\text{非增值税应税劳务营业额}+\text{免征增值税项目销售销售额})}{\text{当期全部销售额、营业额合计数}}$$

想一想

已经抵扣了进项税额的外购货物改变了用途，用于非增值税应项目，应该怎么办？

3. 一般纳税人应纳税额的计算

1) 计算应纳税额时限

(1) 销项税额的确认时限。增值税纳税人发生应税业务后，什么时间计算销项税额，关系到当期销项税额的大小。关于销项税额的确定时间，总的要求是确认时间不得滞后。具体确认当期销项税额的时间为增值税的纳税义务发生时间。

(2) 进项税额的抵扣时限。增值税一般纳税人取得2010年1月1日以后开具的增值税专用发票，应在开具之日起180日内到主管税务机关申请认证，并在认证通过的次月申报期内，向主管税务机关申报抵扣进项税额。

纳税人进口货物取得的属于增值税扣税范围的海关缴款书，自开具之日起 180 天内向主管税务机关报送《海关完税凭证抵扣清单》（电子数据），申请稽核比对，逾期未申请的其进项税额不予抵扣。纳税人在税务机关提供稽核比对结果的当月纳税期内申报抵扣，逾期的其进项税额不予抵扣。

2）计算应纳税额时进项税额不足抵扣的处理

根据现行税法规定，当期进项税额不足抵扣的部分，可以结转下期继续抵扣。

3）销货退回或折让时销项税额、进项税额的处理

一般纳税人销售货物或者提供应税劳务和应税服务，开具增值税专用发票后，发生销售退回或折让、开票有误等情形，应按国家税务总局的规定开具红字增值税专用发票。未按规定开具红字增值税专用发票的不得扣减销项税额或进项税额。

增值税一般纳税人因销售货物退回或者折让而退还给购买方的增值税额，应从发生销货退回或者折让的当期销项税额中扣减；因购进货物退出或者折让而收回的增值税额，应从发生购进货物退出或者折让当期的进项税额中扣减。

4）一般纳税人应纳税额的计算实例

【例 2-2】 银丰公司为增值税一般纳税人，2014 年 10 月发生的有关经济业务如下，要求计算当期应纳增值税。

（1）3 日，销售甲产品给某市商场，开具增值税专用发票，取得不含税销售额 80 万元；另外取得销售甲产品的送货运输费含税收入 5.85 万元。

（2）10 日，购进货物取得增值税专用发票，注明支付的货款 60 万元、增值税额 10.2 万元；另支付购货运输费用，取得运输公司开具的货物运输业增值税专用发票，注明运输费用 6 万元、增值税额 0.66 万元。

（3）15 日，将试制的一批应税新产品用于本企业不动产在建工程，成本价为 20 万元，该产品无同类市场售价，成本利润率为 10%。

（4）20 日，向农业生产者购进免税农产品 5 吨，支付收购价 20 万元，开具税务机关认定的农产品收购凭证一张。

（5）23 日，收到农产品出库单一份，注明是本月 20 日购进的农产品被领出 1 吨用于向职工发放福利。

业务分析：

（1）销售货物应纳增值税，销货时附加收取的运输费属于价外费用，先应换算为不含税销售额，再计征销项税额。

销项税额＝80×17%＋5.85÷（1＋17%）×17%＝14.45（万元）

（2）购进货物如果取得法定扣税凭证，准予抵扣进项税额。本业务中准予抵扣进项税额的扣税凭证为购货增值税专用发票、货物运输业增值税专用发票（适用税率为 11%），进项税额可以从票上读出来。

进项税额＝10.2＋0.66＝10.86（万元）

（3）将自产的货物用于本单位的非应税项目（不动产在建工程）属视同销售行为，应纳增值税。

销项税额＝20×（1＋10%）×17%＝3.74（万元）

（4）农产品收购凭证属于准予抵扣进项税额的法定扣税凭证。

进项税额＝20×13%＝2.6（万元）

（5）购进的货物用于向职工发放福利，属不予抵扣进项税额的情形。

不予抵扣的进项税额＝1×（20÷5）×13%＝0.52（万元）

（6）应纳税额＝当期销项税额－当期进项税额＝（14.45＋3.74）－（10.86＋2.6－0.52）＝5.25（万元）

知识拓展

一般纳税人简易法计税

一般纳税人发生以下情形，可以按简易法计税。按简易法计税时，计算公式为

$$应纳税额=不含税销售额\times征收率$$

（1）销售自己使用过的物品、销售旧货。

一般纳税人销售自己使用过的、不能抵扣（纳税人自用的应征消费税的摩托车、汽车、游艇除外）且未抵扣进项税额的固定资产，按简易办法依4%的征收率减半征收增值税。

旧货是指进入二次流通的具有部分使用价值的货物（含旧汽车、旧摩托车、旧游艇），但不包括自己使用过的物品。

一般纳税人销售自己使用过的物品和旧货，适用按简易办法以4%征收率减半征收增值税。相关计算公式为

$$销售额=\frac{含税销售额}{1+4\%}$$

$$应纳税额=\frac{销售额\times4\%}{2}$$

（2）一般纳税人销售自产的下列货物，可选择按照简易办法依照6%征收率计算缴纳增值税。

① 县级及县级以下小型水力发电单位生产的电力。小型水力发电单位，是指各类投资主体建设的装机容量为5万千瓦以下（含5万千瓦）的水力发电单位。

② 建筑用和生产建筑材料所用的砂、土、石料。

③ 以自己采掘的砂、土、石料或其他矿物连续生产的砖、瓦、石灰（不含黏土实心砖、瓦）。

④ 用微生物、微生物代谢产物、动物毒素、人或动物的血液或组织制成的生物制品。

⑤ 自来水。

⑥ 商品混凝土（仅限于以水泥为原料生产的水泥混凝土）。

销售以上货物的一般纳税人选择简易法计算缴纳增值税后，3年内不得变更。

（3）一般纳税人销售货物属于下列情形之一的，暂按简易办法依照4%征收率计算缴纳增值税。

① 寄售商店代销寄售物品（包括居民个人寄售的物品在内）。

② 典当业销售死当物品。

二、小规模纳税人应纳增值税的计算

小规模纳税人销售货物或提供应税劳务、应税服务，应按简易法计算应纳增值税，不得自行开具增值税专用发票，也不得抵扣进项税额。计算公式为

$$应纳税额=销售额\times征收率$$

小规模纳税人销售货物与提供应税劳务、应税服务的销售额，与一般纳税人的销售额在定义、范围、确认方法上基本相同。对销售货物与提供应税劳务和应税服务，采取销售额和应纳税额合并定价的，应先将含税销售换算，其计算方法为

$$销售额=\frac{含税销售额}{1+征收率（3\%）}$$

小规模纳税人销售货物或者提供应税劳务、应税服务，适用3%的征收率。

小规模纳税人销售自己使用过的固定资产和旧货，按下列公式计算应纳税额。

$$销售额=\frac{含税销售额}{1+3\%}$$

$$应纳税额=销售额\times 2\%$$

小规模纳税人因销售货物退回或者折让而退还给购买方的增值税额，应从发生销货退回或者折让的当期应纳税额中扣减。

三、进口货物应纳增值税的计算

纳税人进口应税货物，适用组成计税价格法。即按照组成计税价格和规定的税率计算应纳税额，不得抵扣任何进项税额。

若进口的货物不属于应纳消费税的应税消费品，则组成计税价格的计算公式为

$$组成计税价格=关税完税价格+关税$$

若进口的货物为应纳消费税的应税消费品，则组成计税价格计算公式为

$$组成计税价格=关税完税价格+关税+消费税$$

$$组成计税价格=\frac{关税完税价格+关税}{1-消费税税率}$$

进口货物应纳增值税的计算公式为

$$应纳增值税=组成计税价格\times 增值税税率$$

【例 2-3】 某外贸公司进口货物一批，适用关税税率为 15%，增值税税率为 17%。该批货物的到岸价格（关税完税价格）为 60 万元。货物报关后按规定缴纳关税、增值税，取得了海关开具的关税完税凭证以及进口货物增值税专用缴款书。该批进口货物当月在国内全部销售，取得不含税销售额 80 万元。要求计算应纳增值税。

业务分析：

外贸公司发生了进口货物、境内销售货物的应税行为，所以应在两个环节缴纳增值税。进口货物环节应纳的增值税，取得海关填开的进口货物增值税专用缴款书，属于准予抵扣的进项税额，准予在国内销售环节计税时抵扣。

进口环节应纳增值税=组成计税价格×增值税税率=（60+60×15%）×17%=11.73（万元）

国内销售环节应纳增值税=销项税额-进项税额=80×17%−11.73=1.87（万元）

知识拓展

增值税专用发票

增值税专用发票（简称专用发票）是增值税一般纳税人销售货物或者提供应税劳务开具的发票，是购买方支付增值税额并可按照增值税有关规定据以抵扣增值税进项税额的凭证。

1．专用发票的联次

专用发票由基本联次或者基本联次附加其他联次构成，基本联次为 3 联：发票联、抵扣联和记账联。发票联，作为购买方核算采购成本和增值税进项税额的记账凭证；抵扣联，作为购买方报送主管税务机关认证和留存备查的凭证；记账联，作为销售方核算销售收入和增值税销项税额的记账凭证。其他联次用途，由一般纳税人自行确定。

2．专用发票的使用

一般纳税人应通过增值税防伪税控系统（简称防伪税控系统）使用专用发票。使用包括领购、开具、缴

销、认证纸质专用发票及其相应的数据电文；防伪税控系统是指经国务院同意推行的，使用专用设备和通用设备、运用数字密码和电子存储技术管理专用发票的计算机管理系统；专用设备是指金税卡、IC卡、读卡器和其他设备；通用设备是指计算机打印机、扫描器具和其他设备。

3. 专用发票开票限额

专用发票实行最高开票限额管理。最高开票限额是指单份专用发票开具的销售额合计数不得达到的上限额度。最高开票限额由一般纳税人申请，税务机关依法审批。

4. 专用发票的开具范围

（1）一般纳税人销售货物（包括视同销售货物）、应税劳务和应税服务，应向购买方开具增值税专用发票。

（2）商业零售的烟、酒、食品、服装、鞋帽（不包括劳保专用部分）、化妆品等消费品不得开具增值税专用发票。

（3）小规模纳税人需要开具专用发票的，可向主管税务机关申请代开。申请代开专用发票时，应填写《代开增值税专用发票缴纳税款申报单》，连同税务登记证副本，到主管税务机关全额缴纳税款，同时缴纳专用发票工本费。

（4）销售免税货物不得开具专用发票，法律、法规及国家税务总局另有规定的除外。

（5）一般纳税人提供应税货物运输服务，使用货运专用发票；提供其他增值税应税项目、免税项目或者非增值税应税项目的，不得使用货运专用发票。

（6）向消费者个人提供应税服务、适用免税项目的应税服务不得开具专用发票。

任务三 增值税的核算

【任务引导】

1. 一般纳税人增值税的核算

京华实业有限责任公司为一国有制造企业，主要从事农产品加工机械的生产销售，兼营农产品加工，纳税人识别号为 44030174515××××，执行新《企业会计准则》与现行税收政策，会计核算健全，被税务机关认定为增值税一般纳税人，增值税税率为 17%，按月缴纳增值税。包装物单独核算。本月取得的扣税凭证当月均及时认证。2014 年 3 月份发生下列经济业务，要求编制会计分录，登记“应交税费——应交增值税”“应交税费——未交增值税”明细账，见表 2-1 和表 2-2。

（1）3 月 2 日，开出转账支票一张，上缴上月未交的增值税 16 540 元。

（2）3 月 3 日，从光明加工厂购入甲材料 150 吨，每吨 2 100 元，收到增值税专用发票，价款 315 000 元，税款 53 550 元，价税合计 368 550 元，材料已验收入库，货款已转账支付。

（3）3 月 4 日，由光大批发市场购入乙材料 180 吨，每吨 3 500 元，收到增值税专用发票，价款 630 000 元，税款 107 100 元，价税合计 737 100 元，材料已验收入库，货款签发转账支票支付。另用现金支付运费价税合计数 22 200 元，取得货物运输业增值税专用发票一份，注明运费 20 000 元，税款 2 200 元。

（4）委托河北加工厂加工配件一批，材料上月已发出。3 月 6 日，支付加工费 3 000 元和增值税额 510 元，取得增值税专用发票一张。另付往返运杂费 800 元和增值税额 88 元，取得货物运输增值税专用发票一张。款项已转账支付。

（5）3 月 6 日，机修车间对外提供加工劳务，开具普通发票收取劳务费 11 000 元，款项已收存银行。

（6）3 月 7 日，从国外进口生产设备一台，设备到岸价格 200 000 元，按关税税则的规定应纳关税 40 000 元，开具转账支票，缴纳进口关税和增值税，取得了海关填开的关税完税凭证一份、进口货物增值税专用缴款书一份。货款暂未支付，设备已运达且办理了固定资产验收手续。

（7）3 月 7 日，公司不动产在建工程项目领用 10 吨原材料。材料出库单上列示成本为 21 000 元。经核查，该批领用材料为本月 3 日从光明加工厂购入的甲材料。

（8）3 月 7 日，销售 B 产品 16 台，每台 42 000 元，货款 672 000 元，税款 114 240 元；随同产品一起售出包装箱一批，不含税售价 4 500 元，税款 765 元，开具增值税专用发票一张。款项 791 505 元已存入银行。

（9）上月与西单百货公司签订委托代销协议一份，双方同意按销售额的 5%结算代销手续费。3 月 8 日，西单百货公司交来代销清单，注明已代销本公司 A 产品 5 台，每台不含税售价 60 000 元。凭代销清单开具增值税专用发票一份，注明价款 300 000 元，税额 51 000 元。款项未收。

（10）3 月 8 日，计提应付给西单百货公司的代销手续费。

（11）3 月 10 日，收到金额为 336 000 元的进账通知单一份，注明为西单百货公司交来的扣除代销手续费后代销货款。

（12）3 月 12 日，华润公司委托本公司代销商品一批，双方签订了代销协议书一份，同意按销售额的 10%结算代销手续费。当日，收到华润公司发来的委托代销的商品 100 件，每件不含税售价 2 000 元。

（13）3 月 15 日，售出华润公司委托代销的商品 60 件，开具增值税专用发票，注明价款 120 000 元、税额 20 400 元。款项已收存银行。

（14）3 月 20 日，向华润公司交付代销清单，取得增值税专用发票一份，注明价款 120 000 元、税额 20 400 元。签发转账支票一张，支付扣除代销手续费后的代销货款。

（15）3 月 23 日，将一批原材料对外投资，以取得新江公司的长期持股权。收到仓库保管员开具的材料出库单一份，注明总成本 280 000 元。该批材料经税务机关认定的计税价格为 400 000 元。材料已发出，收到投资协议书及持股证明各一份。

（16）3 月 24 日，将 5 台 B 产品无偿捐赠给新疆化工研究院，以支援西部开发，开具增值税专用发票一张，收到仓库保管员开具的产品出库单一份，注明总成本 150 000 元，同期 5 台 B 产品的不含税总售价为 200 000 元。

（17）3 月 24 日，开出转账支票一张，预交本月应纳增值税 2 000 元。

（18）3 月 24 日，生产加工一批新产品 C 产品 450 件，成本价 380 元/件（无同类产品市场价格，成本利润率 10%），全部作为福利发放给本企业职工，未开发票，收到产品出库单一份。

（19）3 月 26 日，上月出借给华美公司的包装物已到交付期，未收到华美公司交还的包装物，按双方约定没收押金 2 000 元。

（20）3 月 30 日，上月销售的 B 产品 5 台发生销售退回，价款 198 000 元，应退增值税

33 660 元。开出红字增值税专用发票，并以银行存款支付退货款和税额。

（21）3 月 30 日，月末财产清查中，发现 1 吨甲材料盘亏，经核实该批材料系本月 3 日从光明加工厂购入的甲材料，盘亏原因系因管理不善导致材料被盗窃。

（22）3 月 30 日，计算本月应纳增值税、未交增值税，结转本月未交增值税。

表 2-1 “应交税费——应交增值税”明细账

2014 年		凭证号	摘要	借方			贷方		借或贷	余额
月	日			进项税额	已交税金	转出未交增值税	销项税额	进项税额转出		

表 2-2 “应交税费——未交增值税”明细账

2014 年		凭证号	摘要	借方	贷方	借或贷	余额
月	日						
3	1		期初余额			贷	16 540

2．小规模纳税人增值税的核算

鸿昌贸易公司为从事服装批发业务的增值税小规模纳税人，库存商品采用进价法核算，纳税人识别号为37028473059××××，2014 年 6 月发生如下经济业务，要求计算应纳增值税、编制应税业务会计分录、登记“应交税费——应交增值税”明细账，见表 2-3。

（1）6 月 1 日，销售一批童装，由税务代开增值税专用发票一张，注明价款 100 000 元，增值税 3 000 元，收到对方签发的商业承兑汇票一张。

（2）6 月 8 日，购进一批女装，取得普通发票注明金额为 40 000 元，款项用银行存款支付，商品已验收入库。

（3）6 月 10 日，将购进的一批女装作为礼品无偿赠送给老客户，商品出库单上注明该批商品进价为 10 000 元，同期平均不含税售价为 15 000 元。

（4）6 月 11 日，签发转账支票一张，缴纳 5 月份欠交的增值税 4 000 元，取得税收缴款书一份。

（5）6 月 15 日，销售男装一批，开具普通发票注明价款 230 000 元，另收取包装费 1 000 元。所有款项均存入银行。

表 2-3　明细分类账

总账科目：　　　　　　　　　　　　　　　　明细科目：　　　　　　　　　　　　　　　　第 1 页

年		凭证		摘要	借方	贷方	借或贷	余额
月	日	字	号					
6	1			期初余额			贷	4 000

【知识介绍】

一、一般纳税人增值税的核算

1．账户设置

根据现行规定，一般纳税人应在“应交税费”一级账户下设置“应交增值税”“未交增值税”和“增值税检查调整”3 个二级账户。

1）“应交税费——应交增值税”账户

一般纳税人应根据实际业务需要，在“应交税费——应交增值税”二级账户下，设置以下三级明细项目：

（1）进项税额。记录企业购进货物、接受应税劳务而支付的、并准予从销项税额中抵扣的增值税额；若发生购货退回或者折让，应以红字记入，以示冲销的进项税额。

（2）已交税额。记录企业本期预交的增值税额。

（3）减免税款。记录企业按规定直接减免的、准予从销项税额中抵扣的增值税额。按规定，直接减免的增值税用蓝字登记，冲销直接减免的增值税用红字登记。

（4）出口抵减内销产品应纳税额。记录企业按规定的退税率计算的出口货物的进项税额抵减内销产品的应纳税额，即出口货物的抵免税额。

（5）转出未交增值税。记录企业期末转至“应交税费——未交增值税”账户的应交未交的增值税额。作此转账后，“应交税费——应交增值税”的期末余额不再包括当期应交未交增值税额。

（6）销项税额。记录企业销售货物、提供应税劳务所收取的增值税销项税额。若发生销货退回或者折让，则应以红字记入。

（7）出口退税。记录企业已申报办理并已核准退回的增值税。办理退税后，又发生退货或者退关而补交已退税款，则用红字记入。

（8）进项税额转出。记录企业已抵扣进项税额的货物，在发生非正常损失或改变用途时，不应从销项税额中抵扣而应按规定转出的进项税额。

（9）转出多交增值税。记录企业期末转至“应交税费——未交增值税”账户的当期多交增值税额。作此转账后，“应交税费——应交增值税”期末余额不包含多缴的增值税。

2）“应交税费——未交增值税”账户

“应交税费——未交增值税”明细账可设置为借、贷、余三栏式。该账户的借方发生额，反映企业上缴以前月份未交增值税额和月末自“应交税费——应交增值税”账户转入的当期多交的增值税额。该账户的贷方发生额，反映企业月末自“应交税费——应交增值税”账户转入的当期未交的增值税额。

“应交税费——未交增值税”账户的期末余额如在借方表示企业多交的增值税，如在贷方表示企业未交的增值税。

3）“应交税费——增值税检查调整”账户

“应交税费——增值税检查调整”账户贷方余额反映检查确认纳税人应补交的增值税，借方余额反映经检查确认纳税人多交的增值税。全部调账事项入账后，应结出本账户的余额，并对余额进行相应的结转，结转后本账户无余额。

2. 销项税额的核算

1）一般应税业务销项税额的核算

纳税人销售货物或提供应税劳务、应税服务的，按实现的销售收入与按规定收取的增值税之和，借记“银行存款”“应收账款”“应收票据”等科目，按实现的销售收入，贷记“主营业务收入”“其他业务收入”科目，按应纳的增值税贷记“应交税费——应交增值税（销项税额）”科目。

若销售货物的同时附加收取了价外费用，且价外费用为含税的，则先应将价外费用按销售货物适用的税率，换算为不含税销售额，再计征增值税。价外费用在核算时，既可并入“主营业务收入”科目，也可单独计入“其他业务收入”等科目。

【例 2-4】 阳光公司 2014 年 6 月采取委托收款方式销售甲产品一批，开具增值税专用发票注明价款 400 000 元、增值税 68 000 元，收到开户行转来的委托收款回单一份。另开具收据一张，注明以现金方式收取所售甲产品的运输费 1 000 元。

销项税额＝68 000＋1 000÷（1＋17%）×17%≈68 145.30（元）

借：应收账款　　468 000

　库存现金　　1 000

　贷：主营业务收入　　400 000

　　其他业务收入　　854.70

　　应交税费——应交增值税（销项税额）　　68 145.30

提示

不同结算方式下，何时需要核算销项税，要结合增值税的纳税义务发生时间确定。委托收款结算方式下，增值税纳税义务发生时间为发出货物并办妥托收手续的当天；价外费用先换算为不含税销售额，再计算应纳增值税。

2）特殊销售业务销项税额的核算

当纳税人采取折扣销售、以旧换新方式销售、还本方式销售、以物易物方式销售等时，应根据增值税税法规定计算应税销售额、应纳销项税额，再结合具体的结算方式进行会计核算。其核算原理同于一般销售货物时销项税额的核算。

【例 2-5】 阳光公司 2014 年 6 月采取“以旧换新”方式向消费者个人销售电视机 100 台，该型号彩电每台含税零售价 2 925 元，由于顾客以旧彩电换购，每台实际收取现金 2 200 元，款项已缴存银行。

现行税法规定，以“以旧换新”方式销售货物的，应按新货物的同期销售价格确定销售额。一般纳税人向消费者个人销售货物，不得开具增值税专用发票，普通发票上含税销售额需先换算为不含税销售额，再计算应纳增值税。

销项税额＝100×2 925÷（1＋17%）×17%＝42 500（元）

借：银行存款　　220 000

　库存商品　　72 500

　贷：主营业务收入　　250 000

　　应交税费——应交增值税（销项税额）　　42 500

3）包装物押金销项税额的核算

一般情况下，纳税人为了销售货物而出租出借的包装物收取的押金，单独记账的，时间在 1 年以内且未逾期的，无须并入应税销售额征税；但对逾期未收回包装物而不再退还的押金，应按所售货物适用的税率计算纳税。

特殊情况下，纳税人销售除啤酒、黄酒以外的酒类产品而收取的包装物押金，无论是否返还，以及会计上如何核算，均应并入应税销售额计算纳税。

包装物押金的核算主要有出租出借包装物收取押金、到期退还押金、逾期没收押金等环节。

【例 2-6】 阳光公司 2014 年 6 月 1 日，向诚信公司销售乙产品（非酒类产品，适用税率 17%）时出租一批包装物，租期 3 个月，收取包装物租金 2 000 元，未开具增值税专用发票。另附加收取包装物押金 3 000 元，所有款项当即存入银行。

销售货物的同时附加收取的包装物租金，属于价外费用，即使未开具增值税专用发票，也应在收取时计征增值税。

收取的租金应纳销项税额＝2 000÷（1＋17%）×17%≈290.60（元）

借：银行存款	5 000
贷：其他业务收入	1 709.40
应交税费——应交增值税（销项税额）	290.60
其他应付款	3 000

2014 年 9 月 1 日，诚信公司未按约定交还包装物，阳光公司没收其押金。

借：其他应付款	3 000
贷：其他业务收入	2 564.10
应交税费——应交增值税（销项税额）	435.90

提示

销售货物时，收取的包装物租金与收取的包装物押金在计税与核算时均有区别。

4）视同销售行为销项税额的核算

视同销售行为在税法中共列举了 8 种，在会计核算上一般可分为两种情况：一是如果视同销售行为符合《企业会计准则》中收入确认的条件，则直接在会计核算上确认收入，并按税法规定计算和核算销项税额；二是如果视同销售行为不符合《企业会计准则》中收入确认的条件，则在会计核算上不确认收入，而是直接结转货物或劳务成本，但应按税法规定计算和核算销项税额。

（1）将货物交付他人代销时销项税额的核算。将货物交付他人代销时，会计核算主体是委托方。委托方是增值税纳税人，在受托方交来代销清单的当天发生增值税纳税义务。委托方的核算可分为交付代销货物、收到代销清单、计提应付代销手续费、结转代销货物成本、收取代销款、支付代销手续费等主要环节。

【例 2-7】 阳光公司 2014 年 6 月委托华丽公司代销主营商品 500 件，该商品成本 200 元/件，双方采用代销手续费的方式结算。合同规定商品不含税售价 280 元/件，阳光公司按不含税售价的 10%向华丽公司支付手续费。3 日，发出代销货物。26 日，收到华丽公司交来的代销清单，注明代销商品已售出 200 件，款项未收。30 日，收到开户行转来的进账通知单，注明款项为华丽公司交来的扣除手续费后的代销款。

阳光公司账务处理如下。

3 日，将货物交付给华丽公司时

借：委托代销商品	100 000
贷：库存商品	100 000

26 日，收到华丽公司交来的代销清单时，发生增值税纳税义务，应开具增值税专用发票。

销项税额＝200×280×17%＝9 520（元）

借：应收账款	65 520
贷：主营业务收入	56 000
应交税费——应交增值税（销项税额）	9 520

26 日，计提应付代销手续费时

代销手续费＝200×280×10%＝5 600（元）

借：销售费用	5 600
贷：应收账款	5 600

26 日，结转已销货物成本时

借：主营业务成本　40 000

　　贷：委托代销商品　40 000

30 日，从华丽公司收到扣除手续费后的代销款时

借：银行存款　59 920

　　贷：应收账款　59 920

提示

委托代销根据协议的不同可分为两种：一是视同买断代销方式；二是收取手续费代销方式。两种方式下账务处理不同，上述案例采用的是第二种代销方式。

（2）销售代销货物时销项税额的核算。销售代销货物时，会计核算主体是受托方。受托方在对外销售代销货物时发生增值税纳税义务，应纳增值税销项税额；受托方实现销售后，将代销清单交给委托方，如果从委托方处取得了增值税专用发票，可以抵扣进项税额。受托方的会计核算分为收到代销货物、销售代销货物、交付代销清单、计提应得代销手续费、结转已代销货物成本、向委托方交付代销货款等主要核算环节。

【例 2-8】 承【例 2-7】，华丽公司发生销售代销货物行为，华丽公司的账务处理如下。

3 日，收到代销货物时

借：受托代销商品　100 000

　　贷：受托代销商品款　100 000

26 日，对外销售代销货物、收到价税款时

借：银行存款　65 520

　　贷：应付账款　56 000

　　贷：应交税费——应交增值税（销项税额）　9 520

26 日，向阳光公司交付代销清单，并取得增值税专用发票时

借：应交税费——应交增值税（进项税额）　9 520

　　贷：应付账款　9 520

26 日，计算应得代销手续费时

借：应付账款　5 600

　　贷：其他业务收入　5 600

26 日，结转已代销货物成本时

借：受托代销商品款　40 000

　　贷：受托代销商品　40 000

30 日，向阳光公司实际支付扣除手续费后的代销货款时

借：应付账款　59 920

　　贷：银行存款　59 920

（3）货物在统一核算的两个机构间调拨时销项税额的核算。设有两个以上机构并实行统一核算的纳税人，将货物从一个机构移送至其他机构（不在同一县市）且用于销售的，属视同销售货物行为。此处的销售行为是指受货机构发生以下情形之一的经营行为：一是向购货方开具发票；二是向购货方收取货款。受货机构的货物移送行为有上述两项情形之一的，应当向所在地税务机关缴纳增值税；未发生上述两项情形的，则应由总机构统一缴纳增值税。

【例 2-9】 远华公司是增值税一般纳税人，适用税率为 17%。总机构设在江海市，另在不同县市下设了 A、B 两个分支机构，总分支机构间实行统一核算会计利润。2014 年 6 月将一批货物从 A 机构调拨给 B 机构，A 机构于移送时开具了增值税专用发票，该批货物不含税销售额为 800 000 元、增值税 136 000 元，款项未收。

A 机构（货物调出方）会计处理如下。

借：应收账款——B 机构	936 000	
贷：主营业务收入		800 000
应交税费——应交增值税（销项税额）		136 000

B 机构（货物调入方）会计处理如下。

借：库存商品	800 000	
应交税费——应交增值税（进项税额）	136 000	
贷：应付账款——A 机构		936 000

（4）将自产或委托加工的货物用于非应税项目时销项税额的核算。将自产或委托加工的货物用于非应税项目时，与商品所有权有关的风险和报酬并没有转移、企业能够对商品实施有效的控制，按《企业会计准则》的相关规定，不满足收入确认的条件，不确认收入。但是由于属视同销售行为，当货物移送时应纳增值税。

【例 2-10】 阳光公司 2014 年 6 月将一批自产的产品（适用税率 17%）用于本企业生产车间的流水线改建工程，该批产品成本为 200 000 元、不含税售价 300 000 元。阳光公司的账务处理如下。

借：在建工程	251 000	
贷：库存商品		200 000
应交税费——应交增值税（销项税额）		51 000

（5）将自产、委托加工或购买的货物作为投资时销项税额的核算。将自产、委托加工或购买的货物作为投资的，在货物移送时，按移送货物的售价或组成计税价格乘以适用税率计算应纳增值税，并按投资货物的公允价值确认收入。

【例 2-11】 阳光公司 2014 年 6 月将一批材料（适用税率 17%）对外投资，取得对方单位的长期控股权，该批材料总成本为 600 000 元、市场平均售价 900 000 元，开具了增值税专用发票、材料出库单，取得投资协议书、持股证明各一份。阳光公司的账务处理如下。

借：长期股权投资	1 053 000	
贷：其他业务收入		900 000
应交税费——应交增值税（销项税额）		153 000
借：其他业务成本	600 000	
贷：原材料		600 000

（6）将自产、委托加工或购买的货物分配给股东或投资者时销项税额的核算。将自产、委托加工或购买的货物分配给股东或投资者的，在货物移送时，按移送货物的售价或组成计税价格乘以适用税率计算应纳增值税，并且应确认收入。核算时，按应纳增值税与应确认的收入合计数，借记“应付利润”或“应付股利”科目，按移送货物的销售额为组成计税价格，贷记“主营业务收入”或“其他业务收入”科目，按应纳增值税，贷记“应交税费——应交增值税（销项税额）”科目。

（7）将自产、委托加工的货物用于集体福利和个人消费时销项税额的核算。将自产、委托加工的货物用于集体福利和个人消费，在货物移送时，按移送货物的售价或组成计税价格乘以适用税率计算应纳增值税，并应确认收入。按移送货物的售价或组成计税价格与应纳增值税之和，借记“应付职工薪酬”“管理费用”等科目，按移送货物的公允价值，贷记“主营业务收入”等科目，按计算的增值税，贷记“应交税费——应交增值税（销项税额）”科目。

【例 2-12】 2014 年 6 月阳光公司（增值税一般纳税人，增值税率为 17%）将自产的一批产品作为福利发放给职工。已知该产品的单位不含税售价为 300 元，单位成本为 200 元。共发放 1 000 件，其中：生产工人 900 件，行政管理人员 100 件。阳光公司的账务处理如下。

计提非货币性福利时

借：生产成本	315 900	
管理费用	35 100	
贷：应付职工薪酬		351 000

将产品用于发放福利时

借：应付职工薪酬	351 000	
贷：主营业务收入		300 000
应交税费——应交增值税（销项税额）		51 000

结转产品成本时

借：主营业务成本	200 000	
贷：库存商品		200 000

（8）将自产、委托加工或购买的货物无偿赠送他人时销项税额的核算。将自产、委托加工或购买的货物无偿赠送他人，在货物移送时，按移送货物的售价或组成计税价格乘以适用税率计算应纳增值税，由于与货物销售相关的经济利益未流入企业，不符合会计准则中收入确认的条件，故不确认收入，直接结转移送货物的成本。

【例 2-13】 阳光公司 2014 年 6 月将购买的一批原材料（税率为 13%）无偿赠送给市福利院，该批材料成本为 100 000 元，成本利润率为 10%，无同类售价。

组成计税价格＝100 000×（1＋10%）＝110 000（元）

应纳增值税销项税额＝110 000×13%＝14 300（元）

借：营业外支出	114 300	
贷：原材料		100 000
应交税费——应交增值税（销项税额）		14 300

5）销售属货物类型的固定资产销项税额的核算

一般纳税人销售属货物类型的固定资产分两种情况：一是销售自己使用过的未抵扣进项税额的固定资产；二是销售自己使用过的已抵扣进项税额的固定资产。

销售自己使用过的未抵扣进项税额的固定资产，视同销售旧货，按简易征税办法，按不含税销售额的 4%征收率减半征收。销售自己使用过的已抵扣进项税额的固定资产，按正常销售货物征收增值税。在这两种情况下，会计核算程序及原理类似。

【例 2-14】 阳光公司 2014 年将一台不需要的生产设备对外销售。该设备于 2008 年 3 月 1 日购入，原值 100 万元，已提折旧 70 万元，购入时未抵扣进项税额。销售时取得总收入 25 万元，款项已存入银行。另转账支付清理费用 2 万元。阳光公司相关账务处理如下：

（1）将固定资产转入清理时

借：固定资产清理	300 000	
累计折旧	700 000	
贷：固定资产		1 000 000

（2）销售固定资产取得收入时

应纳增值税＝250 000÷（1＋4%）×4%÷2≈4 807.69（元）

借：银行存款	250 000	
贷：固定资产清理		245 192.31
应交税费——应交增值税（销项税额）		4 807.69

（3）支付清理费用时

借：固定资产清理	20 000	
贷：银行存款		20 000

（4）结转净损益时

借：营业外支出	74 807.69	
贷：固定资产清理		74 807.69

6）销货退回或折让的会计核算

纳税人在销售货物后，因货物质量、规格等原因而发生销货退回或销售折让时，不仅涉及销货款的退回，而且还涉及增值税的退回。税法规定，一般纳税人因销货退回或销售折让而退还给购买方的增值税，应从发生销售退回或销售折让的当期销项税额中扣减。

【例 2-15】 阳光公司 2014 年 5 月份向华丽公司销售货物一批，开具增值税专用发票注明价款 100 000 元，增值税 17 000 元。6 月 1 日，因发出货物规格与双方所签购销合同不符，华丽公司提出若在总价格上给予 20% 的销售折让，仍同意接受该批货物。阳光公司凭对方税务机关开具的《开具红字增值税专用发票通知单》，开具了红字专用发票，并签发转账支票，当即退回了折扣款与税额。阳光公司 6 月份账务处理如下。

借：银行存款	23 400	
贷：主营业务收入		20 000
应交税费——应交增值税（销项税额）		3 400

提示

登记“应交税费——应交增值税”多栏式明细账时，此笔业务中的 3 400 元应在“销项税额”栏用红字登记。

3. 进项税额的核算

1）准予抵扣的进项税额的核算

（1）从销售方或提供方取得增值税专用发票时进项税额的核算。纳税人外购货物或接受应税劳务、应税服务，从销售方或提供方取得增值税专用发票时，准予抵扣进项税额，此时取得的增值税专用发票格式如图 2.1 所示。此时，按不含税价款借记“原材料”“材料采购”“周转材料”“库存商品”“固定资产”“在建工程”“制造费用”“销售费用”“管理费用”等科目，按可抵扣的进项税额借记“应交税费——应交增值税（进项税额）”，按实付或应付金额贷记“银行存款”“应付账款”“应付票据”等科目。

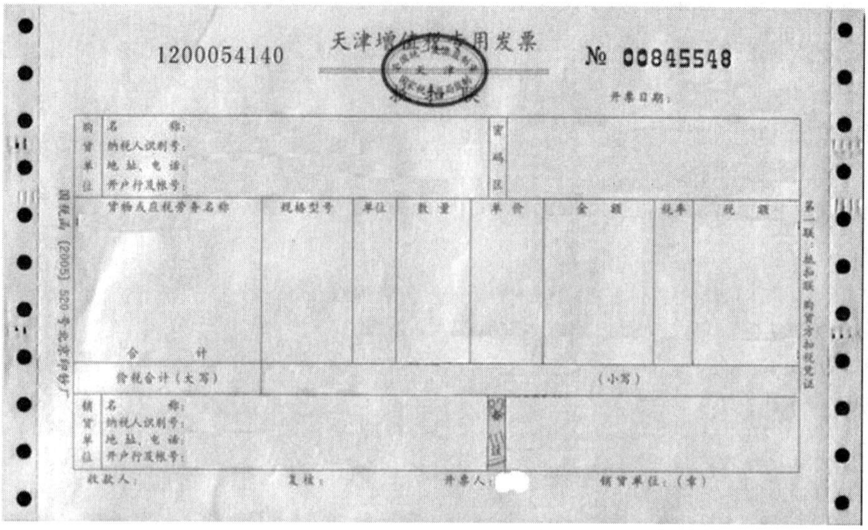
1200054140　天津增值税专用发票　№ 00845548
开票日期：
购货单位　名称：　纳税人识别号：　地址、电话：　开户行及账号：　密码区
货物或应税劳务名称　规格型号　单位　数量　单价　金额　税率　税额
合计
价税合计（大写）　（小写）
销货单位　名称：　纳税人识别号：　地址、电话：　开户行及账号：　备注
收款人：　复核：　开票人：　销货单位：（章）
第一联：抵扣联　购货方扣税凭证

图 2.1　增值税专用发票

一般纳税人接受公路运输业服务，取得货物运输业增值税专用发票（图 2.2），按照公路运输劳务金额 11%的扣除率计算进项税额。核算时，外购货物支付的运输费用记入货物的成本中，销售货物支付的运输费用记入“销售费用”科目。

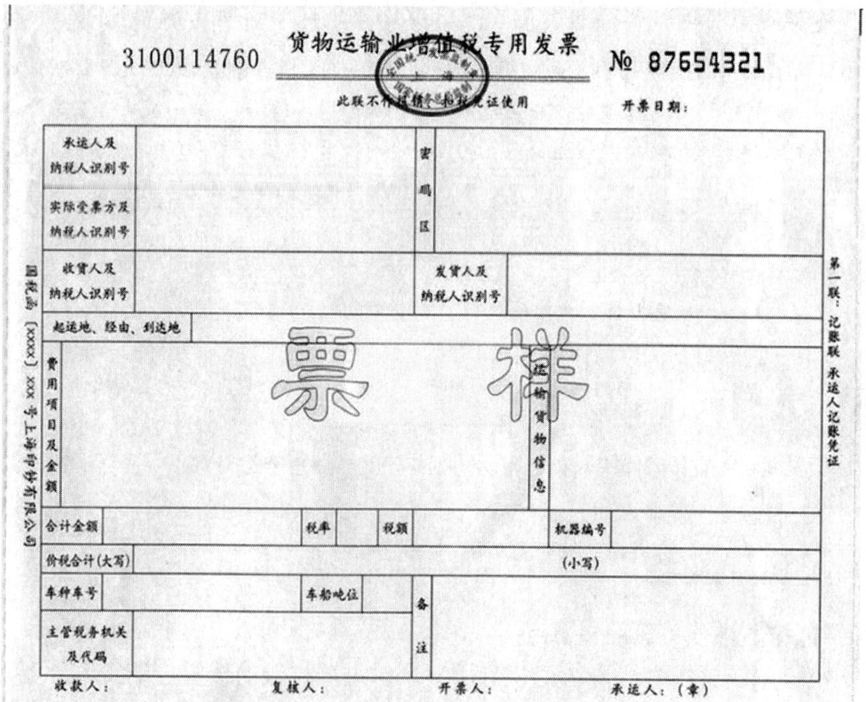
3100114760　货物运输业增值税专用发票　№ 87654321
此联不作报销、扣税凭证使用　开票日期：
承运人及纳税人识别号　密码区
实际受票方及纳税人识别号
收货人及纳税人识别号　发货人及纳税人识别号
起运地、经由、到达地
费用项目及金额　票样　运输货物信息
合计金额　税率　税额　机器编号
价税合计（大写）　（小写）
车种车号　车船吨位　备注
主管税务机关及代码
收款人：　复核人：　开票人：　承运人：（章）
第一联：记账联　承运人记账凭证
国税函〔XXXX〕XXX 号上海印钞有限公司

图 2.2　货物运输业增值税专用发票

【例 2-16】 阳光公司 2014 年 6 月因生产经营需要，购入包装物一批，从销售方取得增值税专用发票，注明价款 200 000 元、增值税 34 000 元。另外委托明天运输公司运送包装物，取得货物运输业增值税专用发

票，注明价款 20 000 元、增值税 2 200 元。款项均已转账支付，包装物已验收入库。

准予抵扣的进项税额＝34 000＋2 200＝36 200（元）

原材料成本＝200 000＋20 000＝220 000（元）

借：原材料　　220 000

　　应交税费——应交增值税（进项税额）　　36 200

　　贷：银行存款　　256 200

（2）从海关取得进口增值税专用缴款书时进项税额的核算。纳税人进口应税货物，应按组成计税价格乘以适用的税率计算应纳增值税。进口环节的增值税由海关代征，纳税人向海关缴纳增值税后，应从海关取得进口货物专用缴款书作为完税凭证。同时，海关开具的进口货物增值税专用缴款书（图 2.3）是纳税人抵扣进项税额的合法凭证。纳税人进口应税货物时，按进口货物的组成计税价格借记“原材料”“库存商品”“固定资产”等科目，按专用缴款书上注明的增值税借记“应交税费——应交增值税（进项税额）”科目，按实付或应付金额贷记“银行存款”“应付账款”科目。

海关进口增值税专用缴款书

深圳海关

收入系统　海关系统　　填发日期 2013年 01 月 07 日　　号码NO 530120131012152190-L01

收款单位	收入机关	中央金库		缴款单位或人 名称	贝茜设计印务有限公司
	科目	进口增值税	预算级次 中央	账号	789789789789789
	收款国库	深圳农行金库		开户银行	中国农业银行武汉支行

税号	货物名称	数量	单位	完税价格（¥）	税率（%）	税款金额（¥）
3917220000	电脑	1	台	6425.00	17%	1092.25
金额人民币（大写）	柒仟伍佰壹拾柒元贰角伍分				合计（¥）	7517.25

申请单位编号	3206987002	报关单编号	230220121020021103	收款国库（银行）
合同（批文）号		运输工具（号）		
缴款期限	2013年01月22日前	提/装货单号	YMLUM595009911	
备注				制单人 复核人

第一联 收据 国库收款签章后交缴款单位或缴纳人

从填发缴款书之日起限15日内缴纳（期末遇法定节假日顺延），逾期按日征收税款总额万分之五的滞纳金

图 2.3　海关进口增值税专用缴款书（示例）

【例 2-17】 阳光公司 2014 年 7 月进口管理部门自用计算机一批，海关核定的关税完税价格为 80 000 元，已知计算机适用的关税税率为 15%。当日签发转账支票向海关支付关税、增值税，并取得关税完税凭证一份、进口货物增值税专用缴款书一份。计算机当日作为固定资产办理了验收手续，货款未付。

组成计税价格＝关税完税价格＋关税＝80 000＋80 000×15%＝92 000（元）

进口货物应纳增值税＝组成计税价格×增值税税率＝92 000×17%＝15 640（元）

借：固定资产　　92 000

　　应交税费——应交增值税（进项税额）　　15 640

　　贷：银行存款　　27 640

　　　　应付账款　　80 000

提示

进口货物时，应纳的关税税额记入货物成本，应纳的增值税税额记入“应交税费——应交增值税（进项税额）”。

（3）购进农产品进项税额的核算。一般纳税人购进农产品取得增值税专用发票或海关进口增值税专用缴款书的，按照取得的增值税专用发票或海关进口增值税专用缴款书上注明的增值税额进行抵扣；取得农产品收购发票或者销售发票的，按照农产品收购发票或者销售发票上注明的农产品买价和 13%的扣除率计算的进项税额进行抵扣，此时，进项税额计算公式为

进项税额＝买价×扣除率

【例 2-18】 某粮食加工厂从农业生产者处收购小麦 4 000 元，用于加工面粉，开具了合法的农产品收购凭证，款项用现金付讫，小麦已办理了材料入库手续。

农产品准予抵扣的进项税额＝4 000×13%＝520（元）

借：原材料	3 480
应交税费——应交增值税（进项税额）	520
贷：库存现金	4 000

知识拓展

（1）根据财税〔2012〕38 号文件规定，自 2012 年 7 月 1 日起，以购进农产品为原料生产销售液体乳及乳制品、酒及酒精、植物油的增值税一般纳税人，纳入农产品增值税进项税额核定扣除试点范围，其购进农产品无论是否用于生产上述产品，增值税进项税额均按照《农产品增值税进项税额核定扣除试点实施办法》的规定抵扣。

（2）纳税人接受货物投资、接受货物捐赠、非货币性资产交换换入货物、抵债换入货物等时，若按规定取得准予抵扣进项税额的扣税凭证，且及时办理认证的，则视同购进货物，也可抵扣增值税进项税额。

2）不予抵扣进项税额的核算

一般纳税人将购进的货物或接受的应税劳务用于非增值税应税项目、免征增值税项目、集体福利或个人消费，以及购进的货物发生非正常损失，其进项税额不能从销项税额中抵扣。在产品、产成品发生非正常损失的，其耗用购进货物或应税劳务对应的进项税额也不得抵扣。不予抵扣进项税额的情形发生时，如果货物或应税劳务在购进环节已抵扣进项税额，则在货物发生领用或损失时应将其已抵扣的进项税额转出，转出的进项税额包括购进货物所分摊的运费对应的进项税额。

在核算不予抵扣的进项税额时，借记“待处财产损溢”“在建工程”“应付职工薪酬”等科目，贷记“应交税费——应交增值税（进项税额转出）”科目。

【例 2-19】 阳光公司 2014 年 6 月将一批购进的原材料用于本单位办公楼在建工程领用，出库单上注明材料成本 200 000 元，已知该批材料购进时已抵扣进项税额。

借：在建工程	234 000
贷：原材料	200 000
应交税费——应交增值税（进项税额转出）	34 000

4．缴纳增值税的核算

纳税人预缴当月应交增值税时，借记“应交税费——应交增值税（已交税额）”科目，贷记“银行存款”等科目。

纳税人缴纳以前月份欠缴增值税时，借记“应交税费——未交增值税”科目，贷记“银行存款”等科目。

5．期末结转多交、未交增值税的核算

一般纳税人每期应及时登记“应交税费——应交增值税”多栏式明细账，月末查账汇总当期应交、多交、未交的增值税，并进行相应的转账核算。

【例 2-20】 阳光公司 2014 年 9 月 30 日，当月业务发生完毕，所有业务及时核算并已登记“应交税费——应交增值税”明细账。查询“应交税费——应交增值税”明细账得出以下资料：销项税额 1 560 000 元、进项税额 1 060 000 元、已交税额 100 000 元。

当期应纳增值税＝销项税额-进项税额＝1 560 000－1 060 000＝500 000（元）

当期预交数 100 000 元小于应交增值税，故期末有未交增值税，月末应做如下账务处理。

借：应交税费——应交增值税（转出未交增值税）　　400 000

　　贷：应交税费——未交增值税　　400 000

若查询“应交税费——应交增值税”明细账得出以下资料：销项税额 1 560 000 元、进项税额 1 060 000 元、已交税额 600 000 元。

当期应纳增值税＝销项税额-进项税额＝1 560 000－1 060 000＝500 000（元）

当期预交数 600 000 元大于应交增值税，故期末有多交增值税，月末应做如下账务处理。

借：应交税费——未交增值税　　100 000

　　贷：应交税费——应交增值税（转出多交增值税）　　100 000

若查询“应交税费——应交增值税”明细账得出以下资料：销项税额 1 560 000 元、进项税额 1 580 000 元、已交税额 0 元。

当期应纳增值税＝销项税额－进项税额＝1 560 000－1 580 000＝－20 000（元）

当期进项税额大于销项税额，期末“应交税费——应交增值税”明细账有借方余额 20 000 元，表明当期未抵扣完的进项税，可以留待下期继续抵扣，期末不用结转“应交税费——应交增值税”的余额。

二、小规模纳税人增值税的核算

1．设置账户

小规模纳税人实行简易征收方法，不得抵扣任何税款。因此，在会计处理上，只需设置“应交税费——应交增值税”三栏式明细账。该账户借方核算已缴的增值税，贷方核算应缴的增值税。期末，借方余额反映纳税人多缴的增值税，贷方余额反映纳税人欠缴的增值税。

2．小规模纳税人增值税的核算

小规模纳税人销售货物或提供应税劳务、应税服务，且符合收入确认条件时，按应收或实收金额借记“应收账款”“银行存款”“应收票据”等科目，按实现的销售收入，贷记“主营业务收入”“其他业务收入”等科目，按应纳的增值税额，贷记“应交税费——应交增值税”科目。

小规模纳税人缴纳增值税时，借记“应交税费——应交增值税”科目，贷记“银行存款”等科目。

【例 2-21】 飞达批发店为查账征收的增值税小规模纳税人，2014 年 9 月 1 日，销售商品一批，开具普通发票注明总价款 60 000 元，款项已收存银行。

应纳增值税＝60 000÷（1＋3%）×3%≈1 747.57（元）

借：银行存款	60 000
贷：主营业务收入	58 252.43
应交税费——应交增值税	1 747.57

任务四 增值税的申报

【任务引导】

1．一般纳税人增值税的纳税申报

根据任务三中京华实业有限责任公司 2014 年 3 月份发生的相关业务，编制增值税纳税申报表（适用于增值税一般纳税人），见表 2-4。

表 2-4 增值税纳税申报表

（一般纳税人适用）

税款所属时间：自　　年　月　日至　　年　月　日　填表日期：　　年　月　日　金额单位：元至角分

<table>
<tr><td colspan="2">纳税人识别号</td><td colspan="3"></td><td colspan="2">所属行业</td><td></td></tr>
<tr><td colspan="2">纳税人名称</td><td colspan="2">（公章）</td><td>法定代表人姓名</td><td></td><td>注册地址</td><td></td></tr>
<tr><td colspan="2">开户银行及账号</td><td colspan="2"></td><td>登记注册类型</td><td></td><td>电话号码</td><td></td></tr>
<tr><td colspan="2" rowspan="2">项　　目</td><td rowspan="2">栏次</td><td colspan="2">一般货物、劳务和应税服务</td><td colspan="3">即征即退货物、劳务和应税服务</td></tr>
<tr><td>本月数</td><td>本年累计</td><td>本月数</td><td colspan="2">本年累计</td></tr>
<tr><td rowspan="10">销售额</td><td>（一）按适用税率计税销售额</td><td>1</td><td></td><td></td><td></td><td colspan="2"></td></tr>
<tr><td>其中：应税货物销售额</td><td>2</td><td></td><td></td><td></td><td colspan="2"></td></tr>
<tr><td>应税劳务销售额</td><td>3</td><td></td><td></td><td></td><td colspan="2"></td></tr>
<tr><td>纳税检查调整的销售额</td><td>4</td><td></td><td></td><td></td><td colspan="2"></td></tr>
<tr><td>（二）按简易办法计税销售额</td><td>5</td><td></td><td></td><td></td><td colspan="2"></td></tr>
<tr><td>其中：纳税检查调整的销售额</td><td>6</td><td></td><td></td><td></td><td colspan="2"></td></tr>
<tr><td>（三）免、抵、退办法出口销售额</td><td>7</td><td></td><td></td><td>—</td><td colspan="2">—</td></tr>
<tr><td>（四）免税销售额</td><td>8</td><td></td><td></td><td>—</td><td colspan="2">—</td></tr>
<tr><td>其中：免税货物销售额</td><td>9</td><td></td><td></td><td>—</td><td colspan="2">—</td></tr>
<tr><td>免税劳务销售额</td><td>10</td><td></td><td></td><td>—</td><td colspan="2">—</td></tr>
</table>

续表

项　　目		栏次	一般货物、劳务和应税服务		即征即退货物、劳务和应税服务	
			本月数	本年累计	本月数	本年累计
税款计算	销项税额	11				
	进项税额	12				
	上期留抵税额	13				—
	进项税额转出	14				
	免、抵、退应退税额	15			—	—
	按适用税率计算的纳税检查应补缴税额	16			—	—
	应抵扣税额合计	17		—		—
	实际抵扣税额	18				
	应纳税额	19				
	期末留抵税额	20				—
	简易计税办法计算的应纳税额	21				
	按简易计税办法计算的纳税检查应补缴税额	22			—	—
	应纳税额减征额	23				
	应纳税额合计	24				
税款缴纳	期初未缴税额（多缴为负数）	25				
	实收出口开具专用缴款书退税额	26			—	—
	本期已缴税额	27				
	①分次预缴税额	28		—		—
	②出口开具专用缴款书预缴税额	29		—	—	—
	③本期缴纳上期应纳税额	30				
	④本期缴纳欠缴税额	31				
	期末未缴税额（多缴为负数）	32				
	其中：欠缴税额（≥0）	33		—		—
	本期应补（退）税额	34		—		—
	即征即退实际退税额	35	—	—		
	期初未缴查补税额	36			—	—
	本期入库查补税额	37			—	—
	期末未缴查补税额	38			—	—

2．小规模纳税人增值税的申报

根据任务三中鸿昌贸易有限公司 2014 年 6 月份发生的相关业务，编制增值税纳税申报表（适用小规模纳税人），见表 2-5。

表 2-5　增值税纳税申报表

（小规模纳税人适用）

纳税人识别号：□□□□□□□□□□□□□□□□□□□□

纳税人名称（公章）：　　　　　　　　　　　　　　　　　　　　　　金额单位：元至角分

税款所属期：　　年　月　日至　　年　月　日　　　　　　　　　　填表日期：　　年　月　日

	项　目	栏次	本期数		本年累计	
			应税货物及劳务	应税服务	应税货物及劳务	应税服务
一、计税依据	（一）应征增值税不含税销售额	1				
	税务机关代开的增值税专用发票不含税销售额	2				
	税控器具开具的普通发票不含税销售额	3				
	（二）销售使用过的应税固定资产不含税销售额	4（4≥5）		—		—
	其中：税控器具开具的普通发票不含税销售额	5		—		—
	（三）免税销售额	6=7+8+9				
	其中：小微企业免税销售额	7				
	未达起征点销售额	8				
	其他免税销售额	9				
	（四）出口免税销售额	10（10≥11）				
	其中：税控器具开具的普通发票销售额	11				
二、税款计算	本期应纳税额	12				
	本期应纳税额减征额	13				
	本期免税额	14				
	其中：小微企业免税额	15				
	未达起征点免税额	16				
	应纳税额合计	17=12−13				
	本期预缴税额	18			—	—
	本期应补（退）税额	19=17−18			—	—

【知识介绍】

一、增值税纳税义务发生时间

纳税义务发生时间是纳税人发生纳税行为应当承担纳税义务的起始时间。

1．销售货物或提供应税劳务和应税服务的纳税义务发生时间

纳税人销售货物或提供应税劳务和应税服务的纳税义务发生时间，一般为收讫销售款项或者取得索取销售款项凭据的当天；先开发票的，为开具发票的当天。按照销售结算方式的不同，具体分为以下几种：

（1）采取直接收款方式销售货物，不论货物是否发出，均为收到销售款或者取得索取销售款凭据的当天。

（2）采取托收承付和委托银行收款方式销售货物，为发出货物并办妥托收手续的当天。

（3）采取赊销和分期收款方式销售货物，为书面合同约定的收款日期的当天，无书面合同的或者书面合同没有约定收款日期的，为货物发出的当天。

（4）采取预收货款方式销售货物，为货物发出的当天，但生产销售生产工期超过 12 个月的大型机械设备、船舶、飞机等货物，为收到预收款或者书面合同约定的收款日期的当天。

（5）委托其他纳税人代销货物，为收到代销单位的代销清单或者收到全部或者部分货款的当天。未收到代销清单及货款的，为发出代销货物满 180 天的当天。

（6）纳税人发生除将货物交付他人代销和销售代销货物外的视同销售货物行为，为货物移送的当天。

（7）提供应税劳务的纳税义务发生时间，为提供劳务同时收讫销售款或者取得索取销售款凭据的当天。

（8）纳税人提供有形动产租赁服务采取预收款方式的，其纳税义务发生时间为收到预收款的当天。

（9）纳税人发生视同提供应税服务的，其纳税义务发生时间为应税服务完成的当天。

2．进口货物的纳税义务发生时间

进口货物的增值税纳税义务发生时间，为报关进口的当天。

3．扣缴义务发生时间

增值税扣缴义务发生时间，为纳税人增值税纳税义务发生的当天。

二、增值税纳税期限

增值税的纳税期限分别为 1 日、3 日、5 日、10 日、15 日、1 个月或者 1 个季度。纳税人的具体纳税期限，由主管税务机关根据纳税人应纳税额的大小分别核定；不能按照固定期限纳税的，可以按次纳税。以 1 个季度为纳税期限的规定仅适用于小规模纳税人。

纳税人以 1 个月或者 1 个季度为 1 个纳税期的，自期满之日起 15 日内申报纳税；以 1 日、3 日、5 日、10 日或者 15 日为 1 个纳税期的，自期满之日起 5 日内预缴税款，于次月 1 日起 15 日内申报纳税并结清上月应纳税款。

扣缴义务人解缴税款的期限，依照前两款规定执行。

进口货物，应当自海关填制进口货物增值税专用缴款书之日起 15 日内缴纳税款。

三、增值税纳税地点

1．固定业户的纳税地点

固定业户应当向其机构所在地的主管税务机关申报纳税。总机构和分支机构不在同一县

（市）的，应当分别向各自所在地的主管税务机关申报纳税；经国务院财政、税务主管部门或者其授权的财政、税务机关批准，可以由总机构汇总向总机构所在地的主管税务机关申报纳税。

固定业户到外县（市）销售货物或者应税劳务，应当向其机构所在地的主管税务机关申请开具外出经营活动税收管理证明，并向其机构所在地的主管税务机关申报纳税；未开具证明的，应当向销售地或者劳务发生地的主管税务机关申报纳税；未向销售地或者劳务发生地的主管税务机关申报纳税的，由其机构所在地的主管税务机关补征税款。

2. 非固定业户的纳税地点

非固定业户销售货物或者应税劳务，应当向销售地或者劳务发生地的主管税务机关申报纳税；未向销售地或者劳务发生地的主管税务机关申报纳税的，由其机构所在地或者居住地的主管税务机关补征税款。

3. 进口货物的纳税地点

进口货物，应当向报关地海关申报纳税。

4. 扣缴义务人纳税地点

扣缴义务人应当向其机构所在地或者居住地的主管税务机关申报缴纳其扣缴的税款。

5. "营改增"后的征收机关

营业税改征的增值税，由国家税务局负责征收。

四、增值税税收优惠

1. 减免税

根据《增值税暂行条例》规定，下列各项免征增值税：

（1）农业生产者销售的自产农产品。

（2）避孕药品和用具。

（3）古旧图书。

（4）直接用于科学研究、科学试验和教学的进口仪器、设备。

（5）外国政府、国际组织无偿援助的进口物资、设备。

（6）由残疾人组织直接进口供残疾人专用的物品。

（7）销售的自己使用过的物品（不含应征消费税的游艇、摩托车、汽车）。

2. 起征点

增值税起征点的适用范围限于个人（不包括认定为一般纳税人的个体工商户）。纳税人销售额未达到国务院财政、税务主管部门规定的起征点的免征增值税。增值税起征点的幅度规定如下：

（1）销售货物的，为月销售额 5 000～20 000 元。

（2）提供应税劳务和应税服务的，为月销售额 5 000～20 000 元。

（3）按次纳税的，为每次（日）销售额 300～500 元。

五、增值税纳税申报的资料

根据国家税务总局《关于调整增值税纳税申报有关事项的公告》(国家税务总局公告2013年第32号)的相关规定，纳税申报资料包括纳税申报表及其附列资料和纳税申报其他资料。纳税申报表及其附列资料为必报资料。纳税申报其他资料的报备要求由各省、自治区、直辖市和计划单列市国家税务局确定。

1. 纳税申报表及其附列资料

(1)增值税一般纳税人(以下简称一般纳税人)纳税申报表及其附列资料包括以下几种：

①《增值税纳税申报表(一般纳税人适用)》。

②《增值税纳税申报表附列资料(一)》(本期销售情况明细)。

②《增值税纳税申报表附列资料(二)》(本期进项税额明细)。

④《增值税纳税申报表附列资料(三)》(应税服务扣除项目明细)。

一般纳税人提供应税服务，在确定应税服务销售额时，按照有关规定可以从取得的全部价款和价外费用中扣除价款的，需填报《增值税纳税申报表附列资料(三)》。其他情况不填写该附列资料。

⑤《增值税纳税申报表附列资料(四)》(税收抵减情况表)。

⑥《固定资产进项税额抵扣情况表》。

(2)增值税小规模纳税人(以下简称小规模纳税人)纳税申报表及其附列资料包括以下几种：

①《增值税纳税申报表(小规模纳税人适用)》。

②《增值税纳税申报表(小规模纳税人适用)附列资料》。

小规模纳税人提供应税服务，在确定应税服务销售额时，按照有关规定可以从取得的全部价款和价外费用中扣除价款的，需填报《增值税纳税申报表(小规模纳税人适用)附列资料》。其他情况不填写该附列资料。

2. 纳税申报其他资料

(1)已开具的税控《机动车销售统一发票》和普通发票的存根联。

(2)符合抵扣条件且在本期申报抵扣的防伪税控《增值税专用发票》《货物运输业增值税专用发票》、税控《机动车销售统一发票》的抵扣联。

按规定仍可以抵扣且在本期申报抵扣的《公路、内河货物运输业统一发票》的抵扣联。

(3)符合抵扣条件且在本期申报抵扣的海关进口增值税专用缴款书、购进农产品取得的普通发票、铁路运输费用结算单据的复印件。

按规定仍可以抵扣且在本期申报抵扣的其他运输费用结算单据的复印件。

(4)符合抵扣条件且在本期申报抵扣的中华人民共和国税收缴款凭证及其清单，书面合同、付款证明和境外单位的对账单或者发票。

(5)已开具的农产品收购凭证的存根联或报查联。

(6)纳税人提供应税服务，在确定应税服务销售额时，按照有关规定从取得的全部价款和价外费用中扣除价款的合法凭证及其清单。

(7)主管税务机关规定的其他资料。

六、《增值税纳税申报表（一般纳税人适用）》的填制

增值税一般纳税人应该填报《增值税纳税申报表（一般纳税人适用）》，具体表样参见表2-4。本纳税申报表填写说明如下。

1. 名词解释

（1）本表及填写说明所称“应税货物”，是指增值税的应税货物。

（2）本表及填写说明所称“应税劳务”，是指增值税的应税加工、修理、修配劳务。

（3）本表及填写说明所称“应税服务”，是指营业税改征增值税的应税服务。

（4）本表及填写说明所称“按适用税率计税”“按适用税率计算”和“一般计税方法”，均指按“应纳税额＝当期销项税额－当期进项税额”公式计算增值税应纳税额的计税方法。

（5）本表及填写说明所称“按简易办法计税”“按简易征收办法计算”和“简易计税方法”，均指按“应纳税额＝销售额×征收率”公式计算增值税应纳税额的计税方法。

（6）本表及填写说明所称“应税服务扣除项目”，是指纳税人提供应税服务，在确定应税服务销售额时，按照有关规定允许其从取得的全部价款和价外费用中扣除价款的项目。

（7）本表及填写说明所称“税控增值税专用发票”，包括以下3种：

① 增值税防伪税控系统开具的防伪税控《增值税专用发票》。

② 货物运输业增值税专用发票税控系统开具的《货物运输业增值税专用发票》。

③ 机动车销售统一发票税控系统开具的税控《机动车销售统一发票》。

2.《增值税纳税申报表（一般纳税人适用）》填写说明

（1）“税款所属时间”：纳税人申报的增值税应纳税额的所属时间，应填写具体的起止年、月、日。

（2）“填表日期”：纳税人填写本表的具体日期。

（3）“纳税人识别号”：填写纳税人的税务登记证号码。

（4）“所属行业”：按照国民经济行业分类与代码中的小类行业填写。

（5）“纳税人名称”：填写纳税人单位名称全称。

（6）“法定代表人姓名”：填写纳税人法定代表人的姓名。

（7）“注册地址”：填写纳税人税务登记证所注明的详细地址。

（8）“生产经营地址”：填写纳税人实际生产经营地的详细地址。

（9）“开户银行及账号”：填写纳税人开户银行的名称和纳税人在该银行的结算账户号码。

（10）“登记注册类型”：按纳税人税务登记证的栏目内容填写。

（11）“电话号码”：填写可联系到纳税人的常用电话号码。

（12）“即征即退货物、劳务和应税服务”列：填写纳税人按规定享受增值税即征即退政策的货物、劳务和应税服务的征（退）税数据。

（13）“一般货物、劳务和应税服务”列：填写除享受增值税即征即退政策以外的货物、劳务和应税服务的征（免）税数据。

（14）“本年累计”列：一般填写本年度内各月“本月数”之和。其中，第13、20、25、32、36、38栏及第18栏“实际抵扣税额”“一般货物、劳务和应税服务”列的“本年累计”

分别按本填写说明第（二十七）（三十四）（三十九）（四十六）（五十）（五十二）（三十二）条要求填写。

（15）第1栏“（一）按适用税率计税销售额”：填写纳税人本期按一般计税方法计算缴纳增值税的销售额，包含在财务上不作销售但按税法规定应缴纳增值税的视同销售和价外费用的销售额；外贸企业作价销售进料加工复出口货物的销售额；税务、财政、审计部门检查后按一般计税方法计算调整的销售额。

营业税改征增值税的纳税人，应税服务有扣除项目的，本栏应填写扣除之前的不含税销售额。

本栏“一般货物、劳务和应税服务”列“本月数”=《附列资料（一）》第9列第1至5行之和－第9列第6、7行之和；本栏“即征即退货物、劳务和应税服务”列“本月数”=《附列资料（一）》第9列第6、7行之和。

（16）第2栏“其中：应税货物销售额”：填写纳税人本期按适用税率计算增值税的应税货物的销售额。包含在财务上不作销售但按税法规定应缴纳增值税的视同销售货物和价外费用销售额，以及外贸企业作价销售进料加工复出口货物的销售额。

（17）第3栏“应税劳务销售额”：填写纳税人本期按适用税率计算增值税的应税劳务的销售额。

（18）第4栏“纳税检查调整的销售额”：填写纳税人因税务、财政、审计部门检查，并按一般计税方法在本期计算调整的销售额。但享受增值税即征即退政策的货物、劳务和应税服务，经纳税检查发现偷税的，不填入“即征即退货物、劳务和应税服务”列，而应填入“一般货物、劳务和应税服务”列。

营业税改征增值税的纳税人，应税服务有扣除项目的，本栏应填写扣除之前的不含税销售额。

本栏“一般货物、劳务和应税服务”列“本月数”=《附列资料（一）》第7列第1至5行之和。

（19）第5栏“按简易办法计税销售额”：填写纳税人本期按简易计税方法计算增值税的销售额。包含纳税检查调整按简易计税方法计算增值税的销售额。

营业税改征增值税的纳税人，应税服务有扣除项目的，本栏应填写扣除之前的不含税销售额；应税服务按规定汇总计算缴纳增值税的分支机构，其当期按预征率计算缴纳增值税的销售额也填入本栏。

本栏“一般货物、劳务和应税服务”列“本月数”≥《附列资料（一）》第9列第8至13行之和－第9列第14、15行之和；本栏“即征即退货物、劳务和应税服务”列“本月数”≥《附列资料（一）》第9列第14、15行之和。

（20）第6栏“其中：纳税检查调整的销售额”：填写纳税人因税务、财政、审计部门检查，并按简易计税方法在本期计算调整的销售额。但享受增值税即征即退政策的货物、劳务和应税服务，经纳税检查发现偷税的，不填入“即征即退货物、劳务和应税服务”列，而应填入“一般货物、劳务和应税服务”列。

营业税改征增值税的纳税人，应税服务有扣除项目的，本栏应填写扣除之前的不含税销售额。

（21）第7栏“免、抵、退办法出口销售额”：填写纳税人本期适用免、抵、退税办法的出口货物、劳务和应税服务的销售额。

营业税改征增值税的纳税人，应税服务有扣除项目的，本栏应填写扣除之前的销售额。

本栏“一般货物、劳务和应税服务”列“本月数”＝《附列资料（一）》第 9 列第 16、17 行之和。

（22）第 8 栏“免税销售额”：填写纳税人本期按照税法规定免征增值税的销售额和适用零税率的销售额，但零税率的销售额中不包括适用免、抵、退税办法的销售额。

营业税改征增值税的纳税人，应税服务有扣除项目的，本栏应填写扣除之前的免税销售额。

本栏“一般货物、劳务和应税服务”列“本月数”＝《附列资料（一）》第 9 列第 18、19 行之和。

（23）第 9 栏“其中：免税货物销售额”：填写纳税人本期按照税法规定免征增值税的货物销售额及适用零税率的货物销售额，但零税率的销售额中不包括适用免、抵、退税办法出口货物的销售额。

（24）第 10 栏“免税劳务销售额”：填写纳税人本期按照税法规定免征增值税的劳务销售额及适用零税率的劳务销售额，但零税率的销售额中不包括适用免、抵、退税办法的劳务的销售额。

（25）第 11 栏“销项税额”：填写纳税人本期按一般计税方法计税的货物、劳务和应税服务的销项税额。

营业税改征增值税的纳税人，应税服务有扣除项目的，本栏应填写扣除之后的销项税额。

本栏“一般货物、劳务和应税服务”列“本月数”＝《附列资料（一）》（第 10 列第 1、3 行之和－10 列第 6 行）＋（第 14 列第 2、4、5 行之和－14 列第 7 行）；

本栏“即征即退货物、劳务和应税服务”列“本月数”＝《附列资料（一）》第 10 列第 6 行＋第 14 列第 7 行。

（26）第 12 栏“进项税额”：填写纳税人本期申报抵扣的进项税额。

本栏“一般货物、劳务和应税服务”列“本月数”＋“即征即退货物、劳务和应税服务”列“本月数”＝《附列资料（二）》第 12 栏“税额”。

（27）第 13 栏“上期留抵税额”。

① 上期留抵税额按规定须挂账的纳税人，按以下要求填写本栏的“本月数”和“本年累计”。

上期留抵税额按规定须挂账的纳税人是指试点实施之日前一个税款所属期的申报表第 20 栏“期末留抵税额”“一般货物及劳务”列“本月数”大于零，且兼有营业税改征增值税应税服务的纳税人（下同）。其试点实施之日前一个税款所属期的申报表第 20 栏“期末留抵税额”“一般货物及劳务”列“本月数”，以下称为货物和劳务挂账留抵税额。

本栏“一般货物、劳务和应税服务”列“本月数”：试点实施之日的税款所属期填写“0”；以后各期按上期申报表第 20 栏“期末留抵税额”“一般货物、劳务和应税服务”列“本月数”填写。

本栏“一般货物、劳务和应税服务”列“本年累计”：反映货物和劳务挂账留抵税额本期期初余额。试点实施之日的税款所属期按试点实施之日前一个税款所属期的申报表第 20 栏“期末留抵税额”“一般货物及劳务”列“本月数”填写；以后各期按上期申报表第 20 栏“期末留抵税额”“一般货物、劳务和应税服务”列“本年累计”填写。

本栏“即征即退货物、劳务和应税服务”列“本月数”：按上期申报表第 20 栏“期末留抵税额”“即征即退货物、劳务和应税服务”列“本月数”填写。

② 其他纳税人，按以下要求填写本栏“本月数”和“本年累计”。

其他纳税人是指除上期留抵税额按规定须挂账的纳税人之外的纳税人（下同）。

本栏“一般货物、劳务和应税服务”列“本月数”：按上期申报表第 20 栏“期末留抵税额”“一般货物、劳务和应税服务”列“本月数”填写。

本栏“一般货物、劳务和应税服务”列“本年累计”：填写“0”。

本栏“即征即退货物、劳务和应税服务”列“本月数”：按上期申报表第 20 栏“期末留抵税额”“即征即退货物、劳务和应税服务”列“本月数”填写。

（28）第 14 栏“进项税额转出”：填写纳税人已经抵扣，但按税法规定本期应转出的进项税额。

本栏“一般货物、劳务和应税服务”列“本月数”＋“即征即退货物、劳务和应税服务”列“本月数”＝《附列资料（二）》第 13 栏“税额”。

（29）第 15 栏“免、抵、退应退税额”：反映税务机关退税部门按照出口货物、劳务和应税服务免、抵、退办法审批的增值税应退税额。

（30）第 16 栏“按适用税率计算的纳税检查应补缴税额”：填写税务、财政、审计部门检查，按一般计税方法计算的纳税检查应补缴的增值税税额。

本栏“一般货物、劳务和应税服务”列“本月数”≤《附列资料（一）》第 8 列第 1 至 5 行之和＋《附列资料（二）》第 19 栏。

（31）第 17 栏“应抵扣税额合计”：填写纳税人本期应抵扣进项税额的合计数。按表中所列公式计算填写。

（32）第 18 栏“实际抵扣税额”。

① 上期留抵税额按规定须挂账的纳税人，按以下要求填写本栏的“本月数”和“本年累计”。

本栏“一般货物、劳务和应税服务”列“本月数”：按表中所列公式计算填写。

本栏“一般货物、劳务和应税服务”列“本年累计”：填写货物和劳务挂账留抵税额本期实际抵减一般货物和劳务应纳税额的数额。将“货物和劳务挂账留抵税额本期期初余额”与“一般计税方法的一般货物及劳务应纳税额”两个数据相比较，取二者中小的数据。

其中：货物和劳务挂账留抵税额本期期初余额＝第 13 栏“上期留抵税额”“一般货物、劳务和应税服务”列“本年累计”；

一般计税方法的一般货物及劳务应纳税额＝（第 11 栏“销项税额”“一般货物、劳务和应税服务”列“本月数”－第 18 栏“实际抵扣税额”“一般货物、劳务和应税服务”列“本月数”）×一般货物及劳务销项税额比例；

一般货物及劳务销项税额比例＝（《附列资料（一）》第 10 列第 1、3 行之和－第 10 列第 6 行）÷第 11 栏“销项税额”“一般货物、劳务和应税服务”列“本月数”×100%。

本栏“即征即退货物、劳务和应税服务”列“本月数”：按表中所列公式计算填写。

② 其他纳税人，按以下要求填写本栏的“本月数”和“本年累计”。

本栏“一般货物、劳务和应税服务”列“本月数”：按表中所列公式计算填写。

本栏“一般货物、劳务和应税服务”列“本年累计”：填写“0”。

本栏“即征即退货物、劳务和应税服务”列“本月数”：按表中所列公式计算填写。

（33）第 19 栏“应纳税额”：反映纳税人本期按一般计税方法计算并应缴纳的增值税额。按以下公式计算填写。

本栏“一般货物、劳务和应税服务”列“本月数”＝第 11 栏“销项税额”“一般货物、劳务和应税服务”列“本月数”－第 18 栏“实际抵扣税额”“一般货物、劳务和应税服务”列“本月数”－第 18 栏“实际抵扣税额”“一般货物、劳务和应税服务”列“本年累计”。

本栏“即征即退货物、劳务和应税服务”列“本月数”＝第 11 栏“销项税额”“即征即退货物、劳务和应税服务”列“本月数”－第 18 栏“实际抵扣税额”“即征即退货物、劳务和应税服务”列“本月数”。

（34）第 20 栏“期末留抵税额”。

① 上期留抵税额按规定须挂账的纳税人，按以下要求填写本栏的“本月数”和“本年累计”。

本栏“一般货物、劳务和应税服务”列“本月数”：反映试点实施以后，一般货物、劳务和应税服务共同形成的留抵税额。按表中所列公式计算填写。

本栏“一般货物、劳务和应税服务”列“本年累计”：反映货物和劳务挂账留抵税额，在试点实施以后抵减一般货物和劳务应纳税额后的余额。按以下公式计算填写。

本栏“一般货物、劳务和应税服务”列“本年累计”＝第 13 栏“上期留抵税额”“一般货物、劳务和应税服务”列“本年累计”－第 18 栏“实际抵扣税额”“一般货物、劳务和应税服务”列“本年累计”。

本栏“即征即退货物、劳务和应税服务”列“本月数”：按表中所列公式计算填写。

② 其他纳税人，按以下要求填写本栏“本月数”和“本年累计”。

本栏“一般货物、劳务和应税服务”列“本月数”：按表中所列公式计算填写。

本栏“一般货物、劳务和应税服务”列“本年累计”：填写“0”。

本栏“即征即退货物、劳务和应税服务”列“本月数”：按表中所列公式计算填写。

（35）第 21 栏“简易计税办法计算的应纳税额”：反映纳税人本期按简易计税方法计算并应缴纳的增值税额，但不包括按简易计税方法计算的纳税检查应补缴税额。按以下公式计算填写。

本栏“一般货物、劳务和应税服务”列“本月数”＝《附列资料（一）》（第 10 列第 8 至 11 行之和－第 10 列第 14 行）＋（第 14 列第 12 行至 13 行之和－第 14 列第 15 行）。

本栏“即征即退货物、劳务和应税服务”列“本月数”＝《附列资料（一）》第 10 列第 14 行＋第 14 列第 15 行。

营业税改征增值税的纳税人，应税服务按规定汇总计算缴纳增值税的分支机构，应将预征增值税额填入本栏。预征增值税额＝应预征增值税的销售额×预征率。

（36）第 22 栏“按简易计税办法计算的纳税检查应补缴税额”：填写纳税人本期因税务、财政、审计部门检查并按简易计税方法计算的纳税检查应补缴税额。

（37）第 23 栏“应纳税额减征额”：填写纳税人本期按照税法规定减征的增值税应纳税额。包含按照规定可在增值税应纳税额中全额抵减的增值税税控系统专用设备费用以及技术维护费。

当本期减征额小于或等于第 19 栏“应纳税额”与第 21 栏“简易计税办法计算的应纳税额”之和时，按本期减征额实际填写；当本期减征额大于第 19 栏“应纳税额”与第 21 栏“简易计税办法计算的应纳税额”之和时，按本期第 19 栏与第 21 栏之和填写。本期减征额不足抵减部分结转下期继续抵减。

（38）第 24 栏“应纳税额合计”：反映纳税人本期应缴增值税的合计数。按表中所列公式计算填写。

（39）第 25 栏“期初未缴税额（多缴为负数）”：“本月数”按上一税款所属期申报表第 32 栏“期末未缴税额（多缴为负数）”“本月数”填写。“本年累计”按上年度最后一个税款所属期申报表第 32 栏“期末未缴税额（多缴为负数）”“本年累计”填写。

（40）第 26 栏“实收出口开具专用缴款书退税额”：本栏不填写。

（41）第 27 栏“本期已缴税额”：反映纳税人本期实际缴纳的增值税额，但不包括本期入库的查补税款。按表中所列公式计算填写。

（42）第 28 栏“①分次预缴税额”：填写纳税人本期已缴纳的准予在本期增值税应纳税额中抵减的税额。

营业税改征增值税的纳税人，应税服务按规定汇总计算缴纳增值税的总机构，其可以从本期增值税应纳税额中抵减的分支机构已缴纳的税款，按当期实际可抵减数填入本栏，不足抵减部分结转下期继续抵减。

（43）第 29 栏“②出口开具专用缴款书预缴税额”：本栏不填写。

（44）第 30 栏“③本期缴纳上期应纳税额”：填写纳税人本期缴纳上一税款所属期应缴未缴的增值税额。

（45）第 31 栏“④本期缴纳欠缴税额”：反映纳税人本期实际缴纳和留抵税额抵减的增值税欠税额，但不包括缴纳入库的查补增值税额。

（46）第 32 栏“期末未缴税额（多缴为负数）”：“本月数”反映纳税人本期期末应缴未缴的增值税额，但不包括纳税检查应缴未缴的税额。按表中所列公式计算填写。“本年累计”与“本月数”相同。

（47）第 33 栏“其中：欠缴税额（≥0）”：反映纳税人按照税法规定已形成欠税的增值税额。按表中所列公式计算填写。

（48）第 34 栏“本期应补（退）税额”：反映纳税人本期应纳税额中应补缴或应退回的数额。按表中所列公式计算填写。

（49）第 35 栏“即征即退实际退税额”：反映纳税人本期因符合增值税即征即退政策规定，而实际收到的税务机关退回的增值税额。

（50）第 36 栏“期初未缴查补税额”：“本月数”按上一税款所属期申报表第 38 栏“期末未缴查补税额”“本月数”填写。“本年累计”按上年度最后一个税款所属期申报表第 38 栏“期末未缴查补税额”“本年累计”填写。

（51）第 37 栏“本期入库查补税额”：反映纳税人本期因税务、财政、审计部门检查而实际入库的增值税额，包括按一般计税方法计算并实际缴纳的查补增值税额和按简易计税方法计算并实际缴纳的查补增值税额。

（52）第 38 栏“期末未缴查补税额”：“本月数”反映纳税人接受纳税检查后应在本期期末缴纳而未缴纳的查补增值税额。按表中所列公式计算填写，“本年累计”与“本月数”相同。

七、《增值税纳税申报表（小规模纳税人适用）》的填制

增值税小规模纳税人应填报的资料是《增值税纳税申报表（小规模纳税人适用）》。其格式参见表 2-5。具体项目填写内容和要求如下。

1．名词解释

（1）本表及填写说明所称“应税货物”，是指增值税的应税货物。

（2）本表及填写说明所称“应税劳务”，是指增值税的应税加工、修理、修配劳务。

（3）本表及填写说明所称“应税服务”，是指营业税改征增值税的应税服务。

（4）本表及填写说明所称“应税服务扣除项目”，是指纳税人提供应税服务，在确定应税服务销售额时，按照有关规定允许其从取得的全部价款和价外费用中扣除价款的项目。

2．《增值税纳税申报表（小规模纳税人适用）》填写说明

（1）本表“应税货物及劳务”与“应税服务”各项目应分别填写。

（2）“税款所属期”是指纳税人申报的增值税应纳税额的所属时间，应填写具体的起止年、月、日。

（3）“纳税人识别号”栏，填写纳税人的税务登记证号码。

（4）“纳税人名称”栏，填写纳税人单位名称全称。

（5）第1栏“应征增值税不含税销售额”：填写应税货物及劳务、应税服务的不含税销售额，不包括销售使用过的应税固定资产和销售旧货的不含税销售额、免税销售额、出口免税销售额、查补销售额。

（6）应税服务有扣除项目的纳税人，本栏填写扣除后的不含税销售额，与当期《增值税纳税申报表（小规模纳税人适用）附列资料》第8栏数据一致。

（7）第2栏“税务机关代开的增值税专用发票不含税销售额”：填写税务机关代开的增值税专用发票销售额合计。

（8）第3栏“税控器具开具的普通发票不含税销售额”：填写税控器具开具的应税货物及劳务、应税服务的普通发票注明的金额换算的不含税销售额。

（9）第4栏“销售使用过的应税固定资产不含税销售额”：填写销售自己使用过的应税固定资产和销售旧货的不含税销售额。销售额＝含税销售额÷（1＋3%）。

（10）第5栏“税控器具开具的普通发票不含税销售额”：填写税控器具开具的销售自己使用过的应税固定资产和销售旧货的普通发票金额换算的不含税销售额。

（11）第6栏“免税销售额”：填写销售免征增值税应税货物及劳务、免征增值税应税服务的销售额。应税服务有扣除项目的纳税人，填写扣除之前的销售额。

（12）第7栏“税控器具开具的普通发票销售额”：填写税控器具开具的销售免征增值税应税货物及劳务、免征增值税应税服务的普通发票销售额。

（13）第8栏“出口免税销售额”：填写出口免征增值税应税货物及劳务、出口免征增值税应税服务的销售额。应税服务有扣除项目的纳税人，填写扣除之前的销售额。

（14）第9栏“税控器具开具的普通发票销售额”：填写税控器具开具的出口免征增值税应税货物及劳务、出口免征增值税应税服务的普通发票销售额。

（15）第10栏“本期应纳税额”：填写本期按征收率计算缴纳的应纳税额。

（16）第11栏“本期应纳税额减征额”：填写纳税人本期按照税法规定减征的增值税应纳税额。包含可在增值税应纳税额中全额抵减的增值税税控系统专用设备费用以及技术维护费，可在增值税应纳税额中抵免的购置税控收款机的增值税税额。其抵减、抵免增值税应纳税额情况，需填报《增值税纳税申报表附列资料（四）》（税额抵减情况表）予以反映。无抵减、抵免情况的纳税人，不填报此表。

（17）当本期减征额小于或等于第 10 栏“本期应纳税额”时，按本期减征额实际填写；当本期减征额大于第 10 栏“本期应纳税额”时，按本期第 10 栏填写，本期减征额不足抵减部分结转下期继续抵减。

（18）第 13 栏“本期预缴税额”：填写纳税人本期预缴的增值税额，但不包括查补缴纳的增值税额。

任务五　出口退税的计算与核算

【任务引导】

1．生产企业出口〝免、抵、退〞税的计算与核算

根据南山设备有限公司 2014 年 10 月发生的经济业务，计算并核算当月的出口免抵退税额，登记 10 月份“应交税费——应交增值税”明细账，见表 2-6。

南山设备有限公司为增值税一般纳税人，纳税人识别号为 47028426481××××，主营医疗器械的生产和销售，产品既出口也内销。按主管税务机关的核定，出口退税采用“免、抵、退”办法，已知该公司经营的医疗器械适用税率为 17%、退税率 13%。2014 年 9 月份留抵增值税额为 5 万元，10 月份发生以下经济业务。

（1）2 日，购进原材料，取得增值税专用发票，注明原材料价款 420 万元、增值税 71.4 万元。款项已用存款转账付讫。

（2）10 日，进口价值为 60 万元的免税原材料一批，签发转账支票付讫，材料已办理入库手续。

（3）16 日，内销产品一批，共开具增值税专用发票 9 份，注明价款 250 万元，税额 42.5 万元，货款已收讫并存入银行。

（4）20 日，出口产品一批，离岸价折合人民币 300 万元，货款尚未收到，货物已办理离岸手续。当天办理了出口“免、抵、退”的各项申请手续。

（5）30 日，收到本月内销及出口产品的出库单数份，汇总得出本月总出库成本为 380 万元。

表 2-6　明细分类账

总账科目：　　　　　　　　　　　　　　明细科目：

2014 年		摘　要	借　方		贷　方			借或贷	余　额
月	日		进项税额	出口抵减内销应纳税	销项税额	进项税额转出	出口退税		
10	1	期初余额						借	50 000

续表

2014年		摘　要	借　方		贷　方			借或贷	余　额
月	日		进项税额	出口抵减内销应纳税	销项税额	进项税额转出	出口退税		

2. 外贸企业出口免退税的计算与核算

中兴外贸公司为增值税一般纳税人，纳税人识别号为 32028472557××××，主要经营进出口业务。已知彩电适用的增值税税率为 17%、退税率为 13%。2014 年发生以下业务，要求计算并核算当期免退税额，登记 10 月份“应交税费——应交增值税”明细账，见表 2-7。

（1）10 月 10 日，购进彩电一批，取得增值税专用发票，发票上注明金额 100 000 元，税额 17 000 元，彩电已入库，向对方签发银行承兑汇票一张。

（2）10 月 28 日，将本月购进的彩电组织出口，应收取货款折合人民币为 160 000 元。价款已办理委托收款手续，收到委托收款回单联一份。当天办理了出口退税的各项申请手续。

（3）11 月 6 日，开户行转来进账通知单，注明收到当期退税额。

表 2-7　明细分类账

总账科目：　　　　　　　　　　　　　　明细科目：

2014年		摘　要	借　方		贷　方			借或贷	余　额
月	日		进项税额	出口抵减内销应纳税	销项税额	进项税额转出	出口退税		

【知识介绍】

为了鼓励货物出口，按增值税暂行条例规定，出口货物实行零税率。所谓零税率，是指货物在出口时整体税负为零。这样，出口货物不但出口环节不必纳税，而且可以退还以前纳税环节已纳税款。这就是我国通常所说的“出口退税”。

一、出口货物退（免）税基本政策

我国根据本国实际，采取了出口退税与免税相结合的政策。根据出口企业的不同形式和出口货物的不同种类，我国的出口货物政策分为出口不免税也不退税、出口免税但不退税、出口免税并退税 3 种类型。这 3 种类型中退（免）税额的计算与核算均有区别。

1. 出口不免税也不退税

出口不免税是指对国家限制或禁止出口的某些货物，在出口环节视同内销环节，照常征收增值税、消费税；出口不退税是指对这些货物的出口不退还其出口前所负担的税款。该种政策适用于税法列举的限制或禁止出口的货物，如天然牛黄、麝香、铜及铜基合金、白银等。

这类货物在出口环节应纳税额的计算与核算均视同为内销环节。即在出口时，按照出口货物实现的销售额和按规定收取的增值税额，借记“应收账款”“银行存款”“应收票据”等科目，按照出口货物实现的销售额，贷记“主营业务收入”“其他业务收入”等科目，按照收取的增值税额，贷记“应交税费——应交增值税（销项税额）”科目。

2. 出口免税但不退税

出口免税是指货物在出口销售环节不征增值税、消费税。出口不退税是指适用这个政策的出口货物因在前一道生产、销售环节或进口环节是免税的，因此，出口时该货物的价格中本身就不含税，也无须退税。该种政策适用于来料加工复出口的货物、列入免税名目的避孕药品和工具、古旧图书、免税农产品等。

这类出口货物免征出口环节的增值税，因此在出口商品确认收入时，借记“银行存款”“应收账款”等科目，贷记“主营业务收入”“其他业务收入”等科目。

3. 出口免税并退税

出口免税是指货物在出口销售环节不征增值税、消费税。出口退税是指对货物在出口前实际负担的增值税、消费税，按规定的退税率计算后予以退还。此类政策适用于除出口不免税也不退税、出口免税但不退税范围以外的货物。我国《出口货物退（免）税管理办法》规定了两种退（免）税计算办法：一是“免、抵、退”办法，主要适用于自营和委托出口自产货物的生产企业；二是免退税办法，目前主要适用于不具有生产能力的出口企业（简称“外贸企业”）或其他单位出口货物劳务。

二、生产企业“免、抵、退”税

1. 生产企业〝免、抵、退〞税的计算

实行“免、抵、退”管理办法的“免”税是指对生产企业出口的自产货物，免征本企业生产销售环节的增值税；“抵”税是指生产企业出口自产货物所耗用原材料、零部件、燃料、动力等所包含的应予退还的进项税额，抵顶内销货物应纳的增值税；“退”税是指生产企业出口自产货物应抵顶的进项税额大于应纳税额时，对未抵顶完的部分予以退税。“免、抵、退”税的计算方法与计算公式如下。

1）计算当期应纳税额

当期应纳税额＝当期内销货物的销项税额－（当期进项税额－当期不得免征和抵扣税额）－上期末抵扣完的税额

其中：

当期不得免征和抵扣税额＝当期出口货物离岸价×外汇人民币折合率×（出口货物征税率－出口货物退税率）－当期不得免征和抵扣税额抵减额

当期不得免征和抵扣税额抵减额＝当期免税购进原材料价格×（出口货物征税率－出口货物退税率）

2）计算当期“免、抵、退”税额

当期“免、抵、退”税额＝出口货物离岸价×外汇人民币折合率×出口货物退税率－当期“免、抵、退”税额抵减额

其中：

当期“免、抵、退”税额抵减额＝当期免税购进原材料价格×出口货物退税率

3）计算当期应退税额和免抵税额

（1）若当期期末留抵税额≤当期“免、抵、退”税额，则

当期应退税额＝当期期末留抵税额

当期免抵税额＝当期“免、抵、退”税额－当期应退税额

（2）若当期期末留抵税额＞当期“免、抵、退”税额，则

当期应退税额＝当期“免、抵、退”税额

当期免抵税额＝0

当期期末留抵税额根据当期《增值税纳税申报表》中“期末留抵税额”确定。

2. 生产企业"免、抵、退"税的核算

（1）购进出口货物所耗用的原材料、燃料、动力等时，按不含税价款，借记“材料采购”“原材料”“生产成本”等科目；按准予抵扣的进项税额，借记“应交税费——应交增值税（进项税额）”科目；按已付或应付的全部价款，贷记“应付账款”“银行存款”“应付票据”等科目。

（2）出口货物销售时，免征增值税，按取得的全部价款，借记“应收账款”“银行存款”等科目，贷记“主营业务收入”等科目。

（3）出口货物时，根据“当期‘免、抵、退’税不得免征和抵扣税额”，借记“主营业务成本”等科目，贷记“应交税费——应交增值税（进项税额转出）”科目。

（4）出口抵减内销产品销项税额时，根据“当期免抵税额”，借记“应交税费——应交增值税（出口抵减内销产品应纳税额）”科目，贷记“应交税费——应交增值税（出口退税）”科目。

（5）计算出当期退税额时，根据“当期应退税额”，借记“其他应收款”科目，贷记“应交税费——应交增值税（出口退税）”科目。

（6）实际收到退税额时，借记“银行存款”科目，贷记“其他应收款”科目。

【例2-22】某自营出口的生产企业为增值税一般纳税人，出口货物的征税税率为17%，退税税率为13%。2014年6月的有关经营业务如下，要求计算、核算该企业当期的“免、抵、退”税额，登记6月份“应交税费——应交增值税”简易明细账，见表2-8。

（1）上月末留抵税款3万元。

（2）5日，购进原材料一批，取得的增值税专用发票注明的价款200万元、准予抵扣的进项税额34万元。材料已入库，向销售方签发金额为234万元的商业承兑汇票一张。

（3）10日，本月内销货物不含税销售额100万元、增值税17万元，价款尚未收取。

（4）16日，本月出口货物的销售额折合人民币200万元，款项已存入银行。

（5）16日，办理了出口“免、抵、退”的各项申请手续。

（6）30日，收到本月退税额。

该生产企业免、抵、退税额的计算如下。

当期免抵退税不得免征和抵扣税额＝200×（17%－13%）＝8（万元）

当期应纳税额＝17－（34－8）－3＝－12（万元）

当期“免、抵、退”税额＝200×13%＝26（万元）

若当期期末留抵税额12万元≤当期“免、抵、退”税额26万元，则

当期应退税额＝当期期末留抵税额＝12（万元）

当期免抵税额＝当期“免、抵、退”税额-当期应退税额＝26－12＝14（万元）

该生产企业相关业务会计核算如下。

（1）5日购进材料时

借：原材料　2 000 000

　应交税费——应交增值税（进项税额）　340 000

　贷：应付票据　2 340 000

（2）10日货物内销时

借：应收账款　1 170 000

　贷：主营业务收入　1 000 000

　应交税费——应交增值税（销项税额）　170 000

（3）16日出口货物时，免征销项税额

借：银行存款　1 000 000

　贷：主营业务收入　1 000 000

（4）16日结转当期不得免抵税额时

借：主营业务成本　80 000

　贷：应交税费——应交增值税（进项税额转出）　80 000

（5）16日结转当期免抵税额时

借：应交税费——应交增值税（出口抵减内销产品应纳税）　140 000

　贷：应交税费——应交增值税（出口退税）　140 000

（6）16日结转当期应退税额时

借：其他应收款　120 000

　贷：应交税费——应交增值税（出口退税）　120 000

（7）30日实际收到退税额时

借：银行存款　120 000

　贷：其他应收款　120 000

表2-8 “应交税费——应交增值税”明细账

2014年		摘要	借方		贷方			借或贷	余额
月	日		进项税额	出口抵减内销应纳税	销项税额	进项税额转出	出口退税		
6	1	期初余额						借	30 000
6	5	购进材料	340 000					借	370 000
6	10	内销货物			170 000			借	200 000
6	16	结转不得免抵税				80 000		借	120 000
6	16	结转免抵税额		140 000			140 000	借	120 000

续表

2014年		摘　　要	借　　方		贷　　方			借或贷	余　　额
月	日		进项税额	出口抵减内销应纳税	销项税额	进项税额转出	出口退税		
6	16	结转应退税额					120 000	平	0

三、外贸企业出口免退税

1．外贸企业出口退税额的计算

外贸企业出口货物或应税劳务、应税服务，在出口环节免征增值税、消费税。在货物出口后按照出口货物的收购金额和退税率计算退税额。其计算公式为

应退税额＝出口货物的购进金额×退税率

或：　　应退税额＝出口货物的进项税额－出口货物不予退税的税额

出口货物不予退税的税额＝出口货物的购进金额×（增值税税率－退税率）

2．外贸企业出口免退税的核算

（1）购进货物或者应税劳务、应税服务时，按增值税专用发票上注明的价款，借记“库存商品”等科目，按准予抵扣的进项税额借记“应交税费——应交增值税（进项税额）”科目，按照应付或实际支付的金额，贷记“应付账款”“应付票据”“银行存款”等科目。

（2）出口业务发生后，免征出口环节的销项税额，按取得的收入，借记“银行存款”等科目，贷记“主营业务收入”等科目。

（3）结转当期退税额时，借记“其他应收款”科目，贷记“应交税金——应交增值税（出口退税）”科目。

（4）结转当期不予退税额时，借记“主营业务成本” 科目，贷记“应交税费——应交增值税（进项税额转出）”科目。

（5）收到出口退税额时，借记“银行存款”科目，贷记“其他应收款”科目。

【例2-23】 某外贸公司2014年5月3日购进平纹布一批，取得增值税专用发票注明价款400 000万元、税额68 000元，货已入库，款项未付。20日，将本月购进的平纹布全部用于出口，取得销售额600 000元，款项已收存银行。20日办理了出口退税的各项申请手续。30日收到本月退税额。已知平纹布的税率为17%、退税率为13%。要求计算并核算出口退税额，登记“应交税费——应交增值税”简易明细账，见表2-9。

该外贸公司当期应退税额＝400 000×13%＝52 000（元）

该外贸公司当期不予退税额＝400 000×（17%－13%）＝16 000（元）

（1）3日外贸公司购进平纹布时

借：库存商品　　400 000

　　应交税费——应交增值税（进项税额）　　68 000

　　贷：应付账款　　468 000

（2）20日外贸公司出口平纹布时

借：银行存款　　600 000

贷：主营业务收入　　600 000

（3）20 日结转不予退税额时

借：主营业务成本　　16 000

贷：应交税费——应交增值税（进项税额转出）　　16 000

（4）20 日结转应退税额时

借：其他应收款　　52 000

贷：应交税费——应交增值税（出口退税）　　52 000

（5）30 日实际收到退税额时

借：银行存款　　52 000

贷：其他应收款　　52 000

表 2-9　“应交税费——应交增值税”明细账

2014 年		摘　要	借　方		贷　方			借或贷	余　额
月	日		进项税额	出口抵减内销应纳税	销项税额	进项税额转出	出口退税		
5	3	购进平纹布	68 000					借	68 000
5	20	结转不予退税额				16 000		借	52 000
5	20	结转退税额				52 000		平	0

同步测试

一、单项选择题

1. 我国现行增值税是（　　）增值税。
   A. 生产型　B. 消费型　C. 收入型　D. 投资型
2. 增值税零税率是一种税收优惠政策，除国务院另有规定的除外，只适用于（　　）。
   A. 销售特殊货物　B. 特殊纳税人　C. 出口货物　D. 进口货物
3. 委托其他纳税人代销货物，增值税纳税义务发生时间为（　　）。
   A. 发出货物的当天　B. 按合同约定的收款日期的当天
   C. 货物移送的当天　D. 收到代销单位销售的代销清单的当天
4. 小规模纳税人的征收率为（　　）。
   A. 6%　B. 4%　C. 3%　D. 2%
5. 下列项目中，不得从增值税销项税额中抵扣的进项税的项目是（　　）。
   A. 进口货物缴纳给海关的增值税
   B. 购进不动产在建工程所用物资的进项税额
   C. 销售货物支付运费的进项税额
   D. 购进低值易品的进项税额
6. 下列经营行为，属增值税征税范围的是（　　）。
   A. 某社会团体下属企业销售货物　B. 某个人向受雇企业提供应税劳务
   C. 某生产企业附属饭店对外经营　D. 某生产企业对外出租设备

7. 增值税的纳税人以一个月为纳税期的，自期满之日起（　　）内申报纳税。

A. 3日　　B. 5日　　C. 10日　　D. 15日

8. 企业销售自己使用过的、没有抵扣进项税额的生产设备（　　）。

A. 按4%征收率减半征收增值税　　B. 按17%的税率征收增值税

C. 按13%的税率征收增值税　　D. 按6%征收率减半征收增值税

9. 一般纳税人销售货物，适用13%税率的是（　　）。

A. 销售服装　　B. 销售图书　　C. 销售化妆品　　D. 销售机械设备

10. 某零售企业为增值税一般纳税人，月零售收入为29 250元，该企业当月计税销售额为（　　）元。

A. 25 000　　B. 25 884　　C. 27 594　　D. 35 240

11. 企业将自产、委托加工或购买的货物无偿赠送他人，应视同销售货物计算应缴增值税，借记“营业外支出”，贷记（　　）科目。

A.“应交税费——应交增值税（进项税额）”

B.“应交税费——应交增值税（进项税额转出）”

C.“应交税费——应交增值税（销项税额）”

D.“应交税费——应交增值税（转出未交增值税）”

12. 某从事修理业的个体经营者为小规模纳税人，2014年6月的修理总收入为2 400元，计算其当月应纳的增值税额为（　　）元。

A. 144　　B. 135.85　　C. 72　　D. 69.90

13. 某工业企业是增值税一般纳税人，2014年6月将自产的仪器50台用于在建工程，产品成本为500元/台，该月同类产品含税售价2 457元/台。该企业该批产品的销项税额为（　　）元。

A. 17 850　　B. 12 750　　C. 20 884.50　　D. 14 133.90

14. 某商场采取以旧换新方式销售彩电，本月收取不含税销售额160 000元（已扣除收购旧彩电支付的款项20 000元），该商场本月以旧换新业务的销项税额为（　　）元。

A. 30 600　　B. 23 800　　B. 0　　D. 27 200

15. 某锅炉厂是增值税一般纳税人，2014年7月销售锅炉开出专用发票2份，收取销售额500 000元，销项税额85 000元；同时随锅炉销售开出普通发票3份，收取运输费3 000元，包装费10 000元。该锅炉厂2002年7月的销项税额为（　　）元。

A. 1 888.89　　B. 86 888.89　　C. 85 000　　D. 87 210

二、多项选择题

1. 凡在我国境内（　　）的，均属增值税的征税范围。

A. 销售不动产　　B. 提供安装劳务　　C. 进口货物　　D. 销售货物

2. 从事生产经营的单位和个人有下列（　　）行为，视同销售货物。

A. 将自产、委托加工的货物用于集体福利和个人消费

B. 将自产、委托加工或购买的货物无偿赠送他人

C. 将自产、委托加工的货物用于非应税项目

D. 将货物交付他人代销

3. 下列项目，准予从增值税销项税额中抵扣进项税额的有（　　）。
A. 用于生产免税货物的购进货物　　B. 销售货物支付的运输费用
C. 向农业生产者购进免税农业产品　　D. 向小规模纳税人购进的农业产品
4. 下列（　　）项目不得并入销售额征税。
A. 纳税人为销售货物而出租出借包装物收取押金，单独记账核算且未逾期的
B. 纳税人采取折扣方式销售货物，销售额和折扣额不在同一张发票上的
C. 兼营非应税劳务的销售额分别核算
D. 销项税额
5. 下列销售行为，应征收增值税的是（　　）。
A. 销售电力　　B. 销售自来水　　C. 销售房屋　　D. 销售氧气
6. 划分一般纳税人和小规模纳税人的标准有（　　）。
A. 销售额达到规定标准　　B. 经营效益好
C. 会计核算健全　　D. 有上级主管部门
7. 下列混合销售行为，属于征收增值税的有（　　）。
A. 企业生产铝合金门窗并负责安装
B. 批发企业销售货物并实行送货上门
C. 宾馆提供餐饮服务并同时向顾客销售烟酒饮料
D. 电信部门自己销售电话机并向客户提供电信服务
8. 根据现行规定，一般纳税人应在“应交税费”账户下设置（　　）等明细项目，用于增值税业务的核算。
A. 应交增值税　　B. 未交增值税　　C. 多交增值税　　D. 增值税检查调整
9. 下列会计处理正确的是（　　）。
A. 当月上缴本月增值税时，应借记“应交税费——未交增值税”科目，贷记“银行存款”科目
B. 当月上缴本月增值税时，应借记“应交税费——应交增值税（已交税金）”科目，贷记“银行存款”科目
C. 当月上缴上月应缴未缴增值税时，应借记“应交税费——未交增值税”科目，贷记“银行存款”科目
D. 当月上缴上月应缴未缴增值税时，应借记“应交税费——应交增值税（已交税金）”科目，贷记“银行存款”科目
10. 下列项目的进项税额，不得从当期销项税额中抵扣的有（　　）。
A. 取得的增值税专用发票，只有“记账联”或“抵扣联”两者之一的
B. 丢失扣税凭证或损毁扣税凭证的
C. 取得的增值税专用发票上未注明增值税额或填写项目不全、不符合要求的
D. 购进的货物用于增值税免税项目的

三、业务处理题

东方公司是增值税一般纳税人，主营业务为购进粮食生产销售副食品。已知副食品每箱成本 35 元，平均不含税销售价 50 元。编制下列业务会计分录。

1. 向银河商场销售副食品，开具增值税专用发票，注明价款 250 000 元，税款 42 500 元。

另开具收据一张，注明收取运费 1 000 元，收到对方开具的银行承兑汇票一张，注明金额 293 500 元。

2. 向农场收购粮食一批，开具收购凭证注明总价款 50 000 元。款项以现金付讫。

3. 将一台不使用的生产设备对外出售，取得含税收入 2 万元，款项收存银行。已知该设备原值为 20 万元，已提折旧 19 万元，购入时已抵扣进项税额。另开具转账支票支付清理费用 3 000 元。

4. 与 A 公司合资组建超市一家，公司以副食品 2 000 箱作为投资，双方协商作价 110 000 元。公司向超市开具金额为 110 000 元的普通发票一张。

5. 向某包装厂购进包装箱一批，取得增值税专用发票注明价款 30 000 元，税额 5 100 元，款项未付。用现金支付 1 110 元，取得货物运输增值税专用发票一张，注明费用 1 000 元、增值税 110 元。

6. 收到仓库开具的出库单一份，注明 60 箱副食品用于向职工发放福利。

7. 开具转账支票一张，预交本月增值税 20 000 元。

8. 从国外进口生产设备一台，关税完税价格为 100 万元，关税税额 20 万元，取得海关开具的关税、增值税专用缴款书，全部款项用存款支付。

9. 收到出库单一份，注明向福利院无偿赠送副食品 30 箱。

10. 收到领料单一份，注明职工食堂领用粮食一批，成本 5 000 元（该粮食系本月从农场收购的粮食）。

项目三

消费税的核算与申报

XIAOFEISHUI DE HESUAN YU SHENBAO

消费税是以消费品的流转额作为征税对象的各种税收的统称，是政府向消费品征收的税项，可从批发商或零售商征收。消费税是典型的间接税，是 1994 年税制改革在流转税中新设置的一个税种。消费税实行价内税，只在应税消费品的生产、委托加工和进口环节缴纳，在以后的批发、零售等环节，因为价款中已包含消费税，所以不用再缴纳消费税，税款最终由消费者承担。

【学习目标】

（1）掌握消费税的征税范围、纳税人，会识别消费税应税业务。
（2）掌握消费税的计算方法，会计算应纳消费税。
（3）掌握消费税涉税业务的核算方法，会核算消费税涉税业务。
（4）掌握消费税纳税申报的相关规定，会编制消费税纳税申报表。

任务一　识别消费税应税业务、纳税人

【任务引导】

尚美化妆品有限公司 2014 年 12 月发生以下业务，判断下列业务是否征收增值税、消费税，并分析原因。

（1）自营进口一批化妆品，向国外销售方支付价款 8 万元。

（2）委托某市化妆品厂加工一批化妆品，支付加工费 5 万元。

（3）零售一批化妆品，取得收入 10 万元。

（4）受托加工一批化妆品，取得加工费 2 万元。

（5）将一批自产的化妆品用于抵债，抵消的债务为 5 万元。

（6）批发一批化妆品，取得收入 16 万元。

【知识介绍】

一、消费税概述

消费税是对在我国境内从事生产、委托加工及进口应税消费品的单位和个人，就其销售额或者销售数量，在特定环节征收的一种流转税。消费税对特定的消费品和消费行为征税，目的是体现国家产业政策，调节生产和消费结构，抑制奢侈品、高能耗产品的生产，正确引导消费，保证国家财政收入。

与其他流转税相比，消费税具有以下特点：

（1）以特定消费品为征税对象。按 2009 年 1 月 1 日施行的《中华人民共和国消费税暂行条例》（简称《消费税暂行条例》）的相关规定，目前应征消费税的消费品仅限 14 种。

（2）消费税实行单一环节征税。特殊除外，一般的应税消费品在生产、委托加工、进口环节征税，以后的批发、零售等流转环节不再征收消费税。

（3）消费税实行多种计征方法。应纳消费税的计算，根据不同消费品的特点，分别采用从价计征、从量计征、复合计征 3 种计征方法。

（4）消费税实行价内征收。在计算应纳消费税时，税基中不包括增值税，但包括消费税。

二、消费税的征税范围、税目和税率

目前，消费税的征税范围分布于四类消费品、14 个税目。

消费税的征收范围为在中华人民共和国境内生产、委托加工和进口消费税暂行条例规定的消费品。列入消费税征税范围的消费品包括四大类。

（1）过度消费会对人身健康、社会秩序、生态环境等方面造成危害的特殊消费品，如烟、酒、鞭炮、焰火等。

（2）非生活必需品，如化妆品、贵重首饰、珠宝玉石等。

（3）高能耗及高档消费品，如摩托车、小汽车等。

（4）不可再生和替代的石油类消费品，如成品油等。

消费税的具体征税范围见《消费税税目税率表》，我国现行消费税共设置了 14 个税目，见表 3-1。消费税的税率有两种形式：比例税率、定额税率（即单位税额）。一般情况下，对一种消费品只选择一种税率形式，但对卷烟、白酒则采用了比例税率、定额税率复合征收形式。

表 3-1　消费税税目税率表

税　　目	税　　率
一、烟	
1. 卷烟	
（1）甲类卷烟（生产或进口环节）	56%加 0.003 元/支
（2）乙类卷烟（生产或进口环节）	36%加 0.003 元/支
（3）批发环节	11%加 0.005 元/支
2. 雪茄烟	36%
3. 烟丝	30%
二、酒	
1. 白酒	20%加 0.5 元/500 克（或者 500 毫升）
2. 黄酒	240 元/吨
3. 啤酒	
（1）甲类啤酒	250 元/吨
（2）乙类啤酒	220 元/吨
4. 其他酒	10%
三、化妆品	30%
四、贵重首饰及珠宝玉石	
1. 金银首饰、铂金首饰和钻石及钻石饰品	5%
2. 其他贵重首饰和珠宝玉石	10%
五、鞭炮、焰火	15%
六、成品油	
1. 汽油	
（1）含铅汽油	1.40 元/升
（2）无铅汽油	1.00 元/升
2. 柴油	0.80 元/升
3. 航空煤油	0.80 元/升
4. 石脑油	1.00 元/升
5. 溶剂油	1.00 元/升
6. 润滑油	1.00 元/升
7. 燃料油	0.80 元/升
七、电池、涂料	4%
八、摩托车	
1. 气缸容量（排气量，下同）为 250 毫升的	3%
2. 气缸容量在 250 毫升以上的	10%
九、小汽车	
1. 乘用车	
（1）气缸容量（排气量，下同）在 1.0 升（含 1.0 升）以下的	1%
（2）气缸容量在 1.0 升以上至 1.5 升（含 1.5 升）的	3%
（3）气缸容量在 1.5 升以上至 2.0 升（含 2.0 升）的	5%
（4）气缸容量在 2.0 升以上至 2.5 升（含 2.5 升）的	9%

续表

税　　目	税　　率
（5）气缸容量在2.5升以上至3.0升（含3.0升）的	12%
（6）气缸容量在3.0升以上至4.0升（含4.0升）的	25%
（7）气缸容量在4.0升以上的	40%
2. 中轻型商用客车	5%
十、高尔夫球及球具	10%
十一、高档手表	20%
十二、游艇	10%
十三、木制一次性筷子	5%
十四、实木地板	5%

三、消费税的纳税环节

1. 生产环节

生产应税消费品销售是消费税征税的主要环节。一般情况下，在生产销售环节征收消费税后，应税消费品在以后的批发、零售环节无论再转销多少次，不用再缴纳消费税。生产应税消费品除了直接对外销售应征收消费税外，纳税人将生产的应税消费品换取生产资料、消费资料、投资入股、偿还债务，以及用于继续生产应税消费品以外的其他方面都应缴纳消费税。

2. 委托加工环节

委托加工应税消费品是指委托方提供原料和主要材料，受托方只收取加工费和代垫部分辅助材料加工的应税消费品。委托加工的应税消费品收回后，用于继续生产应税消费品销售且符合现行政策规定的，其加工环节已纳的消费税可以扣除。

3. 进口环节

单位和个人进口货物属于应税消费品范围的，在进口环节也要缴纳消费税。为了减少征税成本，进口环节的消费税由海关代征。

4. 零售环节

经国务院批准，自1995年1月1日起，金银首饰消费税由生产销售环节改为零售环节征收。改在零售环节征收消费税的金银首饰，仅限于金基、银基合金首饰以及金、银和金基、银基合金的镶嵌首饰。零售环节适用税率为5%，计税依据是不含税销售额。

5. 批发环节

在中华人民共和国境内从事卷烟批发业务的单位和个人，凡是批发销售的所有牌号规格卷烟，都要按批发卷烟的销售额（不含增值税）乘以11%的税率，并按0.005元/支的从量税标准缴纳批发环节的消费税。卷烟批发企业之间销售的卷烟不缴纳消费税，只有将卷烟批发销售给其他单位和个人时才缴纳消费税。

四、消费税纳税人

在中华人民共和国境内生产、委托加工和进口应税消费品的单位和个人，以及国务院确定的销售《消费税暂行条例》规定的消费品的其他单位和个人，为消费税纳税人。

单位是指企业、行政单位、事业单位、军事单位、社会团体及其他单位。个人是指个体工商户及其他个人。

在中华人民共和国境内，是指生产、委托加工和进口属于应当缴纳消费税的消费品起运地或所在地在境内。

现行税法对金银首饰、钻石及钻石饰品的纳税人有特别规定：金银首饰、钻石及钻石饰品的纳税人为在我国境内从事金、银、铂金首饰和钻石零售业务的单位和个人。委托加工、委托代销金银首饰、钻石及钻石饰品的，受托方为纳税义务人。消费者个人携带、邮寄进境的金银首饰，以消费者个人为纳税人。经营单位进口金银首饰，在进口时不缴纳消费税，待其在国内零售时再纳税。

任务二 计算应纳消费税

【任务引导】

（1）万和酿酒公司为增值税一般纳税人，主营业务是生产销售各种酒类产品。10 月 30 日，公司附设的非独立核算的门市部报来销售清单一份及现金缴存单 15 份，注明本月销售情况见表 3-2。要求计算本月应纳增值税、消费税。

表 3-2 附设门市部销售清单

品　名	销售数量	零售单价	零售额
白云牌粮食白酒	600 瓶（每瓶 1 斤）	42 元/瓶	25 200 元
啤酒	100 箱（每箱 24 斤）	42 元/箱	4 200 元
自产药酒	10 箱	4 400 元/箱	44 000 元

（2）红运卷烟厂 4 月外购烟丝（从烟丝厂），取得增值税专用发票上注明价款 50 万元，税款为 8.5 万元，期初尚有库存的外购烟丝 2 万元，期末库存烟丝 12 万元，已知本月领用的烟丝全部用于生产卷烟。本月直接销售 80 标准箱自产卷烟，开具增值税专用发票，共取得不含税销售额 200 万元；销售部门领用 1 标准箱自产卷烟用于广告宣传。要求计算本月应纳增值税、消费税。

【知识介绍】

一、消费税的计征方法

按照现行消费税税法的规定，消费税应纳税额的计算主要分为从价计征、从量计征和复合计征 3 种方法。不同计征方法下，计算应纳消费税的公式有别。

1．从价计征

在从价计征方法下，应纳消费税的计算公式

应纳消费税＝应税消费品的销售额×消费税比例税率

销售额为纳税人销售应税消费品向购买方收取的全部价款和价外费用。价外费用的核定范围如同增值税税法的相关规定，均应并入销售额计算应纳消费税。销售额不包括应向购货方收取的增值税税款。如果纳税人应税消费品的销售额中未扣除增值税税款或者因不得开具增值税专用发票而发生价款和增值税税款合并收取的，在计算消费税时，应当换算为不含增值税税款的销售额。其换算公式为

$$应税消费品的销售额=\frac{含增值税的销售额}{1+增值税税率或者征收率}$$

上述公式中，如果消费税的纳税人同时又是增值税的一般纳税人，应适用 17%的增值税税率；如果消费税的纳税人同时为增值税的小规模纳税人，应适用 3%的征收率。

包装物连同应税消费品对外销售的，无论包装物是否单独计价以及在会计上如何核算，均应并入应税消费品的销售额中缴纳消费税。如果包装物不是随同产品销售，而是收取押金，则分以下两种情况：

（1）除啤酒、黄酒以外的酒类产品的包装物押金，无论是否返还及会计上如何核算，均应并入销售额征税。

（2）除（1）以外的产品的包装物押金，收取押金时单独记账核算的则不应并入应税消费品的销售额中征税。但对因逾期未收回的包装物，而不再退还的或者已收取的时间超过 12 个月的押金，应并入应税消费品的销售额，按照应税消费品的适用税率缴纳消费税。

【例 3-1】 尚美化妆品制造公司为增值税一般纳税人，2014 年 12 月生产销售了一批化妆品，取得含增值税销售额为 200 000 元，并收取了包装费 3 400 元，要求计算当期应纳的消费税。

（1）由于化妆品的消费税税率为比例税率 30%，故消费税的计征方法是从价定率计征。

（2）确定应税销售额：应包含价外费用，且为不含增值税的销售额。

应税消费品销售额＝（200 000＋34 000）÷（1＋17%）＝200 000（元）

（3）应纳消费税＝200 000×30%＝60 000（元）

2．从量计征

实行从量定额征收部分的应纳消费税，其计税依据是销售应税消费品的实际销售数量。其计算消费税的公式为

应纳消费税＝应税消费品的销售数量×消费税定额税率

销售数量具体如下：

（1）销售应税消费品的，为应税消费品的销售数量。

（2）自产自用应税消费品的，为应税消费品的移送使用数量。

（3）委托加工应税消费品的，为纳税人收回的应税消费品数量。

（4）进口应税消费品的，为海关核定的应税消费品进口征税数量。

实行从量定额办法计算应纳税额的应税消费品，计量单位的换算标准如下：

黄酒 1 吨＝962 升	石脑油 1 吨＝1 385 升
啤酒 1 吨＝988 升	溶剂油 1 吨＝1 282 升

汽油 1 吨＝1 388 升　　润滑油 1 吨＝1 126 升

柴油 1 吨＝1 176 升　　燃料油 1 吨＝1 015 升

航空煤油 1 吨＝1 246 升

【例 3-2】 万兴酿酒公司 2014 年 12 月生产销售啤酒 100 吨，取得不含增值税销售额 40 万元。要求计算当期应纳消费税。

（1）啤酒的消费税计征方法：甲类啤酒 250 元/吨，乙类啤酒 220 元/吨，故啤酒的消费税计征方法为从量定额计征。

（2）确定啤酒的税率：40 万÷100 吨＝4 000（元/吨），属甲类啤酒；适用消费税率为 250 元/吨。

（3）应纳消费税＝100 吨×250 元/吨＝25 000（元）

3．复合计征

现行消费税的征税范围中，只有卷烟、白酒采用复合计征方法。此时计算消费税的公式为

应纳消费税＝应税消费品的销售额×比例税率＋应税消费品的销售数量×定额税率

【例 3-3】 红阳卷烟厂对外销售卷烟 1 万条，共取得不含增值税销售额 100 万元，款项已存入银行。要求计算应纳消费税。

（1）根据每条卷烟的单价判断是甲类、乙类卷烟：100 万÷1 万条＝100（元/条），属甲类卷烟。

（2）确定消费税计征方法：比例税率 56%、定额税率 0.003 元/支，属于复合计征。

（3）应纳消费税＝100 万元×56%＋1 万条×200 支/条×0.003 元/支＝56.6（万元）

提示

注意消费税计算中卷烟计量单位的换算：1 标准大箱＝50 000 支，1 标准条＝200 支，1 标准大箱＝250 条。

二、生产销售环节应纳消费税的计算

1．直接对外销售应纳消费税的计算

直接对外销售应税消费品时，因应税消费品的税目不同，适用的消费税计征方法有从价计征、从量计征和复合计征 3 种。

纳税人通过自设非独立核算门市部销售的自产应税消费品，应当按照门市部对外销售额或销售数量征收消费税。

2．自产自用应纳消费税的计算

所谓自产自用，就是纳税人生产应税消费品后，不是用于直接对外销售，而是用于自己连续生产应税消费品或用于其他方面。

1）用于连续生产应税消费品

纳税人自产自用的应税消费品，用于连续生产应税消费品的，不纳税。所谓“纳税人自产自用的应税消费品，用于连续生产应税消费品的”，是指作为生产最终应税消费品的直接材料并构成最终产品实体的应税消费品。例如，卷烟厂生产出烟丝，烟丝已是应税消费品，卷烟厂再用生产出的烟丝连续生产卷烟，这样，用于连续生产卷烟的烟丝就不缴纳消费税，只对生产的卷烟征收消费税。

2）用于其他方面的应税消费品

纳税人自产自用的应税消费品，除用于连续生产应税消费品外，凡用于其他方面的，均视同销售，于移送使用时纳税。用于其他方面，是指纳税人将自产应税消费品用于生产非应税消费品、在建工程、管理部门、非生产机构、提供劳务、馈赠、赞助、集资、广告、样品、职工福利、奖励等方面。

纳税人自产自用的应税消费品，若用于换取生产资料和消费资料、投资入股、抵偿债务，则按照同类应税消费品的最高售价计算应纳消费税。其他用途按照纳税人当月销售的同类消费品的销售价格计算纳税；没有同类消费品销售价格的，按照组成计税价格计算纳税，此时计算公式如下。

（1）实行从价计征办法计算纳税的：

$$组成计税价格=\frac{成本+利润}{1-消费税比例税率}$$

$$应纳消费税=组成计税价格\times消费税比例税率$$

（2）实行从量计征办法计算纳税的：

$$应纳消费税=自产自用数量\times定额税率$$

（3）实行复合计征办法计算纳税的：

$$组成计税价格=\frac{成本+利润+自产自用数量\times定额税率}{1-消费税比例税率}$$

$$应纳消费税=组成计税价格\times消费税比例税率+自产自用数量\times定额税率$$

公式中，“利润”是指根据应税消费品的全国平均成本利润率计算的利润。应税消费品的全国平均成本利润率见表 3-3。

表 3-3　应税消费消费品平均成本利润率表

应税消费品	成本利润率	应税消费品	成本利润率
1. 甲类卷烟	10%	10. 贵重首饰及珠宝玉石	6%
2. 乙类卷烟	5%	11. 摩托车	6%
3. 雪茄烟	5%	12. 高尔夫球及球具	10%
4. 烟丝	5%	13. 高档手表	20%
5. 粮食白酒	10%	14. 游艇	10%
6. 薯类白酒	5%	15. 木制一次性筷子	5%
7. 其他酒	5%	16. 实木地板	5%
8. 化妆品	5%	17. 乘用车	8%
9. 鞭炮、焰火	5%	18. 中轻型商用客车	5%

【例 3-4】 万兴酿酒公司 2014 年 9 月将一批自产药酒用于广告促销，要求计算万兴酿酒公司此笔业务应纳消费税。

（1）若该批药酒同类消费品平均不含税售价为 18 000 元，则

应纳消费税＝18 000×10%＝1 800（元）

（2）若该批药酒无同类售价，则按组成计税价格计算消费税。假设成本价为 15 000 元，则

组成计税价格＝15 000×（1＋5%）÷（1－10%）＝17 500（元）

应纳消费税＝17 500×10%＝1 750（元）

三、委托加工环节应纳消费税的计算

委托加工的应税消费品是指由委托方提供原材料和主要材料，受托方只收取加工费和代垫部分辅助材料加工的应税消费品。

委托加工应税消费品，委托方为消费税纳税人。当受托方为单位时，委托方应纳的消费税由受托方在向委托方交货时代收代缴；当受托方为个人（含个体工商户）时，委托方应纳的消费税于收回委托加工物资时自行申报缴纳。

受托方代收代缴消费税时，从价计征部分的消费税税额，按受托方同类消费品的销售价格计算；若受托方没有同类消费品销售价格的，按照组成计税价格计算纳税，此时相关计算公式如下。

（1）实行从价计征办法计算纳税的：

$$组成计税价格=\frac{材料成本+加工费}{1-消费税比例税率}$$

$$应纳消费税=组成计税价格\times消费税比例税率$$

（2）实行从量计征办法计算纳税的：

$$应纳消费税=委托加工数量\times定额税率$$

（3）实行复合计征办法计算纳税的：

$$组成计税价格=\frac{材料成本+加工费+委托加工数量\times定额税率}{1-消费税比例税率}$$

$$应纳消费税=组成计税价格\times消费税比例税率+委托加工数量\times定额税率$$

【例 3-5】 万兴酿酒公司 2014 年 9 月委托某加工企业加工 2 000 斤白酒，发出主要材料成本为 120 000 元，支付加工费 20 000 元。要求计算万兴酿酒公司委托加工业务应纳消费税。

（1）若加工企业有同类白酒的销售价格，且该批白酒的不含税销售额为 178 000 元，则

应纳消费税＝178 000×20%＋2 000×0.5＝36 600（元）

（2）若加工企业无同类白酒的销售价格，则按组成计税价格计算消费税。

组成计税价格＝（120 000＋20 000＋2 000×0.5）÷（1－20%）＝176 250（元）

应纳消费税＝176 250×20%＋2 000×0.5＝36 250（元）

四、进口环节应纳消费税的计算

进口的应税消费品，于报关进口时缴纳消费税；进口环节的消费税由海关代征。纳税人进口应税消费品，按照组成计税价格和规定的税率计算应纳消费税。

（1）实行从价计征办法计算纳税的：

$$组成计税价格=\frac{关税完税价格+关税}{1-消费税比例税率}$$

$$应纳消费税=组成计税价格\times消费税比例税率$$

（2）实行从量计征办法计算纳税的：

$$应纳消费税=进口数量\times定额税率$$

（3）实行复合计征办法计算纳税的：

$$组成计税价格=\frac{关税完税价格+关税+进口数量\times消费税定额税率}{1-消费税比例税率}$$

应纳消费税＝组成计税价格×消费税比例税率＋进口数量×定额税率

【例 3-6】 尚美化妆品有限公司 6 月份进口化妆品一批，向国外销售商支付到岸价格（即关税完税价格）140 000 元，该批化妆品适用的关税税率为 15%，要求计算应纳消费税。

（1）应纳关税＝140 000×15%＝21 000（元）

（2）进口应税消费品组成计税价格＝（140 000＋21 000）÷（1－30%）＝230 000（元）

（3）应纳消费税＝230 000×30%＝69 000（元）

五、已纳消费税的扣除

为了避免重复征税，现行消费税规定，将外购和委托加工收回的下列应税消费品，用于连续生产应税消费品销售的，可以将外购应税消费品和委托加工应税消费品已缴纳的消费税给予扣除。扣除范围包括：

（1）外购和委托加工收回的已税烟丝为原料生产的卷烟。

（2）外购和委托加工收回的已税化妆品为原料生产的化妆品。

（3）外购和委托加工收回的已税珠宝玉石为原料生产的贵重首饰及珠宝玉石。

（4）外购和委托加工收回的汽油、柴油用于连续生产甲醇汽油、生物柴油。

（5）外购和委托加工收回的已税摩托车连续生产的摩托车。

（6）外购和委托加工收回的已税鞭炮、焰火为原料生产的鞭炮、焰火。

（7）外购和委托加工收回的已税杆头、杆身和握把为原料生产的高尔夫球杆。

（8）外购和委托加工收回的已税木制一次性筷子为原料生产的木制一次性筷子。

（9）外购和委托加工收回的已税实木地板为原料生产的实木地板。

（10）外购和委托加工收回的已税石脑油、燃料油为原料生产的应税消费品。

（11）外购和委托加工收回的已税润滑油为原料生产的润滑油。

当期准予扣除的外购或委托加工收回的应税消费品的已纳消费税税款，应按当期生产领用数量计算。计算公式为

当期准予扣除的外购应税消费品已纳税款＝当期准予扣除的外购应税消费品买价（或数量）×外购消费品适用税率

当期准予扣除的外购应税消费品买价（或数量）＝期初库存的外购应税消费品买价（或数量）＋当期购进的应税消费品买价（或数量）－期末库存的应税消费品买价（或数量）

当期准予扣除的委托加工应税消费品已纳税款＝期初库存的委托加工应税消费品已纳税款＋当期收回的委托加工应税消费品已纳税款－期末库存的委托加工应税消费品已纳税款

需要说明的是，纳税人用外购、委托加工收回的已税珠宝玉石生产的改在零售环节征收消费税的金银首饰，在计税时一律不得扣除外购、委托加工珠宝玉石环节已纳的消费税。

【例 3-7】 尚美化妆品有限公司为增值税一般纳税人，2014 年 8 月发生以下业务：期初 A 化妆品结存金额为 2 万元，当期外购 A 化妆品，取得增值税专用发票注明价款 15 万元、增值税 2.55 万元。期末 A 化妆品结存 4.5 万元，当期所领用的 A 化妆品均用于生产 B 化妆品。当月 B 化妆品对外销售取得不含税销售额 40 万元，款项存入银行。要求计算当月应纳增值税、消费税。

（1）应纳增值税＝40×17%－2.55＝4.25（万元）

（2）应纳消费税的计算：

当期准予扣除的外购A化妆品买价＝2＋15－4.5＝12.5（万元）

当期准予扣除的外购A化妆品已纳消费税＝12.5×30%＝3.75（万元）

当期销售的B化妆品应纳消费税＝40×30%＝12（万元）

当期实际应纳消费税＝12－3.75＝8.25（万元）

注意：

（1）A化妆品被领用于生产B化妆品时，不纳税。

（2）增值税、消费税均有准予抵扣的税额，但抵扣税额发生的时间、条件要求有别。

任务三 核算应纳消费税

【任务引导】

万和酿酒有限责任公司位于滨海市青年路12号，纳税人识别号为4221017809××××。主要生产销售白云牌粮食白酒、散装粮食白酒、药酒、啤酒等酒类产品，各种产品的平均售价及成本价见表3-4。已知万和公司采用平行法逐笔结转销售产品成本。根据2014年12月万和公司发生的涉税业务，完成以下工作任务。

（1）计算各项业务应纳增值税、消费税税额。

（2）编制会计分录。

（3）登记“应交税费——应交消费税”明细账，见表3-5。

表3-4 产品价目表

产品品名	计量单位	平均单位不含税售价	平均单位成本价	备注
白云牌粮食白酒	吨或瓶	60 000元/吨＝30元/斤	42 000元/吨＝21元/斤	1吨＝2 000斤 1瓶＝1斤
散装粮食白酒	吨	40 000元/吨＝20元/斤	31 000元/吨＝15.5元/斤	1吨＝2 000斤
啤酒	吨或箱	2 800元/吨＝1.4元/斤	2 000元/吨＝1元/斤	1吨＝2 000斤 1箱＝24斤
自产药酒	箱	3 200元/箱	2 400元/箱	
黄酒	吨	40 000元/吨	30 000元/吨	

（1）12月2日向华鸣商场销售啤酒10吨，开具增值税专用发票，注明价款28 000元、增值税4 760元；另收取啤酒箱押金1 000元，双方约定于本月22日交还啤酒箱，否则本公司有权利没收押金。开具金额为 1 000 元的收据一张。啤酒销售款与押金均存入银行，取回银行进账单一份。

（2）12月5日向华鸣商场销售白云牌粮食白酒50吨，开具增值税专用发票注明价款3 000 000元，增值税额510 000元。收到华鸣商场开具的金额为3 510 000元的商业承兑汇票一张。

（3）12月7日向华利商场销售50箱药酒，开具增值税专用发票注明价款160 000元，增值税27 200元，双方约定于2个月后付款。另以现金收取药酒的礼品包装费2 340元，开具金额为2 340元的收据一张。

（4）12 月 8 日向华运商店（小规模纳税人）销售散装粮食白酒 8 吨，开具普通发票注明价税款 374 400 元。当即收到开户行转来的金额为 374 400 元的进账单一份。

（5）12 月 9 日与滨海市药酒厂签订委托加工协议一份，委托滨海市药酒厂加工一种新药酒 10 箱，滨海市药酒厂无同类药酒销售价格。当日发出原材料一批，材料成本 20 000 元。

（6）12 月 14 日，收到仓库保管员转来的出库单一份，注明领用白云牌粮食白酒 10 瓶（每瓶 1 斤），领用啤酒 5 箱（每箱 24 斤），用途为管理部门招待客人。

（7）12 月 15 日，收到仓库保管员交来的产品出库单一份，注明黄酒出库 0.5 吨，用于继续生产非应税消费品。

（8）12 月 15 日，收到仓库保管员交来的产品出库单一份，注明药酒出库 20 箱，用途为无偿赠送给滨海市老年福利院。

（9）12 月 16 日，收到仓库保管员交来的产品出库单一份，注明出库白云牌粮食白酒 1 吨，用于抵付欠丰利公司的购货款 68 000 元。已知白云牌粮食白酒最高不含税售价为 61 000 元/吨。

（10）12 月 18 日，从德国进口新品种的药酒 10 箱，用于研制新产品。取得海关填开的关税完税凭证上注明价款 60 000 元，关税税额 30 000 元。关税完税价、关税税额、增值税税额、消费税额均已转账支付。药酒已办理商品入库手续。

（11）12 月 20 日销售部门将新生产的一种粮食白酒作为广告样品领用 0.5 吨，已知该种白酒无同类产品销售价，生产成本每吨 35 000 元，成本利润率为 10%。

（12）上月接受丰润公司的委托加工 4 吨粮食白酒，同类白酒本公司的平均售价为 60 000 元/吨。12 月 21 日已加工完毕，将 4 吨粮食白酒交付给委托方。开具增值税专用发票一张，注明加工费价款 6 000 元，增值税 1 020 元。收到银行交来的进账单回单两张，一张注明加工费 7 020 元，一张注明消费税税额 52 000 元。

（13）12 月 21 日，仓库保管员交来啤酒出库单一份，注明为发放职工福利领用啤酒 6 吨。

（14）12 月 22 日，华鸣商场按时交还啤酒箱，公司以现金支付方式退还押金 1 000 元。

（15）12 月 25 日开具两张转账支票，其中一张金额为 6 435 元，为向滨海市药酒厂支付加工过程中代垫的辅料成本及加工费，取得受托方开具的增值税专用发票一张，注明价款 5 500 元，增值税额 935 元；另一张金额为 2 833.33 元，为支付给受托方的消费税。当日将加工的药酒收回入库，收到仓库保管员开具的产品入库单一份。

（16）12 月 26 日，收到仓库保管员转来的产品出库单一份，注明散装白酒出库 1 吨，用于连续生产药酒。

（17）12 月 30 日，收到仓库保管员转来的出库单一份，注明白云牌粮食白酒出库 20 吨，用于向丰红公司投资，收到投资协议书一份。已知白云牌粮食白酒最高不含税售价为 61 000 元/吨。

表 3-5　明细分类账

会计科目：应交税费　　　　明细科目：应交消费税　　　　第 1 页

年		业务号	摘　要	借　方	贷　方	借或贷	余　额
月	日						

续表

年		业务号	摘　要	借　方	贷　方	借或贷	余　额
月	日						

【知识介绍】

一、账户设置

纳税人在进行消费税核算时，应在“应交税费”科目下设置“应交消费税”明细科目进行会计核算。该明细科目采用三栏式账户记账，贷方核算企业按规定应缴纳的消费税，借方核算企业实际缴纳的消费税或待扣的消费税；期末贷方余额表示尚未缴纳的消费税，借方余额表示企业多交或待扣的消费税。

二、生产销售应税消费品的会计核算

1．一般销售应税消费品的会计核算

消费税是一种价内税，纳税人销售应税消费品的售价中包含了消费税。因此，纳税人缴纳的消费税应计入“营业税金及附加”科目，从销售收入中得到补偿。生产的应税消费品对外销售时，按照计算的应纳消费税，借记“营业税金及附加”科目，贷记“应交税费—应交消费税”科目。发生销售退回或退税时，做相反的会计分录。

【例 3-8】 承【例 3-3】，红阳卷烟厂对外销售卷烟 1 万条，共取得不含增值税销售额 100 万元，款项已存入银行。若该批卷烟的销售成本为 60 万元，销售成本逐笔结转。相关会计核算如下：

（1）确认收入时

借：银行存款　　1 170 000

　　贷：主营业务收入　　1 000 000

　　　　应交税费——应交增值税（销项税额）　　170 000

（2）计提消费税时

借：营业税金及附加　566 000

　　贷：应交税费——应交消费税　566 000

（3）结转销售成本时

借：主营业务成本　600 000

　　贷：库存商品　600 000

（4）缴纳消费税时

借：应交税费——应交消费税　566 000

　　贷：银行存款　566 000

提示

确认主营业务收入、其他业务收入的消费税应税业务，计提的消费税均记入“营业税金及附加”科目。

2．自产自用应税消费品的会计核算

1）用于连续生产应税消费品

纳税人将自产的应税消费品用于连续生产应税消费品的，不纳增值税和消费税，只结转相关成本。核算时，按领用的应税消费品出库成本，借记“生产成本”科目，贷记“库存商品”科目。

2）用于连续生产非应税消费品

纳税人将自产的应税消费品用于连续生产非应税消费品的，不纳增值税，但应纳消费税。核算时，借记“生产成本”科目，按出库应税消费品的成本贷记“库存商品”科目，按计算的应纳消费税，贷记“应交税费——应交消费税”科目。

3）用于不确认收入的去向

纳税人自产自用的应税消费品，若用于内部在建工程、管理部门、非生产机构、提供劳务、馈赠、赞助、集资、广告、样品、奖励等方面，应视同销售应税消费品缴纳消费税，但会计上不确认收入。应税消费品移送使用时，借记“在建工程”“管理费用”“销售费用”“其他业务成本”“营业外支出”等科目，按移送货物的成本贷记“库存商品”科目，按计算的应纳消费税和增值税，贷记“应交税费——应交消费税”“应交税费——应交增值税（销项税额）”科目。

【例 3-9】 万兴酿酒公司收到仓库保管员转来的出库单一份，注明领用粮食白酒 100 瓶（每瓶 1 斤），用途为本公司广告样品。已知该批白酒的成本为 21 元/斤，平均不含税售价为 30 元/斤。

（1）计算应纳税额。

销售额＝100×1×30＝3 000（元）

应纳增值税＝3 000×17%＝510（元）

应纳消费税＝100×1×0.5＋3 000×20%＝650（元）

（2）编制会计分录。

借：销售费用　3 260

　　贷：库存商品——粮食白酒　2 100

　　　　应交税费——应交增值税（销项税额）　510

　　　　应交税费——应交消费税　650

4）用于对外投资、发放职工福利、分配给股东或投资者

纳税人将自产的应税消费品用于对外投资，发放职工福利、分配给股东或投资者的，既应视同销售缴纳增值税、消费税，又应确认收入。核算时，借记“长期股权投资”“应付职工薪酬”“应付股利”等科目，按发出应税消费品的平均不含税售价或组成计税价格贷记“主营业务收入”科目，按应纳的销项税额，贷记“应交税费——应交增值税（销项税额）”；按应纳的消费税额，借记“营业税金及附加”科目，贷记“应交税费——应交消费税”科目；按发出应税消费品的实际成本，借记“主营业务成本”科目，贷记“库存商品”科目。

纳税人将自产的应税消费品用于对外投资时，增值税按同类消费品的平均售价或组成计税价格计税，而从价消费税按同类消费品的最高售价计算。

【例 3-10】 万兴酿酒公司 6 月份收到仓库保管员交来啤酒出库单一份，注明为发放职工福利领用啤酒 10 吨。已知该批啤酒成本为 3 000 元/吨，平均不含税售价为 4 000 元/吨。

（1）计算税额。

应纳增值税＝10×4 000×17%＝6 800（元）

应纳消费税＝10×250＝2 500（元）

（2）编制相关会计分录。

确认收入时

借：应付职工薪酬	46 800	
贷：主营业务收入		40 000
应交税费——应交增值税（销项税额）		6 800

计提消费税时

借：营业税金及附加	2 500	
贷：应交税费——应交消费税		2 500

结转出库成本时

借：主营业务成本	30 000	
贷：库存商品——啤酒		30 000

5）用于抵偿债务

纳税人以自产的应税消费品抵偿债务，若不属于《企业会计准则——债务重组》的业务范围，则应将双方协议确定的抵债金额视为含增值税的销售额，先换算为不含税销售额计算应纳增值税；但此时应按同类消费品的最高售价计算应纳消费税。核算时，按抵消的债务总额，借记“应付账款”科目，按换算的不含税销售额，贷记“主营业务收入”科目，按计算的应纳增值税，贷记“应交税费——应交增值税（销项税额）”科目。计提消费税时，按计算的应纳消费税，借记“营业税金及附加”科目，贷记“应交税费——应交消费税”科目。结转用于抵债的应税消费品的成本时，借记“主营业务成本”科目，贷记“库存商品”科目。

纳税人以自产的应税消费品抵偿债务，若属于《企业会计准则——债务重组》的业务范围，则按准则相关规定进行会计核算。

【例 3-11】 万兴酿酒公司处于正常经营状态，7 月 16 日收到仓库保管员交来的产品出库单一份，注明出库药酒一批，用于抵付欠丰利公司的购料款 93 600 元。经查账得知，该批药酒的成本为 60 000 元、最高不含税售价为 82 000 元。

（1）计算税额。

应纳增值税＝93 600÷（1＋17%）×17%＝13 600（元）

应纳消费税＝82 000×10%＝8 200（元）

（2）编制相关会计分录。

抵销债务、确认收入时

借：应付账款——丰利公司　　93 600

　　贷：主营业务收入　　80 000

　　　　应交税费——应交增值税（销项税额）　　13 600

计提消费税时：

借：营业税金及附加　　8 200

　　贷：应交税费——应交消费税　　8 200

结转出库成本时

借：主营业务成本　　60 000

　　贷：库存商品　　60 000

6）用于换取生产资料、消费资料

纳税人将自产应税消费品用于换取生产资料和消费资料的，消费税额根据纳税人同类应税消费品的最高售价计算，而增值税销项税额根据纳税人同类应税消费品的平均售价或组成计税价格计算。会计核算时，应分清该项交换是否属于《企业会计准则——非货币性资产交换》的业务范围，若属于则应按相关准则规定进行会计核算。换入资产取得了可抵扣进项税额的扣税凭证时，借记“应交税费——应交增值税（进项税额）”科目，换出应税消费品应支付的相关税费，贷记“应交税费——应交增值税（销项税额）”“应交税费——应交消费税”科目。

3．加工应税消费品的会计核算

1）委托方的会计核算

委托加工应税消费品，受托方为单位的，委托方是消费税纳税人，其应纳的消费税应在提货时由受托方代收代缴。委托方应纳的消费税，应计入“委托加工物资”的成本。委托加工业务中，委托方的会计核算可分为以下环节：委托方购进主要材料；委托方向受托方发出主要材料；委托方向受托方支付加工费、辅助材料费等；委托方向受托方支付代收代缴消费税；委托方将收回的应税消费品办理入库等。

委托加工收回的应税消费品，以不高于受托方计税价格出售的，为直接销售，不再缴纳消费税；委托方以高于受托方的计税价格出售的，不属于直接销售，需按照规定申报缴纳消费税，若属于税法规定的准予扣除已纳消费税的范围，则在计税时准予扣除受托方已代收代缴的消费税。

【例 3-12】 万兴酿酒公司 12 月 1 日与达康药酒厂签订委托加工协议一份，委托达康药酒厂加工一种新药酒 10 箱，达康药酒厂同类药酒不含税销售价格为 28 000 元/箱。万兴酿酒公司相关业务会计核算如下。

12 月 2 日，万兴酿酒公司购进主要材料，取得增值税专用发票，注明价款 200 000 元、增值税 34 000 元，款项未付。

借：原材料　　200 000

　　应交税费——应交增值税（进项税额）　　34 000

　　贷：应付账款　　234 000

12 月 3 日，向达康药酒厂发出主要材料 140 000 元。

借：委托加工物资　　140 000

贷：原材料　140 000

12 月 23 日，签发金额为 468 000 元的银行承兑汇票一张，向达康药酒厂支付加工费、辅助材料费，取得增值税专用发票一张，注明价款 40 000 元、增值税 6 800 元。

借：委托加工物资　40 000
　应交税费——应交增值税（进项税额）　6 800
　贷：应付票据　46 800

12 月 23 日，签发金额为 21 000 元的转账支票一张，向达康药酒厂支付代收代缴消费税额。

应纳消费税＝28 000×10×10%＝28 000（元）

借：委托加工物资　28 000
　贷：应交税费——应交消费税　28 000
借：应交税费——应交消费税　28 000
　贷：银行存款　28 000

12 月 23 日，收回 10 箱药酒，办理了商品入库手续。

借：库存商品　208 000
　贷：委托加工物资　208 000

12 月 25 日，将委托加工的 10 箱药酒直接对外销售，开具增值税专用发票，注明价款 280 000 元、增值税 47 600 元。款项已办理托收手续。

委托加工收回的应税消费品以不高于受托方计税价格出售的，属于直接销售，不纳消费税。

借：应收账款　327 600
　贷：主营业务收入　280 000
　　应交税费——应交增值税（销项税额）　47 600
借：主营业务成本　208 000
　贷：库存商品　208 000

2）受托方的核算

单位受托加工应税消费品的，应于委托方提货时代收代缴消费税。受托方从委托方处收取应代收代缴的消费税额时，借记“银行存款”“应收账款”等科目，贷记“应交税费——应交消费税”科目。受托方向税务机关代缴消费税时，借记“应交税费——应交消费税”科目，贷记“银行存款”等科目。

【例 3-13】 承【例 3-12】，达康药酒厂接受万兴酿酒公司委托加工药酒，达康药酒厂相关业务会计核算如下。

12 月 23 日，加工完毕，与万兴酿酒公司结算加工费、辅助材料费等，开具增值税专用发票，收到银行承兑汇票时

借：应收票据　468 000
　贷：其他业务收入　400 000
　　应交税费——应交增值税（销项税额）　68 000

12 月 23 日，收到万兴酿酒公司交来的消费税额时（代收消费税）

借：银行存款　20 000
　贷：应交税费——应交消费税　20 000

向税务机关转账支付代收消费税时（代缴消费税）

借：应交税费——应交消费税　20 000
　贷：银行存款　20 000

4．进口应税消费品的核算

纳税人进口应税消费品时，应缴纳关税、增值税、消费税。核算时按关税完税价格与应纳关税、消费税税额之和，计入进口应税消费品的成本，借记“固定资产”“原材料”“在途物资”“库存商品”“周转材料”等科目，按从海关取得的进口货物增值税专用发票上注明的增值税，借记“应交税费——应交增值税（进项税额）”科目，按应付或已付款项，贷记“银行存款”等科目。

【例 3-14】 承【例 3-6】，尚美化妆品有限公司 6 月份进口化妆品一批，向国外销售商支付到岸价格（即关税完税价格）140 000 元，该批化妆品适用的关税税率为 15%，款项均以存款支付。取回进口货物增值税专用缴款书一张、关税完税凭证一张、消费税完税凭证一张，化妆品尚未运达。

应纳关税＝140 000×15%＝21 000（元）

应纳增值税＝（140 000＋21 000）÷（1－30%）×17%＝39 100（元）

应纳消费税＝（140 000＋21 000）÷（1－30%）×30%＝69 000（元）

借：在途物资	230 000	
应交税费——应交增值税（进项税额）	39 100	
贷：银行存款		269 100

5．零售金银首饰的核算

纳税人零售金银首饰时，按应取得的全部价款，借记“银行存款”“应收账款”“应收票据”等科目，按不含税销售额贷记“主营业务收入”科目，按应纳增值税贷记“应交税费——应交增值税（销项税额）”科目。计提消费税时，按应纳消费税借记“营业税金及附加”科目，贷记“应交税费——应交消费税”科目。

6．外购、委托加工应税消费品抵扣已纳税额的核算

外购、委托加工的应税消费品，用于连续生产应税消费品，按规定能抵扣已纳消费税的，按可抵扣的税额，借记“应交税费——应交消费税”科目，按领用的应税消费品出库成本减去可抵扣的消费税税额，记入“生产成本”科目，按领用的应税消费品出库成本贷记“原材料”“库存商品”等科目。

【例 3-15】 承【例 3-8】红阳卷烟生产企业为增值税一般纳税人，2014 年 8 月 2 日，外购烟丝 100 吨，取得增值税专用发票，注明价款 500 000 元、增值税 75 000 元，烟丝已作为材料办理了入库手续，款项用存款支付。

借：原材料	500 000	
应交税费——应交增值税（进项税额）	85 000	
贷：银行存款		585 000

3 日，仓库开具出库单一份，注明领用本月外购烟丝 30 吨，用于生产甲类卷烟。

借：生产成本	105 000	
应交税费——应交消费税	45 000	
贷：原材料		150 000

7．缴纳消费税的核算

纳税人缴纳消费税时，借记“应交税费——应交消费税”科目，贷记“银行存款”等科目。

任务四 申报应纳消费税

【任务引导】

根据任务三中万和酿酒公司2014年12月份的涉税业务，编制消费税纳税申报表(表3-6)、代收代缴消费税计算表(表3-7)。

表3-6 酒消费税纳税申报表

税款所属期： 年 月 日至 年 月 日

纳税人名称（公章）： 纳税人识别号：

填表日期： 年 月 日 金额单位：元（列至角分）

项目 应税消费品名称	适用税率		销售数量	销售额	应纳税额
	定额税率	比例税率			
粮食白酒	0.5元/斤	20%			
薯类白酒	0.5元/斤	20%			
啤 酒	250元/吨	—			
啤 酒	220元/吨	—			
黄 酒	240元/吨	—			
其他酒	—	10%			
合 计	—	—	—	—	

	声 明 此纳税申报表是根据国家税收法律的规定填报的，我确定它是真实的、可靠的、完整的。 经办人（签章）： 财务负责人（签章）： 联系电话：
本期准予抵减税额：	
本期减（免）税额：	
期初未缴税额：	
本期缴纳前期应纳税额：	（如果你已委托代理人申报，请填写） 授权声明 为代理一切税务事宜，现授权______（地址）__________________为本纳税人的代理申报人，任何与本申报表有关的往来文件，都可寄予此人。 授权人签章：
本期预缴税额：	
本期应补（退）税额：	
期末未缴税额：	

以下由税务机关填写

受理人（签章）： 受理日期： 年 月 日 受理税务机关（章）：

填表说明：

1. 本表仅限酒及酒精消费税纳税人使用。
2. 本表“销售数量”为《消费税暂行条例》《消费税暂行条例实施细则》及其他法规、规章规定的当期应申报缴纳消费税的酒及酒精销售（不含出口免税）数量。计量单位：粮食白酒和薯类白酒为斤（如果实际销售商品按照体积标注计量单位，应按500毫升为1斤换算），啤酒、黄酒、其他酒和酒精为吨。

3. 本表“销售额”为《消费税暂行条例》《消费税暂行条例实施细则》及其他法规、规章规定的当期应申报缴纳消费税的酒及酒精销售（不含出口免税）收入。

4. 根据《消费税暂行条例》和《财政部、国家税务总局关于调整酒类产品消费税政策的通知》的规定，本表“应纳税额”计算公式如下。

（1）粮食白酒、薯类白酒

应纳税额＝销售数量×定额税率＋销售额×比例税率

（2）啤酒、黄酒

应纳税额＝销售数量×定额税率

（3）其他酒、酒精

应纳税额＝销售额×比例税率

5. 本表“本期准予抵减税额”按本表附件一的本期准予抵减税款合计金额填写。

6. 本表“本期减（免）税额”不含出口退（免）税额。

7. 本表“期初未缴税额”填写本期期初累计应缴未缴的消费税额，多缴为负数。其数值等于上期“期末未缴税额”。

8. 本表“本期缴纳前期应纳税额”填写本期实际缴纳入库的前期消费税额。

9. 本表“本期预缴税额”填写纳税申报前已预先缴纳入库的本期消费税额。

10. 本表“本期应补（退）税额”计算公式如下，多缴为负数。

本期应补（退）税额＝应纳税额（合计栏金额）－本期准予抵减税额－本期减（免）税额－本期预缴税额

11. 本表“期末未缴税额”计算公式如下，多缴为负数。

期末未缴税额＝期初未缴税额＋本期应补（退）税额-本期缴纳前期应纳税额

12. 本表为A4竖式，所有数字小数点后保留两位。一式二份，一份纳税人留存，一份税务机关留存。

表3-7 代收代缴消费税计算表

税款所属期：　年　月　日至　年　月　日

纳税人名称(公章)：　纳税人识别号：□□□□□□□□□□□□□□□□□□□□

填表日期：　年　月　日　　金额单位：元（列至角分）

项目 \ 应税消费品名称		粮食白酒	薯类白酒	啤　酒	啤　酒	黄　酒	其他酒	合　计
适用税率	定额税率	0.5元/斤	0.5元/斤	250元/吨	220元/吨	240元/吨	—	—
	比例税率	20%	20%	—	—	—	10%	—
受托加工数量								—
同类产品销售价格							—	—
材料成本							—	—
加工费							—	—
组成计税价格							—	—
本期代收代缴税款								

填表说明：

1. 本表作为《酒及酒精消费税纳税申报表》的附报资料，由酒及酒精受托加工方填报。

2. 本表“受托加工数量”的计量单位是：粮食白酒和薯类白酒为斤（如果实际销售商品按照体积标注计量单位，应按 500 毫升为 1 斤换算），啤酒、黄酒、其他酒和酒精为吨。

3. 本表“同类产品销售价格”为受托方同类产品销售价格。

4. 根据《消费税暂行条例》的规定，本表“组成计税价格”的计算公式为

组成计税价格＝（材料成本＋加工费）÷（1－消费税税率）

5. 根据《消费税暂行条例》的规定，本表“本期代收代缴税款”的计算公式如下。

（1）当受托方有同类产品销售价格时

本期代收代缴税款＝同类产品销售价格×受托加工数量×适用税率＋受托加工数量×适用税率

（2）当受托方没有同类产品销售价格时

本期代收代缴税款＝组成计税价格×适用税率＋受托加工数量×适用税率

6. 本表为 A4 竖式，所有数字小数点后保留两位。一式二份，一份纳税人留存，一份税务机关留存。

【知识介绍】

一、消费税纳税义务发生时间

（1）纳税人生产的应税消费品，于纳税人销售时纳税。纳税人销售应税消费品的，按不同的销售结算方式分别为：

采取赊销和分期收款结算方式的，为书面合同约定的收款日期的当天，书面合同没有约定收款日期或者无书面合同的，为发出应税消费品的当天。

采取预收货款结算方式的，为发出应税消费品的当天。

采取托收承付和委托银行收款方式的，为发出应税消费品并办妥托收手续的当天。

采取其他结算方式的，为收讫销售款或者取得索取销售款凭据的当天。

（2）纳税人自产自用应税消费品的，为移送使用的当天。纳税人自产自用的应税消费品，用于连续生产应税消费品的，即纳税人将自产自用的应税消费品作为直接材料生产最终应税消费品，自产自用应税消费品构成最终应税消费品的实体，不纳税；用于其他方面的，即纳税人将自产自用应税消费品用于生产非应税消费品、在建工程、管理部门、非生产机构、提供劳务、馈赠、赞助、集资、广告、样品、职工福利、奖励等方面，于移送使用时纳税。

（3）纳税人委托加工应税消费品的，为纳税人提货的当天。委托加工的应税消费品，除受托方为个人外，由受托方在向委托方交货时代收代缴税款。委托个人加工的应税消费品，由委托方收回后缴纳消费税。

委托加工的应税消费品，委托方用于连续生产应税消费品的，所纳税款准予按规定抵扣。委托加工的应税消费品直接出售的，不再缴纳消费税。

（4）进口的应税消费品，于报关进口时纳税。

二、消费税纳税地点

纳税人到外县（市）销售或者委托外县（市）代销自产应税消费品的，于应税消费品销售后，向机构所在地或者居住地主管税务机关申报纳税。

纳税人的总机构与分支机构不在同一县（市）的，应当分别向各自机构所在地的主管税务机关申报纳税；经财政部、国家税务总局或者其授权的财政、税务机关批准，可以由总机构汇总向总机构所在地的主管税务机关申报纳税。

委托加工的应税消费品，除受托方为个人外，由受托方向其机构所在地或者居住地主管税务机关申报纳税。

进口的应税消费品，由进口人或者其代理人向报关地海关申报纳税。

三、消费税纳税期限

消费税的纳税期限分别为 1 日、3 日、5 日、10 日、15 日、1 个月或者 1 个季度。纳税人的具体纳税期限，由主管税务机关根据纳税人应纳税额的大小分别核定；不能按照固定期限纳税的，可以按次纳税。

纳税人以 1 个月或者 1 个季度为 1 个纳税期的，自期满之日起 15 日内申报纳税；以 1 日、3 日、5 日、10 日或者 15 日为 1 个纳税期的，自期满之日起 5 日内预缴税款，于次月 1 日起 15 日内申报纳税并结清上月应纳税款。

纳税人进口应税消费品，应当自海关填发海关进口消费税专用缴款书之日起 15 日内缴纳税款。

四、消费税的纳税申报

消费税纳税人应按有关规定及时办理纳税申报，应税消费品的类别不同，纳税申报表的格式、内容有所不同。消费税纳税申报表包括以下表格，其使用范围如下：

（1）《烟类申报表》（主表及 3 张附表）。仅供烟类消费税纳税人申报使用，月报附表包括《本期准予扣除税额计算表》（烟类）、《本期代收代缴税额计算表》（烟类）；年报表为《卷烟销售明细表》。

（2）《酒类申报表》（主表及 3 张附表）。仅供酒类消费税纳税人使用，月报附表包括《本期准予抵减税额计算表》（酒及酒精）、《本期代收代缴税额计算表》（酒及酒精）；年报表为《生产经营情况表》（酒及酒精）。

（3）《成品油申报表》（主表及 4 张附表）。仅供成品油消费税纳税人使用，月报附报包括《本期准予扣除税额计算表》（成品油）、《本期代收代缴税额计算表》（成品油）、《准予扣除消费税凭证明细表》（成品油）、《成品油销售明细表》。

（4）《小汽车申报表》（主表及 2 张附表）。仅供小汽车消费税纳税人使用，月报附表包括《本期代收代缴税额计算表》（小汽车）；年报表为《生产经营情况表》（小汽车）。

（5）《其他应税品申报表》（主表及 4 张附表）。仅供化妆品、贵重首饰及珠宝玉石、鞭炮焰火、汽车轮胎、摩托车、高尔夫球及球具、高档手表、游艇、木制一次性筷子、实木地板等消费税纳税人使用，月报附表包括《本期准予扣除税额计算表》《本期代收代缴税额计算表》《准予扣除消费税凭证明细表》；年报表为《生产经营情况表》。

以上申报主表及月报附表于每月办理消费税纳税申报时填报；年报表于每年度终了后填写，次年 1 月份办理消费税纳税申报时报送。

同步测试

一、单项选择题

1. 下列业务，既纳增值税，又纳消费税的是（　　）。

A. 某超市零售白酒　　B. 某批发公司批发销售鞭炮

C. 某服装厂生产销售服装　　D. 某酿酒厂生产销售白酒

2. 金银首饰消费税的纳税环节是（　　）。

A. 生产销售环节　　B. 批发销售环节　　C. 进口环节　　D. 零售环节

3. 生产销售应税消费品，计提应纳消费税时，借记（　　）科目。

A. 主营业务收入　　B. 主营业务成本

C. 营业税金及附加　　D. 应收账款

4. 甲烟草公司提供烟叶委托乙公司加工一批烟丝。甲公司将已收回烟丝中的一部分用于生产卷烟，另一部分烟丝卖给丙公司。在这项业务中，消费税的纳税义务人是（　　）。

A. 甲公司　　B. 乙公司　　C. 丙公司　　D. 甲公司和丙公司

5. 某汽车电池制造厂为增值税一般纳税人，下设一个非独立核算的门市部，8 月该厂将生产的一批电池交门市部，计价 60 万元。门市部将其零售，取得含税销售额 77.22 万元。电池的消费税税率为 4%，该项业务应缴纳的消费税额为（　　）。

A. 2.05 万元　　B. 2.4 万元　　C. 2.64 万元　　D. 3.08 万元

6. 一位客户向某汽车制造厂（增值税一般纳税人）定购自用汽车一辆，支付货款（含 税）250 800 元，另付设计、改装费 30 000 元。该辆汽车计征消费税的销售额为（　　）元。

A. 214 359　　B. 240 000　　C. 250 800　　D. 280 800

7. 某化妆品公司将一批自产化妆品用于本企业职工福利，没有同类产品售价， 需按组成计税价格计算缴纳消费税，其组成计税价格公式为（　　）。

A. $组成计税价格=\frac{材料成本+加工费}{1-消费税税率}$　　B. $组成计税价格=\frac{成本+利润}{1-消费税税率}$

C. $组成计税价格=\frac{材料成本+加工费}{1+消费税税率}$　　D. $组成计税价格=\frac{成本+利润}{1+消费税税率}$

8. 自产自用消费品如果用于连续生产应税消费品，则（　　）。

A. 不缴纳消费税　　B. 销售最终消费品时才缴纳消费税

C. 移送自用时缴纳消费税　　D. 以上均不对

9. 纳税人进口一批卷烟，其计算应纳消费税时组成计税价格公式为（　　）。

A. $组成计税价格=\frac{关税完税价格+关税}{1-消费税比例税率}$

B. $组成计税价格=\frac{关税完税价格+关税}{1+消费税比例税率}$

C. $组成计税价格=\frac{关税完税价格+关税+进口数量\times消费税定额税率}{1-消费税比例税率}$

D. $组成计税价格=\frac{关税完税价格+关税+进口数量\times消费税定额税率}{1+消费税比例税率}$

10. 纳税人生产的应税消费品，在（　　）时缴纳消费税。

A. 生产　B. 完工入库　C. 收取货款　D. 销售

二、多项选择题

1. 下列货物，属于应税消费品的有（　　）。

A. 啤酒　B. 彩电　C. 小汽车　D. 汽车轮胎

2. 下列项目中，属现行消费税纳税环节的有（　　）。

A. 生产销售环节　B. 批发销售环节　C. 零售环节　D. 进口环节

3. 下列应税消费品中，实行复合计征消费税的有（　　）。

A. 小汽车　B. 酒精　C. 白酒　D. 卷烟

4. 下列业务中征收消费税的有（　　）。

A. 进口金银首饰　B. 商店零售卷烟　C. 委托加工烟丝　D. 进口化妆品

5. 在对应税消费品计征消费税时，生产销售的应税消费品其销售额为向对方收取的（　　）。

A. 全部价款　B. 包括价外费用　C. 不包括价外费用　D. 包括增值税

6. 下列应税消费品中，实行从量计征消费税的有（　　）。

A. 成品油　B. 啤酒　C. 涂料　D. 黄酒

7. 纳税人将自产的应税消费品用于（　　）时，应按同类应税消费品的最高售价计算应纳消费税。

A. 发放职工福利　B. 换取生活、生产物资

C. 抵销债务　D. 对外投资

8. 纳税人委托单位加工应税消费品时，下列项目应记入“委托加工物资”成本的有（　　）。

A. 发出主要材料的成本　B. 支付的加工费、辅料费

C. 支付给受托方的消费税　D. 支付给受托方的增值税

三、业务处理题

达美化妆品公司为增值税一般纳税人，2014 年 10 月份发生如下经济业务，要求计算应纳增值税、消费税，并编制会计分录（销售成本月末汇总结转，无须逐笔结转）。

1. 销售自产化妆品 A 一批，开出增值税专用发票，取得价款 100 万元，税款 17 万元，款项已收存银行。

2. 收到 A 化妆品的出库单一份，注明将成本为 5 万元的化妆品 A 用于向职工发放福利，同类化妆品不含税售价为 7.5 万元。

3. 收到 A 化妆品的出库单一份，注明将成本价为 5 万元的化妆品 A 用于广告促销，同类化妆品不含税售价为 7.5 万元。

4. 上月受托加工化妆品 B 一批，委托方提供原材料 20 万元。本月收取加工费 8 万元，开具增值税专用发票一张，注明价款 8 万元，税额 1.36 万元，收取消费税（本企业无同类化妆品销售价格），款项已存入银行。

5. 当月委托外单位加工化妆品 C 一批，开具金额为 106 800 元的转账支票一张，其中支

付加工费，取得增值税专用发票一份，注明价款 4 万元，增值税额 6 800 元；向受托方支付消费税 6 万元。

6. 收到 C 化妆品的入库单一张，注明 C 化妆品作为材料入库，总成本 20 万元。

7. 收到委托加工收回的 C 化妆品出库单一份，注明有 50%的 C 化妆品被领用于生产 D 化妆品。

8. 进口化妆品 E 一批，向国外销售商支付到岸价格（即关税完税价格）100 000 元，该批化妆品适用的关税税率为 15%，款项均以存款支付。取回进口货物增值税专用缴款书一张、关税完税凭证一张、消费税完税凭证一张，化妆品尚未运达。

项目四

营业税的核算与申报

YINGYESHUI DE HESUAN YU SHENBAO

营业税属于流转税制中的一个主要税种。2011 年 11 月 17 日，财政部、国家税务总局正式公布营业税改征增值税试点方案。2015 年 5 月，“营改增”的最后 3 个行业建安房地产、金融保险、生活服务业的“营改增”方案将推出，不排除分行业实施的可能性。其中，建安房地产的增值税税率暂定为 11%，金融保险、生活服务业为 6%。

【学习目标】

（1）掌握营业税的税目、税率、纳税人，会识别营业税应税业务。

（2）掌握营业税的计算方法，会计算应纳消费税。

（3）掌握营业税应税业务的核算方法，会核算营业税应税业务。

（4）掌握营业税纳税申报的相关规定，会编制营业税纳税申报表。

任务一 识别营业税应税业务、纳税人

【任务引导】

判断下列业务是否属于营业税应税业务？若属于营业税应税业务，则适用的税目、税率为多少？

（1）扬名装饰公司承接了10笔家居装修业务，共取得家居装修收入70万元。

（2）扬名装饰公司销售一栋旧办公楼，取得收入120万元；处置一辆小轿车取得收入2万元。

（3）平安保险公司某市分公司12月份收取私家车交通责任强制险保险费收入20万元。

（4）江海市图书馆2014年度办理图书借阅业务，共取得收入5万元。

（5）迪乐歌舞厅12月份共收取包间费20万元，向歌舞厅顾客销售烟、酒、饮料、水果拼盘等取得收入15万元。

（6）墨香印务公司12月份销售A4打印纸张取得收入1万元，收取打印、复印、彩印费等收入20万元。

【知识介绍】

一、营业税概述

营业税是对在我国境内提供应税劳务、转让无形资产（不包括“营改增”中的转让商标权、转让著作权、转让专利权、转让非专利技术）或者销售不动产的单位和个人，就其营业额征收的一种税。

营业税的征税范围为增值税征税范围之外的所有经营业务。由于各经营业务盈利水平高低不同，所以现行营业税税负设计中，采取按不同行业、不同经营业务设立税目、税率的方法，实行同一行业同税率，不同行业不同税率。

为了完善税收制度，2012年1月1日我国开始在上海市对交通运输业和部分现代服务业实施“营业税改征增值税”改革试点，截至2012年12月已在9个省（市）推行了改革。自2013年8月1日起，在全国范围内试点，同时增加广播影视服务业。从2014年1月1日起，试点范围增加了铁路运输和邮政服务业。

二、营业税的税目、税率

根据《中华人民共和国营业税暂行条例》（简称《营业税暂行条例》）的相关规定，营业税的征税范围包括在中华人民共和国境内有偿提供应税劳务、转让无形资产和销售不动产。

1. 营业税的税目

营业税的税目按行业、类别的不同分别设置，现行营业税共设置了9个税目。

1）交通运输业（注：交通运输业已纳入“营改增”范围）

交通运输业是指国民经济中专门从事运送货物和旅客的社会生产部门，包括铁路、公路、水运、航空等运输部门。

2）建筑业

建筑业是指建筑安装工程作业，包括建筑、安装、修缮、装饰和其他工程作业。

（1）建筑是指新建、改建、扩建各种建筑物、构筑物的工程作业，包括与建筑物相连的各种设备或支柱、操作平台的安装或装设的工程作业，以及各种窑炉和金属结构工程作业在内。但自建自用建筑物，其自建行为不是建筑业税目的征税范围。出租或投资入股的自建建筑物，也不是建筑业的征税范围。

（2）安装是指生产设备、动力设备、起重设备、运输设备、传动设备、医疗实验设备及其他各种设备的装配、安置工程作业，包括与设备相连的工作台、梯子、栏杆的装设工程作业和被安装设备的绝缘、防腐、保温、油漆等工程作业。

（3）修缮是指对建筑物、构筑物进行修补、加固、养护、改善，使之恢复原来的使用价值或延长其使用期限的工程作业。

（4）装饰是指对建筑物、构筑物进行修饰，使之美观或具有特定用途的工程作业。

（5）其他工程作业是指上列工程作业以外的各种工程作业，如代办电信工程、水利工程、道路修建、疏浚、钻井（打井）、拆除建筑物或构筑物、平整土地、搭脚手架、爆破等工程作业。

3）金融保险业

金融保险业是指经营金融、保险的业务。

（1）金融是指经营货币资金融通活动的业务，包括贷款、金融商品转让、金融经纪业、邮政储蓄业和其他金融业务（注：有形动产融资租赁已纳入“营改增”范围）。

贷款是指将资金贷与他人使用的业务，按资金来源不同，分为一般贷款和转贷。一般贷款是指将自有资本金或吸收的单位、个人的存款贷与他人使用。转贷是指将借来的资金贷与他人使用。

金融商品转让是指转让外汇、有价证券或非货物期货的所有权的行为，包括股票转让、债券转让、外汇转让、其他金融商品转让。

金融经纪业和其他金融业务是指受托代他人经营金融活动的中间业务，如委托业务、代理业务、咨询业务等。

（2）保险是指将通过契约形式集中起来的资金，用以补偿被保险人的经济利益的业务。

4）电信业（注：电信业已纳入“营改增”范围）

电信是指用各种电传设备传输电信号来传递信息的业务，包括电报、电传、电话、电话机安装、电信物品销售及其他电信业务。

5）文化体育业

文化体育业是指经营文化、体育活动的业务，包括文化业、体育业。文化业是指经营文化活动的业务，包括表演、经营游览场所和各种展览、培训活动，举办文学、艺术、科技讲座、讲演、报告会，图书馆的图书和资料借阅业务等。体育业是指举办各种体育比赛和为体育比赛或体育活动提供场所的业务。

6）娱乐业

娱乐业是指为娱乐活动提供场所和服务的业务，包括经营歌厅、舞厅、卡拉 OK 歌舞厅、音乐茶座、台球、高尔夫球、保龄球场、网吧、游艺场等娱乐场所，以及娱乐场所为顾客进行娱乐活动提供服务的业务。娱乐场所为顾客提供的饮食服务及其他各种服务也按照娱乐业征税。

7）服务业

服务业是指利用设备、工具、场所、信息或技能为社会提供服务的业务，包括代理业、旅店业、饮食业、旅游业、租赁业和其他服务业（注：仓储业和广告业及有形动产经营租赁已纳入“营改增”范围）。

代理业是指代委托人办理受托事项的业务，包括代购货物、代办进出口、介绍服务、其他代理服务。

旅店业是指提供住宿服务的业务。

饮食业是指通过同时提供饮食和饮食场所的方式为顾客提供饮食消费服务的业务。

旅游业是指为旅游者安排食宿、交通工具和提供导游等旅游服务的业务。

租赁业是指在约定的时间内将场地、房屋、物品、设备或设施等转让他人使用的业务。

其他服务业是指上列业务以外的服务业务，如沐浴、理发、洗染、照相、美术、裱画、写、打字、镌刻、计算、测试、试验、化验、录音、录像、复印、晒图、设计、制图、测绘、勘探、打包、咨询等。

8）转让无形资产

转让无形资产是指转让无形资产的所有权或使用权的行为，包括转让土地使用权、转让自然资源使用权、转让商标权、转让专利权、转让非专利技术、转让著作权、转让商誉（注：转让商标权、转让专利权、转让非专利技术、转让著作权、转让商誉已纳入“营改增”范围）。

自2003年1月1日起，以无形资产投资入股，参与接受投资方的利润分配、共同承担投资风险的行为，不征收营业税。在投资后转让其股权也不征收营业税。

9）销售不动产

销售不动产是指有偿转让不动产所有权的行为，包括销售建筑物或构筑物、销售其他土地附着物。

在销售不动产时连同不动产所占土地的使用权一并转让的行为，比照销售不动产征税。自2003年1月1日起，以不动产投资入股，参与接受投资方利润分配、共同承担投资风险的行为，不征营业税。在投资后转让该项股权也不征收营业税。

纳税人有下列情形之一的，视同发生应税行为：①单位或者个人将不动产或者土地使用权无偿赠送其他单位或者个人；②单位或者个人自己新建（简称自建）建筑物后销售，其所发生的自建行为；③财政部、国家税务总局规定的其他情形。

2. 营业税的税率

营业税实行差别比例税率，分为3%、5%和5%～20%这3档税率。娱乐业执行5%～20%的幅度税率，具体适用的税率由各省、自治区、直辖市人民政府根据当地的实际情况在税法规定的幅度范围内决定。各税目具体适用的税率见表4-1所示营业税税目税率表。

表4-1 营业税税目税率表

序 号	税 目	税 率
1	交通运输业	营改增
2	建筑业	3%
3	金融保险业	5%
4	电信业	营改增
5	文化体育业	3%
6	娱乐业	5%～20%
7	服务业	5%
8	转让无形资产	5%
9	销售不动产	5%

纳税人兼有不同税目的应税劳务、转让无形资产或者销售不动产，应当分别核算不同税目的营业额、转让额、销售额（以下统称营业额）；未分别核算营业额的，从高适用税率。

三、营业税的纳税人、扣缴义务人

1. 纳税人

营业税的纳税人为在中华人民共和国境内提供营业税应税劳务、转让无形资产或者销售不动产的单位和个人。

其中“在中华人民共和国境内（简称境内）”是指：①提供或者接受应税劳务的单位或者个人在境内；②所转让的无形资产（不含土地使用权）的接受单位或者个人在境内；③所转让或者出租土地使用权的土地在境内；④所销售或者出租的不动产在境内。“有偿”是指取得货币、货物或者其他经济利益。

单位是指企业、行政单位、事业单位、军事单位、社会团体及其他单位。

个人是指个体工商户以及其他有经营行为的个人。

单位以承包、承租、挂靠方式经营的，承包人、承租人、挂靠人（以下统称承包人）发生应税行为，承包人以发包人、出租人、被挂靠人（以下统称发包人）名义对外经营并由发包人承担相关法律责任的，以发包人为纳税人；否则以承包人为纳税人。

建筑安装业务实行分包的，以分包者为纳税人。

2. 扣缴义务人

为了加强税源控制，减少税收流失，《营业税暂行条例》和实施细则规定了扣缴义务人。营业税的扣缴义务人有以下两种情形：

（1）境外单位或者个人在境内发生应税行为而在境内未设有经营机构的，其应纳税款以代理者为扣缴义务人；在境内没有代理人的，以受让者或者购买者为扣缴义务人。

（2）国务院、税务主管部门规定的其他扣缴义务人。

任务二　计算应纳营业税

【任务引导】

（1）2014 年 10 月，万兴建筑公司在中国境内发生如下业务，要求逐笔计算应纳营业税（已知当地建筑劳务成本利润率 20%、装饰装修劳务成本利润率 10%）。

① 承建甲企业办公楼，合同中约定，甲企业提供电梯，价款 800 万元。该办公楼 10 月竣工并一次性结算工程价款 11 500 万元（包括劳动保护费 20 万元、临时设施费 15 万元），另外取得提前竣工奖 20 万元。

② 承建乙企业家属宿舍楼，该宿舍楼 10 月竣工并结算工程价款 5 480 万元，其中：工程所耗用的水泥预制板由建筑公司非独立核算的生产车间提供，价款 220 万元，其余建筑材料由建筑公司购进，价款 3 400 万元，建筑工程劳务价款 1 860 万元。

③ 丙企业长期拖欠本公司工程价款 4 000 万元，经双方协商进行债务重组，丙企业将其一栋商品房抵顶工程价款。本公司对该商品房重新装修后销售，取得销售收入 6 400 万元，发生装修费支出 600 万元。

④ 承包某宾馆室内装修工程，装饰、装修劳务费 1 300 万元、辅助材料费用 50 万元；宾馆自行采购的材料价款 2 400 万元及中央空调设备价款 120 万元。

⑤ 销售自建商品房，取得销售收入 5 800 万元，该商品房工程成本 2 600 万元。

（2）华兴企业是集住宿、饮食、卡拉 OK 歌舞厅、旅游为一体的服务企业，当地娱乐业适用的营业税税率为 20%。2014 年 8 月份发生如下业务，要求逐笔计算应纳营业税。

① 客房收入 600 万元，餐饮收入 100 万元，歌舞厅收入 50 万元。

② 预收旅游费用 70 万元，组织出国旅游支付给境外旅行社接团费 30 万元。该旅游团本月底已回国。

③ 本月 25 日将一块土地使用权出售，收入 400 万元，原购买时花费 300 万元，此土地使用权尚未开始摊销。

【知识介绍】

一、确定应税营业额

1. 营业额的一般规定

纳税人的营业额为纳税人提供应税劳务、转让无形资产或者销售不动产收取的全部价款和价外费用。价外费用包括收取的手续费、补贴、基金、集资费、返还利润、奖励费、违约金、滞纳金、延期付款利息、赔偿金、代收款项、代垫款项、罚息及其他各种性质的，但不包括同时符合以下条件代为收取的政府性基金或者行政事业性收费：

（1）由国务院或者财政部批准设立的政府性基金，由国务院或者省级人民政府及其财政、价格主管部门批准设立的行政事业性收费。

（2）收取时开具省级以上财政部门印制的财政票据。

（3）所收款项全额上缴财政。

2. 营业额的具体规定

1）建筑业

（1）建筑业的总承包人将工程分包或转包给他人，以工程的全部承包额减去付给分包人或转包人的价款后的余额为营业额。

（2）纳税人提供建筑业劳务的，其营业额包括工程所用原材料及其他物资和动力价款，但不包括建筑方提供的设备价款。

从事安装工程作业，安装设备价值作为安装工程产值的，其营业额包括设备价款。如果设备由发包人提供，承包人只是提供安装劳务，营业额不包括设备价款；如果设备由承包方提供，与安装劳务一并收款，营业额应包括设备的价款。

（3）纳税人自建自用的房屋不纳税；如果纳税人将自建的房屋对外销售，其自建行为按建筑业缴纳营业税，再按销售不动产征收营业税。自建行为和单位或个人将不动产无偿赠与他人，由主管税务机关按照税法规定顺序核定营业额。

2）金融保险业

金融业的营业额是指贷款利息收入、金融商品转让收益、金融经纪业的手续费收入和其他金融业取得的收入等。保险业的营业额是指利息收入、保费收入和其他收入。

（1）一般贷款业务的营业额为贷款利息收入（包括各种加息、罚款）。

（2）金融商品转让业务，包括外汇、股票、债券、期货买卖业务，以卖出价减去买入价后的余额为营业额。

（3）金融经纪业务和其他金融业务（中间业务），营业额为手续费（佣金）类的全部收入。

金融企业从事受托收款业务，如代收电话费、水电煤气费、信息费、学杂费、寻呼费、社保统筹费、交通违章罚款、税款等，以全部收入减去支付给委托方价款后的余额为营业额。

（4）保险业办理初保业务，营业额为纳税人经营保险业务向对方收取的全部价款，即向被保险人收取的全部保险费。

（5）我国境内的保险人将其承保的以境内标的物为保险标的的保险业务向境外再保险人办理分保的，以全部保费收入减去分保保费后的余额为营业额。

（6）保险企业开展无赔偿奖励业务的，以向投保人实际收取的保费为营业额。

（7）保险企业已征收过营业税的应收未收保费，凡在财务会计制度规定的核算期限内未收回的，允许从营业额中减除。在会计核算期限以后收回的已冲减的应收未收保费，再并入当期营业额中。

3）文化体育业

文化体育业的应税营业额是指纳税人经营文化业、体育业取得的全部收入，其中包括演出收入、播映收入、其他文化收入、经营游乐场所收入和体育收入。

4）娱乐业

娱乐业的营业额为经营娱乐业向顾客收取的各项费用，包括门票收费、台位费、点歌费、烟酒、饮料、茶水、鲜花、小吃等收费及其他收费。

5）服务业

（1）代理业的营业额是指经营代购代销货物、代办进出口、介绍服务和其他代理服务取得的手续费、介绍费、代办费等收入，是纳税人从事代理业务向委托方实际取得的报酬。

（2）电脑福利彩票投注点代销福利彩票取得的任何形式的手续费收入，应照章征收营业税。

（3）对拍卖行向委托方收取的手续费应征收营业税。

（4）纳税人从事旅游业务的，以其取得的全部价款和价外费用减去替旅游者支付给其他单位的房费、餐费、交通、门票或支付其他接团旅游企业的旅游费后的余额为营业额。

（5）对单位和个人在旅游景区经营旅游游船、观光电梯、观光电车、景区环保客运车所取得的收入应按“服务业——旅游业”征收营业税。

单位和个人在旅游景区兼有不同税目应税行为并采取“一票制”收费方式的，应分别核算不同税目的营业额；未分别核算或核算不清的，从高适用税率。

（6）从事物业管理的单位，以与物业管理有关的全部收入减去代业主支付的水、电、燃气以及代承租者支付的水、电、燃气、房租的价款后的余额为营业额。

6）销售不动产和转让无形资产

（1）单位和个人销售或转让其购置的不动产或受让的土地使用权，以全部收入减去不动产或土地使用权的购置或受让原价后的余额为营业额。

（2）单位和个人销售或转让抵债所得的不动产、土地使用权的，以全部收入减去抵债时该项不动产或土地使用权作价后的余额为营业额。

（3）自 2011 年 1 月 28 日起，个人将购买不足 5 年的住房对外销售的，全额征收营业税；

个人将购买超过 5 年（含 5 年）的非普通住房对外销售的，按照其销售收入减去购买房屋的价款后的差额征收营业税；个人将购买超过 5 年（含 5 年）的普通住房对外销售的，免征营业税。

（4）自 2011 年 9 月 1 日起，纳税人转让土地使用权或者销售不动产的同时一并销售的附着于土地或者不动产上的固定资产中，凡属于增值税应税货物的，按照《财政部、国家税务总局关于部分货物适用增值税低税率和简易办法征收增值税政策的通知》第二条有关规定，计算缴纳增值税；凡属于不动产的，按照《营业税暂行条例》“销售不动产”税目计算应纳营业税。

纳税人应分别核算增值税应税货物和不动产的销售额，未分别核算或核算不清的，由主管税务机关核定其增值税应税货物的销售额和不动产的销售额。

7）纳税人提供应税劳务、转让无形资产或者销售不动产的价格明显偏低并无正当理由的，由主管税务机关按下列顺序确定其营业额

（1）按纳税人最近时期发生同类应税行为的平均价格核定。

（2）按其他纳税人最近时期发生同类应税行为的平均价格核定。

（3）按下列公式核定：

$$营业额=\frac{营业成本或者工程成本\times（1+成本利润率）}{1-营业税税率}$$

公式中的成本利润率，由省、自治区、直辖市税务局确定。

8）营业额的其他规定

（1）纳税人的营业额计算缴纳营业税后因发生退款减除营业额的，应当退还已缴纳营业税税款或者从纳税人以后的应缴纳营业税税额中减除。

（2）纳税人发生应税行为，如果将价款与折扣额在同一张发票上注明的，以折扣后的价款为营业额；如果将折扣额另开发票的，不论其在财务上如何处理，均不得从营业额中扣除。

（3）单位和个人提供应税劳务、转让无形资产、销售不动产时，因受让方违约而从受让方收取的赔偿金收入，应并入营业额中征收营业税。

（4）营业额以人民币计算。纳税人以人民币以外的货币结算营业额的，应当折合成人民币计算。人民币的折合率可选择营业额发生的当天或者当月 1 日的人民币汇率中间价。纳税人应当事先确定采用何种折合率，确定后 1 年内不得变更。

（5）自 2004 年 12 月 1 日起，营业税纳税人购置税控收款机，经主管税务机关审核批准后，可凭购进税控收款机取得的增值税专用发票，按照发票上注明的增值税税额，抵免当期应纳营业税，或者按照购进税控收款机取得的普通发票上注明的价款，依下列公式计算可抵免税额：

$$可抵免税额=\frac{价款}{1+17\%}\times 17\%$$

当期不足抵免的，未抵免部分可在下期继续抵免。

（6）纳税人提供应税劳务向对方收取的全部价款和价外费用，按相关规定可以扣除部分金额后确定营业额的，其扣除的金额应提供合法有效凭证。

二、计算应纳营业税

纳税人提供应税劳务、转让无形资产或者销售不动产，按照营业额和规定的税率计算应

纳税额。计算公式为

$$应纳营业税=营业额\times税率$$

【例 4-1】 万达建筑公司 12 月取得工程收入 1 000 万元、工程提前竣工奖金 20 万元，已开出合法票据，款已收存银行。计算当月应纳营业税。

（1）确定对应的税目、税率：建筑业，税率 3%。

（2）营业额＝全部价款＋价外费用＝1 020（万元）（按营业额的一般规定）

（3）应纳营业税＝营业额×税率＝1 020×3%＝30.6（万元）

【例 4-2】 阳光公司为非房地产开发企业，2014 年 12 月销售一栋闲置仓库，取得收入 80 万元，款项已存入银行。已知该仓库于 2004 年购置，购置成本为 60 万元。

（1）确定对应的税目、税率：属于销售不动产税目，适用 5%税率。

（2）营业额＝全部收入－购置原价＝80－60＝20（万元）（按营业额的具体规定）

（3）应纳营业税＝20×5%＝1（万元）

任务三 核算应纳营业税

【任务引导】

根据以下资料计算万兴集团公司 2014 年 12 月应纳营业税，编制计提营业税的会计分录，登记“应交税费——应交营业税”明细账。

万兴集团公司位于滨海市胜利路××号，纳税人识别号为 4221017809××××。该集团公司主要从事房屋的建筑与销售，附设一个非独立核算的宾馆。公司执行通用的企业会计制度，逐笔计提应纳营业税。当地建筑业成本利润率为 15%、娱乐业营业税率为 20%。

（1）12 月 10 日，公司自建商品房 25 000 平方米完工，工程成本 1 350 元/平方米。

（2）12 月 15 日，宾馆收银处交来半月收入汇总单 1 份及现金缴存单 10 份，注明客房收入 6 万元、餐饮收入 2 万元。

（3）12 月 20 日，公司为改善办公条件，将 1 500 平方米本月已完工的自建商品房转入装修，预计装修结束后作为公司办公楼自用。

（4）12 月 21 日，将公司的旧办公楼出售，取得销售收入 580 万元，收到银行转来的金额为 580 万元的进账单 1 份。该办公楼于 2006 年购进，当时外部购进价格 520 万元，已计提折旧 250 万元，出售清理工作已结束。

（5）12 月 21 日，公司转让接受抵债所得的一处房产（抵债时该房产作为库存商品入账），取得收入 800 万元，款项已存入银行。已知 2007 年抵债时该房产作价（抵销债务）500 万元。

（6）12 月 25 日，公司对外转让一块 500 平方米的闲置土地使用权，该块土地使用权取得时支付金额 18 万，作为无形资产入账，尚未摊销。收到银行转来的进账单一份，注明价款 26 万元。

（7）12 月 30 日，公司收到本月商品房的销售情况一览表 1 份及银行进账单 80 份，注明本月以售价 2 600 元/平方米销售本月自建商品房共计 15 000 平方米。进账单共计列示金额 3 900 万元。

（8）12 月 30 日，公司将 1 000 平方米本月自建商品房无偿赠送给市福利院。

（9）12 月 30 日，银行转来进账单一份，注明为公司写字楼本月的租金收入 10 万元，已知该写字楼的租赁合同于 2008 年年底签订，租金分月支付。

（10）12 月 30 日，宾馆收银处交来半月收入汇总单 1 份及现金缴存单 15 份，注明客房部取得收入 8 万元；餐饮部取得收入 3 万元；展览厅举办培训活动、科技讲座取得收入 1 万元；客户娱乐中心取得收入 4 万元。“应交税费”明细分类账见表 4-2。

表 4-2 “应交税费”明细分类账

会计科目：应交税费　　明细科目：应交营业税　　第 1 页

2014 年		业务号	摘　要	借　方	贷　方	借或贷	余　额
月	日						

【知识介绍】

一、账户设置

企业缴纳的营业税应设置“应交税费——应交营业税”账户进行核算。该账户借方核算企业实际缴纳的营业税，贷方核算企业应缴或计提的营业税，期末余额一般在贷方，反映企业应缴未缴的营业税。“应交税费——应交营业税”一般设置三栏式明细账进行明细核算。

二、提供应税劳务计提营业税的核算

企业在提供应税劳务取得营业收入时，借记“银行存款”“应收账款”等科目，贷记“主营业务收入”“其他业务收入”等科目；同时计提营业税金，借记“营业税金及附加”科目，贷记“应交税费——应交营业税”科目。

【例 4-3】 迪乐歌舞厅 12 月份取得卡拉 OK 厅、音乐茶座包房收入 30 万元，娱乐场所销售烟、酒、果品、饮料收入 12 万元，款项均缴存银行，该地娱乐业适用营业税税率为 20%。

确认收入时

借：银行存款　　420 000

　　贷：主营业务收入　　420 000

计算应纳营业税

应纳营业税＝（30＋12）×20%＝8.4（万元）

计提应纳营业税

借：营业税金及附加　　84 000

　　贷：应交税费——应交营业税　　84 000

三、转让无形资产计提营业税的核算

转让无形资产使用权时，先应确认收入，借记“银行存款”“应收账款”等科目，贷记“其他业务收入”科目；同时计提营业税金，借记“营业税金及附加”科目，贷记“应交税费——应交营业税”科目。

转让无形资产所有权时，应根据取得的出售收入，借记“银行存款”“应收账款”等科目，根据账面已累计摊销的金额借记“累计摊销”科目，根据无形资产的账面原值贷记“无形资产”科目，根据应纳营业税额贷记“应交税费——应交营业税”科目，再将差额借记“营业外支出”科目或贷记“营业外收入”科目。

四、销售不动产计提营业税的核算

房地产开发企业销售自建的、属于“库存商品”类的不动产属于主营业务，此时应按建筑业、销售不动产两个税目计算应纳营业税。一般情况下，当房地产开发企业销售不动产业务发生时，先应确认收入，借记“银行存款”“应收账款”等科目，贷记“主营业务收入”科目；同时计提营业税金，借记“营业税金及附加”科目，贷记“应交税费——应交营业税”科目。纳税人将不动产或土地使用权无偿赠送其他单位或者个人时，应视同发生应税行为缴纳营业税，但无须确认收入。此时，借记“营业外支出”科目，贷记“应交税费——应交营业税”科目，贷记“库存商品”等科目。

纳税人销售属于“固定资产”类的不动产，属于固定资产清理类业务。企业发生固定资产清理类业务时，分以下核算步骤：将固定资产转入清理时，借记“固定资产清理”科目，借记“累计折旧”科目，贷记“固定资产”科目。核算销售不动产发生的清理费用时，借记“固定资产清理”科目，贷记“银行存款”等科目。核算销售不动产取得的收入时，借记“银行存款”等科目，贷记“固定资产清理”科目。计提应纳营业税时，借记“固定资产清理”科目，贷记“应交税金——应交营业税”科目。清理完毕结转清理净损益时，若是净损失，借记“营业外支出”科目，贷记“固定资产清理”科目；若是净收益，借记“固定资产清理”科目，贷记“营业外收入”科目。净损益结转后，“固定资产清理”所属明细科目余额为零。

【例 4-4】 承【例 4-2】，阳光公司为非房地产开发企业，2014 年 12 月销售一栋闲置仓库，取得收入 80 万元，款项已存入银行。已知该仓库于 2004 年购置，购置成本为 60 万元，已提折旧 40 万元。相关会计核算如下。

将闲置仓库转入清理

借：固定资产清理　　200 000

　　累计折旧　　400 000

　　贷：固定资产　　600 000

取得仓库销售收入

借：银行存款　　800 000

　　贷：固定资产清理　　800 000

计提营业税

借：固定资产清理　　10 000

　　贷：应交税费——应交营业税　　10 000

结转净损益

借：固定资产清理　　590 000

　　贷：营业外收入　　590 000

五、纳税人缴纳营业税的核算

纳税人缴纳营业税时，借记“应交税费——应交营业税”科目，贷记“银行存款”科目。

六、扣缴义务人代扣代缴营业税的会计核算

扣缴义务人应先根据纳税人的应税营业额乘以税率计算出应代扣代缴的营业税，然后将代扣的营业税借记“应付账款”科目，贷记“应交税费——应交营业税”科目；代缴营业税时借记“应交税费——应交营业税”科目，贷记“银行存款”科目。

任务四　申报应纳营业税

【任务引导】

根据任务三中万兴集团公司2014年12月份的涉税业务，编制《营业税纳税申报表》，见表4-3。

表4-3　营业税纳税申报表

填报日期：　　年　月　日

纳税人识别号：　　　　金额单位：元（列至角分）

纳税人名称								税款所属时期			
项目	经营项目	营业额					税率	本期			
		全部收入	不征税项目	减除项目	减免税项目	应税营业额		应纳税额	减免税额	已纳税额	应补退税额
1	2	3	4	5	6	7=3−4−5−6	8	9=7×8	10=6×8	11	12
合计											

续表

<table>
<tr><td colspan="7">如纳税人填报，由纳税人填写以下各栏；如委托代理人填报，由代理人填写以下各栏</td><td>备　注</td></tr>
<tr><td rowspan="3">会计主管
（签章）</td><td rowspan="3">纳税人
（公章）</td><td>代理人名称</td><td></td><td></td><td></td><td rowspan="3">代理人
（公章）</td><td rowspan="3"></td></tr>
<tr><td>地　址</td><td></td><td></td><td></td></tr>
<tr><td>经办人</td><td></td><td>电话</td><td></td></tr>
<tr><td colspan="8">以下由税务机关填写</td></tr>
<tr><td colspan="2">收到申报表日期</td><td></td><td colspan="3">接收人</td><td colspan="2"></td></tr>
</table>

填表说明：

（1）本表适用于营业税纳税人填报。

（2）“全部收入”是指纳税人的全部收入。

（3）“不征税项目”是指税法规定的不属于营业税征税范围的营业额。

（4）“减除项目”是指税法规定允许从营业收入中扣除的项目的营业额。

（5）“减免税项目”是指税法规定的减免项目的营业额。

【知识介绍】

一、营业税纳税义务发生时间

营业税纳税义务发生时间为纳税人提供应税劳务、转让无形资产或者销售不动产并收讫营业收入款项或者取得索取营业收入款项凭据的当天。国务院财政、税务主管部门另有规定的，从其规定。

纳税人转让土地使用权或者销售不动产，采取预收款方式的，其纳税义务发生时间为收到预收款的当天。

纳税人提供建筑业或者租赁业劳务，采取预收款方式的，其纳税义务发生时间为收到预收款的当天。

纳税人新建建筑物后销售，其自建行为的纳税义务发生时间为销售自建建筑物并收讫营业额或者取得索取营业额凭证的当天。

纳税人将不动产或者土地使用权无偿赠送其他单位或者个人的，其纳税义务发生时间为不动产所有权、土地使用权转移的当天。

会员费、席位费和资格保证金纳税义务发生时间为会员组织收讫会员费、席位费、资格保证金和其他类似费用款项或者取得索取这些款项凭据的当天。

扣缴税款义务发生时间为扣缴义务人代纳税人收讫营业收入或取得索取营业收入凭证的当天。

二、营业税纳税期限

营业税的纳税期限分别为 5 日、10 日、15 日、1 个月或者 1 个季度。纳税人的具体纳税期限，由主管税务机关根据纳税人应纳税额的大小分别核定；不能按照固定期限纳税的，可以按次纳税。银行、财务公司、信托投资公司、信用社、外国企业常驻代表机构的纳税期限为 1 个季度。保险业的纳税期限为 1 个月。

纳税人以 1 个月或者 1 个季度为一个纳税期的，自期满之日起 15 日内申报纳税；以 5 日、

10日或者15日为一个纳税期的，自期满之日起5日内预缴税款，于次月1日起15日内申报纳税并结清上月应纳税款。

扣缴义务人解缴税款的期限，比照纳税人的纳税期限的相关规定执行。

三、营业税纳税地点

营业税的纳税地点原则上采取属地征收的方法，就是纳税人在经营行为发生地缴纳应纳营业税。具体的纳税地点的规定如下：

（1）纳税人提供应税劳务应当向其机构所在地或者居住地的主管税务机关申报纳税。

（2）纳税人转让土地使用权，应当向土地所在地的主管税务机关申报纳税；纳税人转让其他无形资产应当向其机构所在地或者居住地的主管税务机关申报纳税。

（3）纳税人销售、出租不动产应当向不动产所在地的主管税务机关申报纳税。

（4）在中华人民共和国境内的电信单位提供电信业务的营业税纳税地点为电信单位机构所在地。

（5）在中华人民共和国境内的设计（包括在开展设计时进行的勘探、测量等，下同）、工程监理、调试和咨询等应税劳务的，营业税纳税地点为单位机构所在地。

（6）在中华人民共和国境内的单位通过网络为其他单位和个人提供培训、信息和远程调试、检测等服务的，营业税纳税地点为单位机构所在地。

（7）扣缴义务人应当向其机构所在地或者居住地的主管税务机关申报缴纳其扣缴的税款。

四、营业税税收优惠

1. 起征点

纳税人营业额未达到国务院财政、税务主管部门规定的营业税起征点的，免征营业税；达到起征点的，依照营业税暂行条例的规定全额计算缴纳营业税。营业税起征点的适用范围限于个人。自2013年8月1日起，营业税起征点的规定如下：

（1）按期纳税的，为月营业额20 000元。

（2）按次纳税的，为每次（日）营业额300～500元。

各省、自治区、直辖市人民政府所属地方税务机关可以在规定的幅度内，根据实际情况确定本地区适用的起征点，并报财政部、国家税务总局备案。

2. 减免税

根据《营业税暂行条例》的规定，下列项目免征营业税：

（1）托儿所、幼儿园、养老院、残疾人福利机构提供的育养服务、婚姻介绍、殡葬服务。

（2）残疾人员个人提供的劳务。

（3）医院、诊所和其他医疗机构提供的医疗服务。

（4）学校和其他教育机构提供的教育劳务，学生勤工俭学提供的劳务。

（5）农业机耕、排灌、病虫害防治、植物保护、农牧保险以及相关技术培训业务，家禽、牲畜、水生动物的配种和疾病防治。

（6）纪念馆、博物馆、文化馆、文物保护单位管理机构、美术馆、展览馆、书画院、图书馆举办文化活动的门票收入，宗教场所举办文化、宗教活动的门票收入。

（7）境内保险机构为出口货物提供的保险产品。

除《营业税暂行条例》的规定外，根据国家的其他规定，还有具体项目可以享受减免营业税的优惠。

纳税人兼营免税、减税项目的，应当分别核算免税、减税项目的营业额；未分别核算营业额的，不得免税、减税。

五、填制纳税申报表

纳税人应按《营业税暂行条例》有关规定及时办理纳税申报，并如实填写《营业税纳税申报表》（参见表4-3）。

同步测试

一、单项选择题

1. 纳税人提供建筑物拆除、平整土地劳务取得的收入应按照（　　）税目缴纳营业税。

A. 服务业　　B. 销售不动产　　C. 交通运输业　　D. 建筑业

2. 某单位转让抵债取得的办公楼一栋，抵债时该办公楼市场价格810万元，作价800万元，取得转让收入1 000万元。该企业2月应缴纳营业税（　　）万元。

A. 9.5　　B. 10　　C. 59.5　　D. 60

3. 2014年2月，中国公民王某将2011年购买的一栋普通住房出售，取得销售收入400万元；购置该住房时，支付价款200万元，缴纳相关税费5万元；购进后发生装修费用10万元。王某转让该住房应缴纳营业税（　　）万元。

A. 9.25　　B. 9.75　　C. 10　　D. 20

4. 北京某旅行社2014年1月组织50人的旅游团赴哈尔滨旅游，每人收取旅游费2 500元。旅游期间，旅行社为每人支付交通费800元、住宿费400元、餐费300元、景点门票费200元。该旅行社当月应缴纳营业税（　　）元。

A. 40　　B. 2 000　　C. 3 750　　D. 4 250

5. 下列各项中，属于营业税混合销售行为且取得的收入应一并征收营业税的是（　　）。

A. 饭店向顾客提供餐饮服务的同时销售自制啤酒

B. 电视机专卖店销售电视机并负责安装

C. 房地产公司既从事商品房销售业务，又同时经营房屋租赁业务

D. 企业销售自产货物同时提供建筑业劳务

6. 甲建筑公司自建办公楼两栋，每栋办公楼建筑成本为2 000万元，成本利润率20%；2014年12月办公楼竣工验收，甲公司将其中一栋自用，另一栋对外销售，取得销售收入3 000万元。2014年12月甲建筑公司应缴纳营业税（　　）万元。

A. 210　　B. 222　　C. 224.23　　D. 219.90

7. 下列关于营业税的组成计税价格公式，表述正确的是（　　）。

A. 组成计税价格$=\dfrac{\text{营业成本或工程成本}}{1-\text{营业税税率}}$

B. 组成计税价格$=\dfrac{\text{营业成本或工程成本}\times(1-\text{成本利润率})}{1-\text{营业税税率}}$

C. 组成计税价格$=\dfrac{\text{营业成本或工程成本}\times(1+\text{成本利润率})}{1+\text{营业税税率}}$

D. 组成计税价格$=\dfrac{\text{营业成本或工程成本}\times(1+\text{成本利润率})}{1-\text{营业税税率}}$

8. 某酒店本月发生下列经济业务：客房部房费收入 25 万元；餐厅部当月营业收入 15 万元；歌舞厅营业收入项目为：门票收入 5 000 元，台位费、点歌费收入 4 000 元，烟酒、饮料、水果的收费为 7 000 元，其他服务费收入为 6 000 元。当地娱乐业营业税税率为 20%。则该酒店当月应纳的营业税税额为（　　）。

A. 24 400 元　B. 21 100 元　C. 4 400 元　D. 3 320 元

9. 纳税人销售属固定资产类不动产时，计提应纳营业税应借记（　　）科目。

A. 营业税金及附加　B. 其他业务成本　C. 营业外支出　D. 固定资产清理

10. 单位提供应税劳务的收入记入“其他业务收入”科目，计提应纳的营业税时应借记（　　）科目。

A. 营业税金及附加　B. 其他业务成本　C. 营业外支出　D. 固定资产清理

二、多项选择题

1. 下列各项中，属于营业税征税范围的有（　　）。

A. 修理手表　B. 出租厂房

C. 转让自然资源使用权　D. 保险公司收取保费

2. 下列关于营业税起征点的表述中，正确的有（　　）。

A. 起征点的适用范围仅限于个人

B. 起征点的适用范围包括企业、事业单位及个人

C. 营业额未达到起征点的，免征营业税，达到或超过起征点的，全额计算缴纳营业税

D. 营业额未达到起征点的，免征营业税，达到或超过起征点的，就其超过部分的营业额计算缴纳营业税

3. 根据营业税的有关规定，下列业务中以余额为营业额计征营业税的有（　　）。

A. 买卖金融商品　B. 出租不动产

C. 转让抵债所得的土地使用权　D. 销售购置的不动产

4. 下列税目，适用 5%的营业税税率的有（　　）。

A. 建筑业　B. 服务业　C. 文化体育业　D. 转让无形资产

5. 下列不属于营业税兼营行为的事项是（　　）。

A. 百货商场受托代销货物

B. 饭店提供客房、餐饮服务并设立独立柜台外销自制卤菜

C. 电梯生产企业销售电梯并提供安装服务

D. 电脑公司销售自产电脑并提供运输劳务

6. 下列经营者中，属于营业税纳税人的是（　　）。

A. 转让无形资产的个人　　B. 销售金银首饰的商店

C. 从事房地产开发的单位　　D. 从事修理汽车的个体工商户

7. 根据营业税法律制度的规定，下列关于建筑业营业额的表述中，正确的有（　　）。

A. 纳税人从事安装工程作业，营业额中不应包括发包方提供的设备价款

B. 包工包料工程，以料、工、费全额为营业额

C. 总承包人以全部承包额减去支付给分包人的价款后的余额为营业额

D. 纳税人从事建筑劳务的，其营业额应包括工程所用原材料及其他物资和动力的价款

8. 下列按照“建筑业”税目缴纳营业税的有（　　）。

A. 自建自用建筑物　　B. 有线电视台收取的“初装费”

C. 转让土地使用权　　D. 管道煤气集资费

9. 下列项目中，按照现行营业税规定，应按照其销售收入减去购买房屋的价款后的差额征收营业税的有（　　）。

A. 个人将购买不足 5 年的非普通住房对外销售

B. 个人将购买超过 5 年（含 5 年）的非普通住房对外销售

C. 个人将购买不足 5 年的普通住房对外销售

D. 个人将购买超过 5 年（含 5 年）的普通住房对外销售

10. 下列经营活动中应按营业税中“服务业”缴纳营业税的有（　　）。

A. 旅店业　　B. 电脑维修服务　　C. 经营游览场所　　D. 汽车租赁业务

三、业务处理题

宜居房地产开发企业主营商品房的建筑与销售，附设一个非独立核算的招待所，2014 年 12 月发生以下业务，要求计算并核算应纳营业税。

1. 销售自建商品房 20 套。每套建筑工程成本为 15 万、销售价格为 30 万。已收到商品房销售款 500 万，其他款项暂欠。当地规定建筑业的成本利润率为 15%。

2. 处置一栋旧办公楼，取得转让收入 600 万元，款项已存入银行。该栋旧办公楼于 2002 年购置，购置成本为 500 万，已提折旧 300 万。发生处置费用 4 万元，已转账支付。

3. 附属的招待所取得客房收入 30 万元、歌舞厅收入 20 万元，款项已存入银行。当地娱乐业营业税税率为 20%。

项目五

关税的核算与申报

GUANSHUI DE HESUAN YU SHENBAO

关税是指海关根据国家法律规定，对通过关境的进出口货物课征的一种税收。关税是对进出关境的货物和物品征税，在境内或境外流通、不进出境的货物，不征关税。关税由政府设置的海关负责征收，有较强的涉外性。关税税则的制定、税率的高低，直接影响到国际贸易的开展。关税政策、关税措施也往往和经济政策、外交政策紧密相关，具有涉外性。

【学习目标】

（1）掌握关税的征税范围，能识别关税涉税业务。
（2）掌握关税税则，会计算进出口货物应纳关税税额。
（3）掌握关税核算规则，能正确核算进出口货物业务。
（4）掌握关税征收管理的要求，能正确申报关税。

任务一　识别关税业务

【任务引导】

2014 年 7 月，张某在从日本探亲回国时，受朋友王某之托，为其在日本购买价值人民币

1 400 元的奥林巴斯照相机一部。入境时，张某按规定缴纳了关税 700 元并取得了完税凭证。张某虽然缴纳了关税，但他不明白相机是为王某购买的为什么要由他来缴纳进口关税。

你能为张某解释其缴纳关税的原因吗？

【知识介绍】

一、关税的分类

依据不同的分类标准和依据，关税可以划分为不同的种类。

（1）按征税商品流向划分，有进口关税、出口关税和过境关税。进口关税是进口国家的海关在外国商品输入时，对本国进口商所征收的正常关税；出口关税是对本国出口的货物在运出国境时征收的一种关税；过境关税是一国对通过其关境的外国商品征收的关税。

知识拓展

关　境

关境是指《中华人民共和国海关法》（简称《海关法》）全面实施的领域。一般情况下，一国的国境与关境是一致的，但当一个国家在国境内设立自由贸易区、保税区等时，关税就小于国境；当几个国家结成关税同盟，成员国之间相互取消关税，对外实行共同的关税税则时，就其成员国而言，关境就大于国境。

（2）按征收方法划分，有从价关税、从量关税、混合关税、选择关税和滑动关税。从价关税是以进出口货物的价格或者价值作为征税标准的关税；从量关税是依照进出口货物数量的计量单位（如“吨”“箱”“百个”等）定量征收的关税；混合关税是订立从价、从量两种税率，合并征收的关税；选择关税是指对同一种货物在税则中规定有从量、从价两种关税税率，在征税时选择其中一种标准计征的关税；滑动关税是指税率随着进口商品价格由高到低而由低到高设置的关税，即进口货物价格越高，其进口关税税率越低，进口商品价格越低，其进口关税税率越高。

（3）按货物国别来源而区别对待的原则，可以分成最惠国关税、协定关税、特惠关税和普通关税。最惠国关税适用原产于与我国共同适用最惠国待遇条款的世界贸易组织成员国或地区的进口货物，或原产于与我国签订有相互给予最惠国待遇条款的双边贸易协定的国家或地区的进口货物；协定关税适用原产于我国参加的含有关税优惠条款的区域性贸易协定的有关缔约方的进口货物；特惠关税适用原产于与我国签订有特殊优惠关税协定的国家或地区的进口货物；普通关税适用原产于上述国家或地区以外的国家或地区的进口货物。

二、关税纳税义务人

进口货物的收货人、出口货物的发货人、进出境物品所有人，是关税的纳税义务人。进出口货物的收、发货人是依法取得对外贸易经营权，并进口或者出口货物的法人或者其他社会团体。进出境物品的所有人包括该物品的所有人和推定为所有人的人（如携带人、收件人、寄件人、托运人等）。

三、关税征税对象

关税的征税对象是准许进出境的货物和物品。货物是指贸易性商品；物品是指入境旅客随身携带的行李物品、个人邮递物品、各种运输工具上服务人员携带进口的自用物品、馈赠物品以及其他方式进境的个人物品。

四、原产地规定

1. 国际原产地规则

原产地规则是确定进口货物唯一产地的规定，主要包括原产地标准和直接运输规定。各国的原产地规则不一致，国际上通常采用以下原产地规则：

（1）全部产地生产标准。进口货物“完全在一个国家内生产或制造”，生产制造国即为该货物的原产国，适用范围有矿产品、植物产品、活动物、狩猎或捕捞物、某国船只上卸下的海洋捕捞物，以及上述产品的制成品。

（2）实质性加工标准。对经多个国家制造加工的货物，以最后一个对该货物进行实质性加工的国家作为有关货物的原产国。实质性加工是指四位数税号一级的税则归类有了改变，或加工增值部分所占产品总值的比例超过30%。

（3）特殊规定。对机器、仪器、器材或车辆所用的零件、配件、部件、备件及工具，如果与主件同时进口且数量合理，以主件的原产地为其原产地，分别进口的则按各自的原产地确定。

2. 我国海关的原产地规定

准确确定进口货物的原产地，是为了正确运用海关关税的税率。从受惠国直接运输进口的货物，符合下列条件之一的，其原产地为该受惠国，适用《中华人民共和国进出口税则》（简称《税则》）中相应的特惠税率。

（1）完全在受惠国获得或者生产的货物，它包括：在该受惠国采掘的矿产品；在该受惠国收获的植物和植物产品；在该受惠国出生并饲养的活动物；在该受惠国从本条第（三）项所指的动物中获得的产品；在该受惠国狩猎或者捕捞所获得的产品；在该受惠国注册或者合法悬挂该受惠国国旗的船只在其领海捕捞获得的鱼类和其他海产品；在该受惠国注册或者合法悬挂该受惠国国旗的加工船上加工本条第（六）项所列产品获得的产品；在该受惠国收集的该受惠国消费过程中产生的仅适于原材料回收的废旧物品；在该受惠国加工制造过程中产生的仅适于回收原材料的废碎料；利用本条第（一）项至第（九）项所列产品在该受惠国加工所得的产品。

下列微小加工或者处理，无论是单独完成还是相互结合完成，在确定货物是否为完全获得或者生产时不影响货物原产地的确定：为运输或者储存期间保存货物而进行的加工或者处理；为货物便于装卸而进行的加工或者处理；为货物销售而进行的包装、展示等加工或者处理。

（2）非完全在受惠国获得或者生产，但在该国完成货物最后的实质性改变的货物。在确定货物原产地时，货物制造过程中使用的能源、工厂、设备、机器和工具的原产地，以及未构成货物物质成分或者组成部件的材料的原产地，不影响货物原产地的确定。与货物一起申报进口并在《税则》中与该货物一并归类的包装、包装材料和容器的原产地，以及正常配备的附件、备件、工具及介绍说明性材料的原产地，不影响货物原产地的确定。

3. 申请特别优惠关税待遇的条件

进口货物收货人申报享受特别优惠关税待遇的进口货物的，应当向海关提交以下文件：

（1）出口受惠国原产地证书签发机构签发的，并由该国海关于出口时加盖印章的原产地证书，原产地证书应当由受惠国官方机构签发，其有效期为自签发之日起 180 日。

（2）在出口受惠国签发的联运提单，或者国际联运始发的其他国家或者地区签发的联运提单。

（3）来自出口受惠国的原始商业发票。

经过其他国家或者地区运输的进口货物，还应当提交中国海关认为必要的其他证明文件。

任务二 计算关税应纳税额

【任务引导】

远洋有限责任公司为一外贸企业，是增值税一般纳税人，公司既自营进出口业务，又为他人代理进出口业务。2014 年 6 月份发生以下业务。

（1）6 月 3 日，公司从韩国海运自营进口一批化妆品，支付成交价格 20 万美元（汇率 1∶6.70）、从起运地至境内口岸运输费 0.1 万美元、从境内口岸至输入地起卸前运输及装卸费 0.33 万元，已知保险费按货价与运费的 3‰计算确定，已知该批化妆品适用的关税税率 40%、消费税税率 30%、增值税税率 17%。6 月 3 日开具转账支票一张支付进口关税，取回专用缴款书收据联一份，化妆品未运达。

该公司上述进口业务应在海关缴纳哪些税收？各自税额是多少？

（2）6 月 23 日，公司向中国香港自营出口苯 4 500 桶，每桶重 100 千克，每千克售价 7 600 港元，运费为每吨 850 元人民币，填发税款缴纳证之日的外汇牌价为：1 港元＝0.86 元人民币。已知苯适用的出口关税税率为 30%，当日开具转账支票一张支付出口关税，取回专用缴款书收据联一份。

该公司这笔出口业务应纳关税税额是多少？你能计算吗？

【知识介绍】

一、关税税率

根据我国《中华人民共和国进出口关税条例》（简称《进出口关税条例》）规定，进出口货物应当按照税则规定的归类原则归入合适的税号，从而确定适用的税率。

1. 进口关税税率

我国现行进口关税设置最惠国税率、协定税率、特惠税率、普通税率、配额税率和暂定税率等，进口货物在一定期限内可以实行暂定税率。

（1）最惠国税率。适用原产于世界贸易组织成员国或地区及与我国签订最惠国待遇条款的双边贸易协定的国家或地区的货物，原产于我国境内的进口货物。

（2）协定税率。适用原产于我国参加的含有关税优惠条款的区域性贸易协定有关缔约方的进口货物。

（3）特惠税率。适用于原产于与我国签订有特殊优惠关税协定的国家与地区的进口货物。

（4）普通税率。适用于上述国家或地区外的其他国家或地区的进口货物，以及原产地不明的进口货物。

（5）配额税率。配额内关税是对一部分实行关税配额的货物，按低于配额外税率的进口税率征收的关税。按照国家规定实行关税配额管理的进口货物，关税配额内的，适用关税配额税率；关税配额外的，其适用的税率按照前述规定执行。

（6）暂定税率。对某些税号中的部分货物在适用最惠国税率的前提下，通过法律程序暂时实施的进口税率，具有非全税目的特点，低于最惠国税率。

适用最惠国税率的进口货物有暂定税率的，应当适用暂定税率；适用协定税率、特惠国税率的进口货物有暂定税率的，应当从低适用税率；适用普通税率的进口货物，不适用暂定税率。

2．出口关税税率

出口货物税率没有普通税率、优惠税率之分。为鼓励国内企业出口创汇，又做到能够控制一些商品的盲目出口，我国对绝大部分出口货物不征收出口关税，国家仅对少数资源性产品及易于竞相杀价、盲目出口、需要规范出口秩序的半制成品征收出口关税。我国真正征收出口关税的只有20种商品，实行较低的比例税率。

3．关税税率运用的一般规定

进出口货物，按申报进口或出口之日实施的税率征收。货物到达前先行申报的，按装卸此货物的运输工具的申报进境之日实施的税率征税。进出口货物补税和退税，适用原申报进口或出口之日所实施的税率，特殊情况除外。

二、关税完税价格

1．一般进口货物的完税价格

一般进口货物的完税价格由海关以符合条件的成交价格以及该货物运抵中国境内输入地点起卸前的运输及其相关费用、保险费为基础审查核定。其计算公式为

进口货物的完税价格＝进口货物的货价（以成交价为基础确定）＋
货物运抵我国境内输入地点（入境海关地）起卸前的运输费
及其相关费用、保险费

（1）实际成交价格。实际成交价格是指卖方在向中国境内销售货物时，买方在为进口货物实付或应付价格的基础上，按《中华人民共和国海关审定进出口货物完税价格办法》有关规定调整以后的价格，包括直接支付的价款和间接支付的价款。

（2）下列费用未包括在进口货物的实付或应付价格中的，应当计入完税价格：

① 由买方负担的除购货佣金以外的佣金及经纪费。

② 由买方负担的在审查确定完税价格时与该货物视为一体的容器费用。

③ 由买方负担的包装材料及包装劳务费。

④ 与该货物的生产和向中华人民共和国境内销售有关的，由买方以免费或者以低于成本

的方式提供并可以按适当比例分摊的料件、工具、模具、消耗材料和类似货物的价款，以及在境外开发、设计等相关服务的费用。

⑤ 作为该货物向中华人民共和国境内销售的条件，买方必须支付的、与该货物有关的特许权使用费。

⑥ 卖方直接或者间接从买方获得的该货物进口后转售、处置或者使用的收益。

（3）进口时在货物的价款中列明的下列税收、费用，不计入该货物的完税价格：

① 厂房、机械、设备等货物进口后进行建设、安装、装配、维修和技术服务的费用。

② 货物运抵入境内输入地点之后的运输费用、保险费用及其他相关费用。

③ 进口关税及其他国内税收。

（4）进口完税价格中的运费、保险费的计算。

① 海陆空方式进口货物。海运计算至卸货口岸（海运），空运、陆运计算至目的地口岸，并按实际支出费用计算。实际支出费用无法确定的，运费按同期运输业运费率计算，保险费按“货价加运费”的0.3%计算。

② 其他方式进口货物。邮运以邮费作为运费及相关费用、保险费。以境外边境口岸价格条件成交的铁路或公路运输进口货物，按货价的1%计算运费及相关费用、保险费。

（5）估定完税价格。进口货物的成交价格不符合规定条件的，或者成交价格不能确定的，海关经了解有关情况，并与纳税义务人进行价格磋商后，依次以下列价格估定该货物的完税价格：

① 与该货物同时或者大约同时向中华人民共和国境内销售的相同货物的成交价格。

② 与该货物同时或者大约同时向中华人民共和国境内销售的类似货物的成交价格。

③ 与该货物进口的同时或者大约同时，将该进口货物、相同或者类似进口货物在第一级销售环节销售给无特殊关系买方最大销售总量的单位价格，但应当扣除规定的项目。

④ 按照下列各项总和计算的价格：生产该货物所使用的料件成本和加工费用，向中华人民共和国境内销售同等级或者同种类货物通常的利润和一般费用，该货物运抵境内输入地点起卸前的运输及其相关费用、保险费。

⑤ 以合理方法估定的价格。

以上所列的各种估价方法应依次使用，但是应进口商的要求，第③种和第④种方法的使用次序可以颠倒。

2. 特殊进口货物的完税价格

（1）加工贸易内销货物。进料加工进口料件或其制成品申报内销时，以该料件申报原进口成交价格为基础估定完税价格；来料加工进口料件或制成品申报内销时，以与料件相同或类似的货物原进口时的价格估定完税价格；加工贸易企业加工过程中产生的边角料、残次品申报内销时，以其申报内销时的价格估定完税价格；保税区、出口加工区内的加工贸易企业申报内销加工贸易制成品时，以制成品相同或类似的货物进口成交价格为基础审定完税价格；加工贸易内销货物的完税价格按照上述规定仍不能确定的，由海关按合理的方法审查确定。

（2）运往境外修理的货物。在海关规定期限内复运进境的，以海关审定的境外修理费和料件费，以及该货物复运进境的运输及其相关费用、保险费估定完税价格。

（3）运往境外加工的货物。在海关规定期限内复运进境的，以海关审定的境外加工费和料件费，以及该货物复运进境的运输及其相关费用、保险费估定完税价格。

（4）租赁进口货物。在租赁期间以海关审定的租金作为完税价格，留购的租赁货物，以海关审定的留购价格作为完税价格。

（5）留购的进口货样。境内留购的货样、展览品和广告陈列品，以海关审定的留购价格作为完税价格。

（6）补税的减免税进口货物。以海关审定的该货物原进口时的价格，扣除折旧部分价值作为完税价格。完税价格的计算公式为

$$完税价格=\frac{海关审定的该货物原进口时的价格\times（1-申请补税时实际已使用月份）}{监管年限}\times 12$$

（7）其他方式进口货物。海关批准暂进口的货物，易货贸易、寄售、捐赠、赠送进口货物等，按照一般进口货物估价办法的规定，估定完税价格。

3. 出口货物的完税价格

（1）以成交价格为基础的完税价格。出口货物的完税价格，由海关以出口货物向境外的成交价格为基础审查确定，包括货物运至我国境内输出地装载前的运输及其相关费用、保险费，但其中包含的出口关税应当扣除。出口货物的销售价格中如果含有离境口岸至境外口岸之间的运输、保险费的，该运费、保险费应当扣除。

$$出口货物完税价格=\frac{离岸价格}{1+出口关税税率}$$

离岸价格=出口货物销售价格-离境口岸至境外口岸间的运输、保险费等

（2）出口货物海关估价法。出口货物的成交价格不能确定的，海关经了解有关情况，并与纳税义务人进行价格磋商后，依次以下列价格估定该货物的完税价格：

① 与该货物同时或者大约同时向同一国家或者地区出口的相同货物的成交价格。

② 与该货物同时或者大约同时向同一国家或者地区出口的类似货物的成交价格。

③ 按照下列各项总和计算的价格：境内生产相同或者类似货物的料件成本、加工费用，通常的利润和一般费用，境内发生的运输及其相关费用、保险费。

④ 以合理方法估定的价格。

三、关税应纳税额的计算

1. 进出口关税应纳税额计算的一般方法

根据我国《进出口关税条例》规定，进出口货物关税的计税方法有从价计征、从量计征、复合计征等办法。

从价计征是以进出口货物的完税价格为计税依据的一种关税计征方法。我国对进口商品基本上实行从价计征。计算公式为

应纳关税税额=应税进出口货物数量×单位完税价格×适用税率

从量计征是指以进出口货物的重量、长度、容量、面积等计量单位为计税依据的一种关税计征方法。目前我国对进口原油、部分鸡产品、啤酒、胶卷等实行从量计征。计算公式为

应纳税关税税额=应税进出口货物数量×单位税额

复合计征是指对某种进出口货物同时使用从价和从量计征的一种关税计征方法。目前我国对录像机、数字照相机、放映机、摄录一体机、卷烟等实行复合计征。计算公式为

应纳关税额=应税进出口货物数量×单位税额+应税进出口货物完税价格×比例税率

我国现行《进出口商品从量税、复合税、滑准税税目税率表》后注明了滑准税税率计算公式，该公式是一个与应税进出口货物完税价格相关的取整函数。目前，我国对新闻纸实行滑准税。计算公式为

应纳关税税额＝应税进出口货物数量×单位完税价格×滑准税税率

2．进口货物应纳关税税额的计算

进口货物的成交价格，因有不同的成交条件而有不同的价格形式，常用的价格条款，有FOB、CFR、CIF这3种。

（1）FOB是“船上交货价格离岸价格”的术语，又称“离岸价格”，是指从起运港至目的地的运输费和保险费等由买方承担，不计入结算价格之中的销货价格。

（2）CFR是“成本＋运费”的价格术语，是指卖方负责将合同规定的货物装上买方指定的船上，负责货物装上船为止的一切费用和风险，并支付运费。

（3）CIF是“成本加运费、保险费”的价格术语，习惯上又称“到岸价格”，是指卖方负责将合同规定的货物装上买方指定的船上，办理保险手续，并支付运费和保险费。

无论采用何种成交价格，从价计算进口关税都要以合理、完整的CIF价格作为完税价格。

【例5-1】 某具有进出口经营权的企业进口原材料一批，国外成交价100万元，发生运费1万元，保险费0.4万元，支付采购代理人的经纪费1万元。该原材料进口关税的税率为20%，计算该笔业务应纳关税。

关税的完税价格＝100＋1＋0.4＝101.4（万元）

关税应纳税额＝101.4×20%＝20.28（万元）

提示

关税的完税价格包括成交价格、运费和保险费，但不包括买方支付给自己的采购代理人佣金和经纪费用。

【例5-2】 某公司进口两台非特种用途的电视摄像机，CIF价格为5 000美元/台，适用复合税率，从价税率为5%，从量税额为2 960元/台。海关填发税款缴款书之日的外汇牌价为1美元＝6.22元人民币。计算该摄像机的进口关税税额。

应纳关税税额＝2 960×2＋5 000×2×6.22×5%＝9 030（元）

3．出口货物应纳关税税额的计算

出口货物以离岸价格（FOB）为关税的完税价格。以其他价格条款申报结算的，要折算成FOB价格。出口货物的价款中含有关税的，应将关税扣除后才能作为完税价格。

【例5-3】 某生产企业出口一批天然石墨，申报出口CIF价格为1 000万元，其中含保险费25万元，运费50万元。该批石墨的出口关税税率为20%。计算该公司出口石墨应纳关税税额。

关税的完税价格＝（1000－25－50）÷（1＋20%）≈771（万元）

应纳关税税额＝771×20%＝154.2（万元）

四、关税的减免

1．法定减免税

法定减免是税法中明确列出的减税免税。符合税法规定可予以减免税的进口货物，纳税

人无须提出申请，海关可按规定直接予以减免。法定减免外的减免由国务院决定。

1）直接免征关税

（1）关税税额在人民币 50 元以下的货物。

（2）无商业价值的广告品和货样。

（3）外国政府、国际组织无偿赠送的物资。

（4）在海关放行前遭受损坏或者损失的货物。

（5）进出境运输工具装载的途中必需的燃料、物料和饮食用品。

因品质或者规格原因，出口货物自出口之日起 1 年内原状复运进境的，不征收进口关税；因品质或者规格原因，进口货物自出口之日起 1 年内原状复运出境的，不征收出口关税。

2）暂免征收关税

经海关批准暂时进境或者暂时出境的下列货物，在进境或者出境时纳税义务人向海关缴纳相当于应纳税款的保证金或者提供其他担保的，可以暂不缴纳关税，并应当自进境或者出境之日起 6 个月内复运出境或者复运进境；经纳税义务人申请，海关可以根据海关总署的规定延长复运出境或者复运进境的期限。

（1）在展览会、交易会、会议及类似活动中展示或者使用的货物。

（2）文化、体育交流活动中使用的表演、比赛用品。

（3）进行新闻报道或者摄制电影、电视节目使用的仪器、设备及用品。

（4）开展科研、教学、医疗活动使用的仪器、设备及用品。

（5）在本款第（1）项至第（4）项所列活动中使用的交通工具及特种车辆。

（6）货样。

（7）供安装、调试、检测设备时使用的仪器、工具。

（8）盛装货物的容器。

（9）其他用于非商业目的的货物。

以上所列暂准进境货物在规定的期限内未复运出境的，或者暂准出境货物在规定的期限内未复运进境的，海关应当依法征收关税。

以上所列可以暂时免征关税范围以外的其他暂准进境货物，应当按照该货物的完税价格和其在境内滞留时间与折旧时间的比例计算征收进口关税。具体办法由海关总署规定。

2. 特定减免税

在法定减免之外，按照国际通行规则或我国实际情况，给予特定用途、特定贸易货物、物品的政策性减免税。适用特定减免税的进出口货物一般有地区、企业和用途的限制，其主要有以下几类：

（1）科研、教学用品。对科学研究机构和学校，不以营利为目的，在合理数量范围内进口国内不能生产的科学研究和教学用品，直接用于科学研究或教学的，免征进口关税和进口环节的增值税、消费税。

（2）进口残疾人专用品。国务院制定的《残疾人专用品免征进口税收暂行规定》中规定的残疾人专用品，免征进口关税和进口环节增值税、消费税。

（3）扶贫、慈善性捐赠物资。对境外自然人、法人或其他组织等境外捐赠人无偿向国务院主管部门依法批准成立的以人道救助和发展扶贫、慈善事业为宗旨的社会团体，以及向国务院有关部门、省级政府捐赠，直接用于扶贫、慈善事业的物资，免征关税、进口增值税和消费税。

（4）加工装配、补偿贸易中进口料件免征进口税，进口外商的不作价和作价设备，分别比照外商投资项目和国内投资项目的免税规定执行。剩余料件或增产的产品，经批准转内销时，价值在进口料件总值 2%之内，且总价在 3 000 元以下的，可予免税。

（5）进料加工业务的货物。对专为加工出口商品而进口的料件，按实际加工复出的数量免征进口税。加工的成品出口，免征出口关税（内销料件及成品照章征税）。加工中产生的副产品、次品、边角料，酌情减免关税。剩余料件或增产的产品，经批准转内销时，价值在进口料件总值 2%以内，且总价值在 5 000 元以下的，可予免税。

（6）边境贸易进口货物。边民通过互市贸易进口的商品，每人每日价值在 3 000 元以下的，免征进口关税和进口环节增值税。边境小额贸易企业通过指定边境口岸进口原产于毗邻国家的商品，除烟、酒、化妆品以及国家规定必须照章纳税的其他商品外，减半征收进口关税和增值税。

（7）保税区进出口货物。进口保税区使用的机器设备、基建物资、生产用车辆，为加工出口产品进口的原料、零部件、包装物料，转口货物等，免征进口关税及进口环节税。从保税区运往境外的货物，一般免征出口关税。

（8）出口加工区进出口货物。从境外进入区内的生产性基本建设项目用基建物资，区内企业用的机器、设备、模具及其配件，区内企业及行政管理机构自用合理数量的办公用品，免征进口关税和进口环节税。从区内运往区外视同进口，从区外运入区内视同出口。

（9）进口设备。《外商投资指导目录》中鼓励类、限制乙类，并转让技术的外商投项目，投资总额内进口的自用设备；外国政府贷款和国际金融组织贷款项目进口的自用设备；《当前国家重点鼓励发展的产业、产品和技术目录》中的国内投资项目，投资总额内进口的自用设备。免征进口关税、进口增值税。

（10）特定行业或用途的减免税政策。这类政策一般对可以减免税的商品列有具体清单。如为支持我国海洋和路上特定地区石油、天然气开采作业，对国内不能生产或性能不能满足要求的设备、仪器、零附件、专用工具，免征进口关税和进口增值税。

3．临时性减免税

临时性减免税是指以上法定和特定减免税以外的其他减免税，即由国务院根据《海关法》对某个单位、某类商品、某个项目或某批进出口货物，根据其特殊情况给予特别照顾，一案一批，专文下达的减免税。一般有单位、品种、期限、金额或数量的限制，不能比照执行。

任务三　关税的核算与申报

【任务引导】

远洋有限责任公司为一外贸企业，是增值税一般纳税人，公司既自营进出口业务，又为他人代理进出口业务。2014 年 6 月份发生以下业务。

（1）6 月 12 日，受同利公司委托代理进口蓝带啤酒 600 箱，每箱 24 瓶，每瓶容积 500

毫升，价格为 3 000 美元，报关当日汇率为 1∶6.70，啤酒适用的进口关税税率为每升 3 元。代理手续费按货价的 2%收取。当日收到同利公司预付的 50 000 元款项，并开具转账支票一张，代缴进口关税，取回专用缴款书收据联一份。该批啤酒已运到，6 月 15 日退回多余款项。

① 计算应代缴的进口关税。

② 编制收到同利公司预付的 50 000 元进口货款及代缴进口关税的会计分录。

③ 编制代缴进口关税的会计分录。

④ 编制确认代理手续费收入的会计分录。

⑤ 编制退回多余款项的会计分录。

（2）受同益公司委托代理出口棉制男式长裤 4 000 条，我国口岸离岸价格折合人民币共计 200 000 元。已知棉制男式长裤的出口关税税率为每条 1 元，应收取手续费 4 000 元。6 月 18 日开具转账支票一张支付代缴的出口关税，取回专用缴款书收据联一份。

① 计算应代缴的出口关税税额。

② 编制 18 日代缴出口关税的会计分录。

③ 计算应收取的手续费时的会计分录。

④ 编制 20 日收到同益公司划来手续费时的会计分录。

【知识介绍】

一、关税涉税业务会计核算

1. 设置账户

有进出口货物的企业核算关税时，应设置“应交税费——应交进口关税”“应交税费——应交出口关税”两个账户分别对进出口关税进行会计核算。

2. 核算方法

（1）自营进出口业务的核算。自营进出口是指由有进出口经营权的企业办理对外洽谈和签订进出口合同，执行合同并办理运输、开证、付汇全过程，并自负进出口盈亏。

纳税人自营进口商品并计算应纳关税税额时，凭商品发票、进口货物报关单等，按进口货物的成本借记“材料采购”“在途物资”等科目，按进口货物应纳的关税税额，借记“应交税费——应交进口关税”科目；向海关缴纳关税时，凭《海关进（出）口货物专用缴款书》收据联，借记“应交关税——应交进口关税”科目，贷记“银行存款”等科目；进口当时直接支付关税的，也可不通过“应交税费——应交进口关税”科目，直接将进口关税税额记入进口货物成本。如果进口货物同时应纳进口关税、消费税、增值税时，关税税额、消费税税额均应记入进口货物成本之中，而应纳的增值税税额则借记“应交税费——应交增值税（进项税额）”科目。

（2）代理进出口业务的核算。代理进出口是外贸企业接受国内委托方的委托，办理对外洽谈和签订进出口合同，执行合同并办理运输、开证、付汇全过程的进出口业务。受托企业不负担进出口盈亏，只按规定收取一定比例的手续费。

外贸企业代理进口货物，一般先预收代理进口货物货款，预收应代缴的各种税金款项。当外贸企业从委托方收取应预收的货款、税金时，借记“银行存款”科目，贷记“应付账款”

"应交税费——应交进口关税"科目；支付进口商品款项及应向海关代缴的关税时，借记"应付账款""应交税费——应交进口关税"科目，贷记"银行存款"科目；按规定核算应收取手续费时，借记"应付账款"科目，贷记"其他业务收入"科目；若有剩余款并退回时，借记"应付账款"科目，贷记"银行存款"科目；若预收款少于已付款项时，则应按差额从委托方处收取，借记"银行存款"科目，贷记"应付账款"科目。

（3）出口业务的核算。纳税人自营出口商品计算应纳关税时，凭商品发票、出口货物报关单等计算的应纳出口关税额，借记"营业税金及附加"科目，贷记"应交税费——应交出口关税"科目；向海关缴纳关税时，凭《海关进（出）口货物专用缴款书》收据联，借记"应交关税——应交出口关税"科目，贷记"银行存款"等科目。

外贸企业代理出口货物一般先代缴税款，之后再向委托方收回。外贸企业在计算出口货物应代缴关税时，借记"应收账款"科目，贷记"应交税费——应交出口关税"科目；代委托方向海关缴纳出口关税时，借记"应交税费——应交出口关税"科目，贷记"银行存款"科目；核算应向委托方收取的手续费时，借记"应收账款"科目，贷记"其他业务收入"科目；收到委托方支付的代缴税款、手续费时，借记"银行存款"科目，贷记"应收账款"科目。

二、关税征收管理

1. 关税缴纳

进口货物自运输工具申报进境之日起 14 日内，出口货物在货物运抵海关监管区后装货的 24 小时之前，由纳税人向货物进出境海关申报。纳税人应自海关填发税款缴款书之日起 15 日内，向指定银行缴纳税款。期限最后 1 日如遇法定假日顺延。关税纳税义务人因不可抗拒力或者在国家税收政策调整的情形下，不能按期缴纳税款的，经海关总署批准，可以延期纳税，但最长不得超过 6 个月。

2. 关税的强制执行

纳税义务人未在关税缴纳期限内缴纳税款，即构成关税滞纳。为保证海关征收关税决定的有效执行和国家财政收入及时入库，对滞纳关税的纳税义务人强制执行，强制措施主要有以下两类：

（1）征收关税滞纳金。滞纳金自关税缴纳期限届满之次日起，至缴纳关税之日止，按滞纳税款的万分之五的比例按日征收，周末或法定假日不予扣除。滞纳金的起点为 50 元。

（2）强制征收。如关税纳税义务人自海关填发缴款书之日起 3 个月内仍未缴纳税款，经海关关长批准，海关可以采取强制扣缴、变价抵缴等强制措施。

三、关税的申报缴纳

1. 准备报关单证

进口货物自运输工具申报进境之日起 14 日内，由纳税人或代理人向货物的进境地海关申报，出口货物在货物运抵海关监管区后装货的 24 小时之前，由纳税人或代理人向货物进出境海关申报。

一般情况下，报关应备单证有：①进出口货物报关单； ②正本报关委托书；③发票；

④合同；⑤装箱清单；⑥提货单、运单；⑦进出口许可证件；⑧海关认为必要的其他进出口有关单证。

2. 填写进出口报关单

报关时先应如实填写海关进出口货物报关单，报关单常见格式见表 5-1。

表 5-1 中华人民共和国海关进口货物报关单

预录入编号： 海关编号：

进口口岸	备案号		进口日期	申报日期
经营单位	运输方式		运输工具名称	提运单号
收货单位	贸易方式		征免性质	征税比例
许可证号	起运国（地区）		装货港	境内目的地
批准文号	成交方式	运费	保费	杂费
合同协议号	件数	包装种类	毛重/kg	净重/kg
集装箱号	随附单据			用途
标记唛码及备注				
项号 商品编号 商品名称 规格型号 数量及单位 原产国（地区）单价 总价 币制 征免				
税费征收情况				
录入员 录入单位	兹声明以上申报无误并承担法律责任		海关审单批注及放行日期（签章）	
报关员			审单	审价
单位地址	申报单位（签章）		征税	统计
邮编 电话	填表日期		查验	放行

中华人民共和国海关出口货物报关单

预录入编号： 海关编号：

出口口岸	备案号		出口日期	申报日期
经营单位	运输方式		运输工具名称	提运单号
发货单位	贸易方式		征免性质	结汇方式
许可证号	运抵国（地区）		指运港	境内货源地
批准文号	成交方式	运费	保费	杂费
合同协议号	件数	包装种类	毛重/kg	净重/kg
集装箱号	随附单据			生产厂家
标记唛码及备注				
项号 商品编号 商品名称 规格型号 数量及单位 最终目的国（地区）单价 总价 币制 征免				

续表

<table>
<tr><td colspan="3">税费征收情况</td></tr>
<tr><td>录入员　录入单位</td><td>兹声明以上申报无误并承担法律责任</td><td>海关审单批注及放行日期（签章）</td></tr>
<tr><td colspan="2">报关员</td><td>审单　审价</td></tr>
<tr><td colspan="2">单位地址　申报单位（签章）</td><td>征税　统计</td></tr>
<tr><td colspan="2">邮编　电话　填表日期</td><td>查验　放行</td></tr>
</table>

3．索取《海关进（出）口关税专用缴款书》

纳税人在接受海关的进出口货物通关手续查验后，应从海关处取得《海关进（出）口关税专用缴款书》。《海关进（出）口关税专用缴款书》格式见表 5-2。

表 5-2　海关进（出）口关税专用缴款书

收入系统：　　　　填发日期：　年　月　日

<table>
<tr><td rowspan="3">收款单位</td><td>收入机关</td><td colspan="2">中央金库</td><td rowspan="3">缴款单位（人）</td><td>名称</td><td></td></tr>
<tr><td>科目</td><td>预算级次</td><td></td><td>账号</td><td></td></tr>
<tr><td>收款国库</td><td colspan="2"></td><td>开户银行</td><td></td></tr>
<tr><td>税号</td><td>货物名称</td><td>数量</td><td>单位</td><td>完税价格（¥）</td><td>税率（%）</td><td>税款金额（¥）</td></tr>
<tr><td></td><td></td><td></td><td></td><td></td><td></td><td></td></tr>
<tr><td></td><td></td><td></td><td></td><td></td><td></td><td></td></tr>
<tr><td></td><td></td><td></td><td></td><td></td><td></td><td></td></tr>
<tr><td colspan="5">金额人民币（大写）　万　仟　佰　拾　元　角　分</td><td>合计（¥）</td><td></td></tr>
<tr><td>申请单位编号</td><td></td><td>报关单编号</td><td></td><td rowspan="4">填制单位
制单人
复核人</td><td rowspan="4" colspan="2">收款国库（银行）
业务公章</td></tr>
<tr><td>合同（批文）号</td><td></td><td>运输工具（号）</td><td></td></tr>
<tr><td>缴款期限</td><td></td><td>提/装货号</td><td></td></tr>
<tr><td>备注</td><td colspan="3"></td></tr>
</table>

注：海关专用缴款书一式六联，其中，

第一联　（收据）银行收款签章后交缴款单位或缴纳人。

第二联　（付款凭证）由缴款单位开户银行作为付出凭证。

第三联　（收款凭证）由收款国库作为收入凭证。

第四联　（回执）由国库盖章后退回海关财务部门。

第五联　（报查）国库收款后，关税专用缴款书退回海关，海关代征税专用缴款书送当地税务机关。

第六联　（存根）由填发单位存查。

4．缴纳税款

纳税人应自海关填发税款缴款书之日起 15 日内，向指定银行缴纳税款。期限最后 1 日如遇法定假日顺延。关税纳税义务人因不可抗拒力或者在国家税收政策调整的情形下，不能按期缴纳税款的，经海关总署批准，可以延期纳税，但最长不得超过 6 个月。

同步测试

一、单项选择题

1. 我国关税由（　　）征收。
   A. 税务机关　　B. 海关
   C. 工商行政管理部门　　D. 人民政府
2. 在进口货物正常成交价格中若含（　　），可以从中扣除。
   A. 包装费　　B. 运输费　　C. 卖方付的回扣　　D. 保险费
3. 《海关法》规定，进出口货物的完税价格，由海关以该货物的（　　）为基础审查确定。
   A. 类似货物成交价格　　B. 倒扣价格
   C. 货价　　D. 成交价格
4. 进出口关税的计税依据为（　　）。
   A. 到岸价格　　B. 离岸价格
   C. 关税完税价格　　D. 成交价格
5. 下列税费，不计入进口货物的完税价格的是（　　）。
   A. 由买方负担的除购货佣金以外的佣金及经纪费
   B. 由买方负担的在审查确定完税价格时与该货物视为一体的容器费用
   C. 由买方负担的包装材料及包装劳务费
   D. 由买方负担的进口关税

二、多项选择题

1. 下列货物、物品进境时属于关税纳税对象的是（　　）。
   A. 个人邮递物品　　B. 馈赠物品　　C. 贸易性商品　　D. 海员自用物品
2. 进口货物的关税税率形式有（　　）。
   A. 最惠国税率　　B. 协定税率　　C. 特惠税率　　D. 普通税率
3. 以下属于关税的减免项目的有（　　）。
   A. 关税税额在人民币500元以下的一票货物
   B. 无商业价值的广告品和货样
   C. 外国政府、国际组织无偿赠送的物资
   D. 在海关放行前损失的货物
4. 进口货物的完税价格还包括以下费用（　　）。
   A. 由买方负担的购货佣金以外的佣金和经纪费
   B. 由买方负担的在审查确定完税价格时与该货物视为一体的容器的费用
   C. 由买方负担的包装材料费用和包装劳务费用
   D. 进口货物运抵境内输入地点起卸后的运输及其相关费用、保险费
5. 下述选项中，关税的纳税义务人包括（　　）。
   A. 进口货物的收货人　　B. 出口货物的发货人
   C. 出口货物的收货人　　D. 进口货物的发货人

三、业务处理题

1. 北方进出口公司6月20日从德国进口豪华小轿车1辆（排气量超3 000毫升，商品分类目录87032430），其成交价格为每辆25 000美元，已知海关填发税款缴款书之日的外汇牌价为1美元＝6.70元人民币。已知德国原产货物适用50.7%的最惠国关税税率、25%的消费税税率、17%的增值税税率。当日开具转账支票一张支付进口关税，取回专用缴款书收据联一份。

（1）计算关税完税价格、进口关税、进口消费税、进口增值税。

（2）编制进口小轿车的会计分录。

2. 某外贸公司2014年7月接受客户委托代理进口商品一批。7月3日，收到客户预付货款130万元；7月11日，公司支付商品买价及运杂费100万元；7月20日，公司向海关申报货物进口，支付关税10万元、增值税18.7万元；7月25日，外贸公司将进口商品交与客户，应收取代理手续费5.5万元，客户将所欠款项汇入外贸公司账户。

请按时间节点编制上述业务的会计分录。

项目六

资源税的核算与申报

ZIYUANSHUI DE HESUAN YU SHENBAO

广义的资源税也称对资源的征税，一般是指以各种自然资源及其级差收人为征税对象的一类税收。在税收理论上，以征税对象为标准，将税收分为流转税、所得税、资源税、财产税和行为税。增值税、消费税、营业税、关税等税种都属于流转税。资源税作为一类税，主要包括我国现行的资源税、城镇土地使用税和耕地占用税。

【学习目标】

（1）掌握我国资源税法的基本规定，会计算资源税应纳税额。

（2）熟悉资源税的会计处理方法，会核算资源税涉税业务，会办理资源税的纳税申报。

（3）掌握城镇土地使用税法的基本规定，会核算、申报城镇土地使用税。

（4）掌握耕地占用税的基本规定，会核算耕地占用税。

任务一　资源税核算与申报

【任务引导】

裕阳能源有限公司是西山市的一家国有企业，主要从事煤炭生产、销售、洗选加工等业务。2014 年 12 月，公司发生以下业务：

（1）本月生产原煤 26 600 吨，对外销售原煤 26 000 吨，取得销售额 9 100 000 元；销售伴采天然气 10 万立方米，取得销售额 185 000 元，销售伴采铝土矿 2 350 吨，取得销售额 611 000 元。

（2）本月后勤部门领用原煤 5 吨，公司发电厂领用原煤 60 吨。

（3）使用本矿生产的原煤加工洗煤，本月洗煤销售量 400 吨，已知该矿加工产品的综合回收率为 80%。

（4）预缴本月资源税 120 000 元。

当地政府规定，原煤的资源税税率为 6%，铝土矿的税率为 20 元/吨。请计算上述业务应纳资源税额，并编制上述业务的会计分录。

【知识介绍】

资源税是以自然资源为课税对象而缴纳的一种税。资源税的纳税人是指在中华人民共和国境内开采应税资源的矿产品或者生产盐的单位和个人。

一、资源税征税范围

从理论上讲，资源税的纳税范围应包括自然界存在的一切自然资源，包括矿产资源、土地资源、动植物资源、海淡水资源、太阳能资源等。目前，我国资源税的征纳范围只包括矿产品、盐等。具体的征税范围有以下几类：

（1）原油。是指开采的天然原油，不包括人造石油。

（2）天然气。是指专门开采或与原油同时开采的天然气，暂不包括煤矿生产的天然气。

（3）煤炭。是指原煤，不包括洗煤、选煤及其他煤炭制品。

（4）其他非金属矿原矿。是指上列产品和井矿盐以外的非金属矿原矿。

（5）黑色金属矿原矿。指开采后自用、销售的，用于直接入炉冶炼或作为主产品先入选精矿、制造人工矿，再最终入炉冶炼的黑色金属矿原矿，包括铁矿、锰矿、铬矿等。

（6）有色金属矿原矿。主要包括铜矿石、铅锌矿石、铝土矿石、锡矿石、黄金矿石、锑矿石、镍矿石等。

（7）盐。包括固体盐和液体盐。固体盐是指海盐原盐、湖盐原盐和井矿盐；液体盐是指卤水。

二、资源税的纳税人和扣缴义务人

资源税的纳税义务人是指在中华人民共和国境内开采应税矿产品或生产盐的单位和个人。

独立矿山、联合企业和其他收购未税矿产品的单位为资源税的扣缴义务人。独立矿山、联合企业收购未税矿产品的单位，按本单位应税产品税额标准，依据收购的数量代扣代缴资源税。其他收购单位收购的未税矿产品，按税务机关核定的应税产品税额标准，依据收购的数量代扣代缴资源税。

三、资源税的税率

资源税采用从价定率或者从量定额的办法计征应纳税额，贯彻“级差调节”的原则，实施差别税率。因此，资源税的税率有两种形式，幅度比例税率和幅度定额税率。其具体税额见表 6-1。

表 6-1 资源税税率表

税目		税率
一、原油		销售额的 5%～10%
二、天然气		销售额的 5%～10%
三、煤炭		销售额的 2%～10%
四、其他非金属矿原矿	普通非金属矿原矿	每吨或者每立方米 0.5～20 元
	贵重非金属矿原矿	每千克或者每克拉 0.5～20 元
五、黑色金属矿原矿		每吨 2～30 元
六、有色金属矿原矿	稀土矿	每吨 0.4～60 元
	其他有色金属矿原矿	每吨 0.4～30 元
七、盐	固体盐	每吨 10～60 元
	液体盐	每吨 2～10 元

纳税人具体适用的税额，由财政部商国务院有关部门，根据纳税人所开采或者生产应税产品的资源状况，在规定的税额幅度内确定。具体标准可查阅《中华人民共和国资源税暂行条例》和各省人民政府的相关规定。

纳税人开采或者生产不同税目应税产品的，应当分别核算不同税目应税产品的课税数量；未分别核算或者不能准确提供不同税目应税产品的课税数量的，从高适用税额。

四、资源税的减免

有下列情形之一的，减征或者免征资源税：①开采原油过程中用于加热、修井的原油，免税；②纳税人开采或者生产应税产品过程中，因意外事故或者自然灾害等原因遭受重大损失的，由省、自治区、直辖市人民政府酌情决定减税或者免税；③国务院规定的其他减税、免税项目。

五、资源税的纳税义务发生时间与纳税期限

1．纳税义务发生时间

资源税暂行条例规定，资源税的纳税义务发生时间分别如下：

（1）纳税人销售应税产品的资源税纳税义务发生时间，根据结算方式的不同而不同。采取分期收款结算方式的，为销售合同规定的收款日期的当天；采取预收货款结算方式的，为发出应税产品的当天；采取其他结算方式的，为收讫销售款或者取得索取销售款凭据的当天。

（2）纳税人自产自用应税产品的纳税义务发生时间，为移送使用应税产品的当天。

（3）扣缴义务人代扣代缴税款的纳税义务发生时间，为支付货款的当天。

2．资源税的纳税期限

资源税的纳税期限由主管税务机关根据纳税人或扣缴义务人应纳税额的大小核定，分别

为1日、3日、5日、10日、15日或者1个月。不能按固定期限计算纳税的，可以按次计算纳税。

纳税人以1个月为一期纳税的，自期满之日起10日内申报纳税；以1日、3日、5日、10日或者15日为一期纳税的，自期满之日起5日内预缴税款，于次月1日起10日内申报纳税并结清上月税款。

六、资源税的纳税地点

（1）纳税人应纳的资源税，应当向应税产品的开采或者生产所在地主管税务机关缴纳。

（2）纳税人在本省、自治区、直辖市范围内开采或者生产应税产品，其纳税地点需要调整的，由省、自治区、直辖市税务机关决定。

（3）跨省开采资源税应税产品的单位，其下属生产单位与核算单位不在同一省、自治区、直辖市的，对其开采的矿产品，一律在开采地纳税，其应纳税款由独立核算、自负盈亏的单位，按照开采地的实际销售量（或者自用量）及适用的单位税额计算划拨。

（4）扣缴义务人代扣代缴的资源税，应向收购地主管税务机关缴纳。

七、资源税的计算与核算

资源税针对不同的应税资源，分别采用从价定率和从量定额两种计税办法。现阶段，适用从价定率计税的是原油、天然气和煤炭。其他应税产品适用从量定额计税办法。

1. 从价定率计税

实行从价定率计税的，以销售额为计税依据。销售额为纳税人销售应税产品向购买方收取的全部价款和价外费用，但不包括收取的增值税销项税额。

价外费用包括价外向购买方收取的手续费、补贴、基金、集资费、返还利润、奖励费、违约金、滞纳金、延期付款利息、赔偿金、代收款项、代垫款项、包装费、包装物租金、储备费、优质费、运输装卸费以及其他各种性质的价外收费，但以下项目不包括在内：

（1）同时符合以下条件的代垫运输费用。

① 承运部门的运输费用发票开具给购买方的。

② 纳税人将该项发票转交给购买方的。

（2）同时符合以下条件代为收取的政府性基金或者行政事业性收费。

① 由国务院或者财政部批准设立的政府性基金，由国务院或者省级人民政府及其财政、价格主管部门批准设立的行政事业性收费。

② 收取时开具省级以上财政部门印制的财政票据。

③ 所收款项全额上缴财政。

纳税人以人民币以外的货币结算销售额的，应当折合成人民币计算。其销售额的人民币折合率可以选择销售额发生的当天或者当月1日的人民币汇率中间价。纳税人应在事先确定采用何种折合率计算方法，确定后1年内不得变更。

【例6-1】 某油田2014年6月销售原油16 000吨，开具增值税专用发票取得销售额9 500万元、增值税额1 615万元，按资源税税目税率表的规定，该油田适用资源税税率为8%。请计算该油田6月份应缴纳的资源税。

应纳资源税税额=9 500×8%=760（万元）

2. 从量定额计税

实行从量定额计税的，以产品的实际销售数量或自用数量为计税依据。纳税人开采或生产应税产品销售的，以销售数量为课税数量；纳税开采或者生产应税产品自用的，以自用数量为课税数量。

特殊情况下，可按以下方法确定课税数量：

（1）在纳税人不能准确提供应税产品的销售量或移送使用数量，以应税产品的产量或主管税务机关确定的折算比例换算成的数量作为课税数量。

（2）金属和非金属矿产品，因无法准确掌握移送使用原矿数量的，其精矿按选矿比折算成原矿数量作为课税数量。

（3）纳税人以自产的液体盐加工固体盐，按固体盐税额纳税，以加工的固体盐数量为课税数量。纳税人以外购的液体盐加工成固体盐，其加工固体盐所耗用液体盐的已纳税额准予抵扣。

纳税人开采或者生产不同税目应税产品的，应当分别核算不同税目应税产品的课税数量；未分别核算或者不能准确提供不同税目应税产品的课税数量的，从高适用税额。

【例 6-2】 某冶金矿山主营铜矿石的开采和加工，2014 年 3 月份入选铜矿精矿 3 000 吨，销售铜矿精矿 2 000 吨，选矿比为 30%，按规定单位税额：铜矿石为 3 元/吨。请计算该矿山 2014 年 3 月份应纳资源税税额。

解析： 资源税的征税对象是原矿，不是精矿。企业生产销售精矿的，要根据选矿比折算成原矿数量作为计税依据。

应纳资源税税额＝2 000÷30%×3＝20 000（元）

【例 6-3】 某纳税人本期以自产液体盐 60 000 吨和外购液体盐 10 000 吨（每吨已缴纳资源税 3 元）加工固体盐 12 000 吨对外销售，取得销售收入 600 万元。已知固体盐税额为每吨 25 元。请计算该纳税人本期应缴纳资源税税额。

应纳资源税＝12 000×25－10 000×3＝270 000（元）

八、资源税的账务处理

按照应税资源的用途，资源税的账务处理分为以下几种情况：

（1）直接销售资源产品应纳资源税是通过“营业税金及附加账户”核算的。计算出应纳资源税时，借记“营业税金及附加”科目，贷记“应交税费——应交资源税”科目。缴纳税款时，借记“应交税费——应交资源税”科目，贷记“银行存款”科目。

（2）企业自采自用或自产自用应税产品的资源税应作为所产品成本的一部分。因为资源税作为一种价内税，包含在产品生产的原材料成本之中。因此，计算应纳资源税时，应借记“生产成本”科目，贷记“应交税费——应交资源税”科目。

（3）纳税人外购的液体盐加工固体盐，在购入液体盐时，按所允许抵扣的资源税，借记“应交税费——应交资源税”科目；按外购价款扣除允许抵扣资源税后的数额，借记“材料采购”等科目；按应支付的全部价款，贷记“银行存款”“应付账款”等科目。企业加工成固体盐后，在销售时，按计算出的销售固体盐应交的资源税，借记“营业税金及附加”科目，贷记“应交税费——应交资源税”科目。将销售固体盐应纳资源税扣抵液体盐已纳资源税后的差额上交时，借记“应交税费——应交资源税”科目，贷记“银行存款”科目。

（4）企业收购未税矿产品，按实际支付的收购款，借记“材料采购”等科目，贷记“银行存款”等科目；按代扣代交的资源税，借记“材料采购”等科目，贷记“应交税金——应交资源税”科目；上交资源税时，借记“应交税金——应交资源税”科目，贷记“银行存款”科目。

任务二　城镇土地使用税核算与申报

【任务引导】

裕阳能源有限公司拥有两块土地使用权，A 块为煤炭开采加工作业区，占地 1 320 亩，其中采矿场占地 420 亩，洗煤厂占地 600 亩，发电厂占地 300 亩；B 块地为办公及生活区，占地 350 亩，其中办公区 30 亩，厂办医院 160 亩，附属小学和幼儿园区 100 亩，家属生活区 60 亩。A 块地处于工矿区，属于五等土地，当地政府确定的土地使用税的单位税额为 2 元/平方米；B 块地位于城区，属于二等土地，土地使用税的单位税额为 12 元/平方米。（1 亩≈666.6 平方米，后同）

裕阳能源公司占有的上述土地，应该如何缴纳土地使用税？你能准确计算该公司应纳土地使用税税额吗？

【知识介绍】

城镇土地使用税是对城市、县城、建制镇和工矿区范围内使用土地的单位和个人，按其实际占用的土地面积分等定额征收的一种税。城镇土地使用税是资源税类，属地方性税种，由地方税务局征收。

一、城镇土地使用税的征税范围

城镇土地使用税的征税范围包括城市、县城、建制镇和工矿区内的国有土地和集体所有土地。

城镇土地使用税征收的地域范围。城市的土地包括市区和郊区的土地；县城的土地指县人民政府所在地的土地。除建制镇和工矿区属划定区域外，城镇土地使用税的征收地域范围一般从属行政区划，但必须经省、自治区、直辖市人民政府的具体划定。

二、城镇土地使用税的纳税人

城镇土地使用税的纳税人是征税地域范围内使用土地的单位和个人。拥有土地使用权的单位和个人，为土地使用税的纳税人。土地出租的，出租人为纳税人。土地使用权共有的，由共有各方按其实际使用的土地面积占总面积的比例，分别计算缴纳土地使用税。土地使用权未确定或土地权属纠纷未解决的，土地使用税由土地的实际使用人或占有人缴纳。

知识拓展

城市、县城、建制镇和工矿区

城市是指国务院批准设立的市，包括直辖市、副省级城市、地级市和县级市；县城是指县级人民政府所在地；建制镇是指经省、自治区、直辖市人民政府批准设立的建制镇；工矿区是指工商业比较发达，人口比较集中，符合国务院规定的建制镇标准，但尚未设立建制镇的大中型工矿企业所在地。工矿区须经省、自治区、直辖市人民政府批准。

三、城镇土地使用税的税率

城镇土地使用税采用定额税率，由于全国城镇经济发展水平千差万别，又是地方税，所以国家只是规定了一个幅度差别税额，具体规定见表 6-2。

表 6-2 城镇土地使用税税率表

级 别	人 口	每平方米税额（元/年）
大城市	50 万以上	1.5～30
中等城市	20 万～50 万	1.2～24
小城市	20 万以下	0.9～18
县城、建制镇、工矿区	—	0.6～12

各省、自治区、直辖市人民政府可根据市政建设情况和经济繁荣程度在规定税额幅度内确定所辖地区的适用税额幅度。经济落后地区土地使用税的适用税额标准可适当降低，但降低额不得超过上述规定最低税额的 30%。经济发达地区的适用税额标准可以适当提高，但须报财政部批准。

四、城镇土地使用税的征收管理

城镇土地使用税实行按年计算、分期缴纳的征收办法，具体纳税期限由省、自治区直辖市人民政府确定，一般按月、季或半年征收一次。

新征用的耕地，自批准征用之日起满一年时，开始申报纳城镇土地使用税（征用耕地数第一年缴纳耕地占用税）；新征用的土地属非耕地（即无须缴纳耕地占用税的），自批准征用次日起申报纳税。征用土地当年（或开始征取城镇土地使用当年）不是 12 个月的，其应纳税额为按年应纳税额除以 12 乘以实际使用月数求得。

城镇土地使用在土地所在地主管地方税务征收机关缴纳。纳税人使用的应税土地跨越地域属不同主管地方税务征收机关征收的，应分别按实际占用面积向土地所在地主管地方税务征收机关申报缴纳。

五、城镇土地使用税的减免税

根据《中华人民共和国城镇土地使用税暂行条例》的规定，下列土地免缴土地使用税：

（1）国家机关、人民团体、军队自用的土地。

（2）由国家财政部门拨付事业经费的单位自用的土地。

（3）宗教寺庙、公园、名胜古迹自用的土地。

（4）市政街道、广场、绿化地带等公共用地。

（5）直接用于农、林、牧、渔业的生产用地。

（6）经批准开山填海整治的土地和改造的废弃土地，从使用的月份起免缴土地使用税 5 年至 10 年。

（7）个人所有的居住房屋及院落用地。

（8）单位及个人兴办的各类学校、医院、托儿所、幼儿园、福利院自用的土地。

（9）残疾人达到从业人员总数规定比例的企业用地。

（10）由财政部另行规定免税的能源、交通、水利设施用地和其他用地。

六、城镇土地使用税的计算

计算核算城镇土地使用税首先应核查拥有土地使用权的实际情况，确认纳税义务，然后核查企业土地使用证标示的土地面积和实际占用的土地面积，在此基础上核查土地实际所处的类区和用途，以确定纳税土地面积的数量和适用的单位税额，最后根据适用的单位税额计算应纳税额，按年分期缴纳。

1. 确定城镇土地使用税的计税依据

城镇土地使用税以纳税人实际占用的土地面积为计税依据，计税单位为平方米。纳税人实际占用的土地面积按下列办法确定：

（1）凡有由省、自治区、直辖市人民政府确定的部门组织测定的土地面积，以测定的面积为准。

（2）尚未组织测量但纳税人持有政府土管部门核发的土地使用证书的，以证书确认的土地面积为准。

（3）尚未核发土地使用证书的，应由纳税人申报土地面积据以纳税，待核发土地使用证后再作调整。

2. 计算应纳税额

城镇土地使用税按纳税人实际占用的土地面积和规定的税额按年计算，分期纳税。其计算公式为

$$\text{年度应纳税额}=\text{应税土地实际占用面积}\times\text{适用单位税额}$$

$$\text{月（或季、半年）度应纳税额}=\frac{\text{年度应纳税额}}{12\text{（或4、2）}}$$

【例 6-4】 某市一商场坐落在该市繁华地段，2014 年度企业土地使用证书记载占用土地的面积为 6 000 平方米，经确定属一等地段；该商场另设两个统一核算的分店均坐落在市区三等地段，共占地 4 000 平方米；一座仓库位于市郊，属五等地段，占地面积为 1 000 平方米；另外，该商场自办托儿所占地面积 2 500 平方米，属三等地段。计算该商场全年应纳城填土地使用税税额（当地规定一等地段年税额 4 元/平方米；三等地段年税额 2 元/平方米；五等地段年税额 1 元/平方米）；并计算该商场 2014 年度应缴纳城镇土地使用税。

（1）商场占地应纳税额＝6 000×4＝24 000（元）

（2）分店占地应纳税额＝4 000×2＝8 000（元）

（3）仓库占地应纳税额＝1 000×1＝1 000（元）

（4）商场自办托儿所按税法规定免税。

（5）全年应纳土地使用税额＝24 000＋8 000＋1 000＝33 000（元）

七、城镇土地使用税的账务处理

提取城镇土地使用税时，借记“管理费用”，贷记“应交税费——应交城镇土地使用税”科目核算；缴纳时，借记“应交税费——应交城镇土地使用税”，贷记“银行存款”科目。

任务三　耕地占用税核算与申报

【任务引导】

2015 年 2 月，裕阳公司为扩大产能新建一个采矿场。占用林地 40 亩，耕地 26 亩。该公司的这一行为需要缴税吗？缴纳什么税？缴纳多少呢？

【知识介绍】

耕地占用税是对占用耕地建房或从事其他非农业建设的单位和个人，按其实际占用的耕地面积，一次性定额征收的一种税。耕地占用税从税种的征税对象来讲是资源税类。

我国是一个人多地少的国家，要在只占世界 7%的耕地上，养活占世界 22%的人口，耕地资源尤为宝贵。设立耕地有两层含义，一是“寓禁于征”加大非农业占用耕地的成本；二是通过征税筹集资金，建立农业发展专项资金，用于开垦宜耕地和改造治理低产田。

一、耕地占用税的征税范围

耕地占用税的征税对象为占用耕地建房或从事其他非农业建设行为。具体征税范围包括以下几部分：

（1）耕地。是指用于种植农作物的土地，占用前 3 年内曾用于种植农作物的土地，也视为耕地。

（2）林地。包括有林地、灌木林地、疏林地、未成林地、迹地、苗圃等，不包括居民点内部的绿化林木用地，铁路、公路征地范围内的林木用地，以及河流、沟渠的护堤林用地。

（3）牧草地。包括天然牧草地、人工牧草地。

（4）农田水利用地。包括农田排灌沟渠及相应附属设施用地。

（5）养殖水面。包括人工开挖或者天然形成的用于水产养殖的河流水面、湖泊水面、水库水面、坑塘水面及相应附属设施用地。

（6）渔业水域滩涂。包括专门用于种植或者养殖水生动植物的海水潮浸地带和滩地。

衡量是否属于耕地占用税的征税范围，必须同时满足两个条件：一是占用的是耕地；二是占用耕地是用于建房或从事非农业建设。前者是前提，后者是限制条件。

二、耕地占用税的纳税人

凡是在我国境内占用耕地建房或从事其他非农业建设的单位和个人，都是耕地占用税的纳税人。单位包括国有企业、集体企业、私营企业、股份制企业、外商投资企业、外国企业以及其他企业和事业单位、社会团体、国家机关、部队以及其他单位；个人包括个体工商户以及其他个人。

三、耕地占用税的计税依据

耕地占用税以纳税人用于建房或从事其他非农业建设实际占用的耕地面积为计税依据。耕地面积的计量（税）单位为平方米，依据是土地管理部门批准占用耕地的文件。实际工作中出现批少占多、批非占耕、不批先用等情况，在征收耕地占用税时，必须核定纳税人实际占用耕地面积计税。

四、耕地占用税的税率

耕地占用税实行幅度地区差别定额税率，以县为单位，按人均占有耕地面积分设四档定额税率，具体规定如下：

（1）人均耕地不超过 1 亩的地区（以县级行政区域为单位，下同），每平方米为 10～50 元。

（2）人均耕地超过 1 亩但不超过 2 亩的地区，每平方米为 8～40 元。

（3）人均耕地超过 2 亩但不超过 3 亩的地区，每平方米为 6～30 元。

（4）人均耕地超过 3 亩的地区，每平方米为 5～25 元。

对经济特区，经济技术开发区和经济发达、人均耕地特别少的地区税额可以适当提高，但最高不得超过上述规定税额的 50%。

为了协调政策避免相邻地区税额征收标准过于悬殊，财政部对各省、自治区、直辖市每平方米平均税额又作了具体规定。各省自治区、直辖市根据规定的平均税额和本地的实际情况，分别规定所属县市的适用税额标准，但全省加权平均不得低于财政部核定的平均税额标准。

财政部和国家税务总局核定的各省平均单位税额见表 6-3。

表 6-3　财政部和国家税务总局核定的各省耕地占用税平均税额

地　区	每平方米平均税额/元
上海	45
北京	40
天津	35
江苏、浙江、福建、广东	30
辽宁、湖北、湖南	25
河北、安徽、江西、山东、河南、重庆、四川	22.5
广西、海南、贵州、云南、陕西	20
山西、吉林、黑龙江	17.5
内蒙古、西藏、甘肃、青海、宁夏、新疆	12.5

对临时占用耕地，单位和个人经批准临时占用耕地超过 1 年的，减半征收，超过 2 年的，从第三年起，全额征收。单位和个人获准占用的耕地，超过 2 年不使用的，按规定税额，加征 2 倍以下的耕地占用税。

五、耕地占用税税款的计算和征收

1．应纳税额的计算

应纳税额的计算公式为

应纳税额＝应税耕地实际占用面积（平方米）×单位税额

2．税款征收

耕地占用税由地方税务机关负责征收。耕地占用税实行“先缴税后用地”原则，一次性征收。即纳税人在经土地管理部门批准占用耕地之日起30日内，将批件及时抄送所在地的同级征收机关，由征收机关通知纳税人在规定时间内，到指定地点缴纳税款。土地管理部门凭征收机关开具的耕地占用税完税凭证批准用地。

纳税人按有关规定向土地管理部门返还土地的，已纳税款不予退还。

六、耕地占用税的减免

（1）下列情形免征耕地占用税：

① 军事设施占用耕地。

② 学校、幼儿园、养老院、医院占用耕地。

（2）下列情形减征耕地占用税：

① 铁路线路、公路线路、飞机场跑道、停机坪、港口、航道占用耕地，减按每2元/平方米的税额征收耕地占用税。

② 农村居民占用耕地新建住宅，按照当地适用税额减半征收耕地占用税。

③ 农村烈士家属、残疾军人、鳏寡孤独以及革命老根据地、少数民族聚居区和边远贫困山区生活困难的农村居民，在规定用地标准以内新建住宅缴纳耕地占用税确有困难的，经所在地乡（镇）人民政府审核，报经县级人民政府批准后，可以免征或者减征耕地占用税。

【例6-5】 2014年3月某公司在郊区新建设立一家分公司，共计占用耕地15 000平方米，其中800平方米修建幼儿园、2 000平方米修建学校，当地耕地占用税税额为20元/平方米。请计算该公司应缴纳耕地占用税。

应纳耕地占用税＝（15 000－800－2 000）×20＝244 000（元）

七、耕地占用税的会计核算

企业缴纳的耕地占用税不需要通过“应交税费”科目核算。缴纳时，借记“在建工程”科目，贷记“银行存款”科目。待工程完工后，再借记“固定资产”科目，贷记“在建工程”科目。

同步测试

一、单项选择题

1. 扣缴义务人代扣代缴的资源税，应当向（　　）主管税务机关缴纳。

A. 开采地　　B. 收购地　　C. 生产所在地　　D. 销售地

2. 下列油类产品中应征资源税的是（　　）。

A. 人造石油　　B. 天然原油　　C. 汽油　　D. 柴油

3. 在资源税中，煤炭的征税范围包括（　　）。

A. 洗煤　　B. 选煤　　C. 煤炭制品　　D. 原煤

4. 某市肉制品加工企业2013年占地60 000平方米，其中办公占地5 000平方米，生猪养殖基地占地28 000平方米，肉制品加工车间占地16 000平方米，企业内部道路及绿化占地11 000平方米。企业所在地城镇使用税单位税额每平方米0.8元。该企业全年应缴纳城镇土地使用税为（　　）元。

A. 16 800　　B. 25 600　　C. 39 200　　D. 48 000

5. 在中华人民共和国境内开采（　　）的单位和个人，为资源税的纳税人。

A. 应税矿产品　　B. 生产盐

C. 资源　　D. 应税矿产品或者生产盐

6. 下列资源税征税项目中，适用从价定率计征的是（　　）。

A. 固体盐　　B. 金属矿产品　　C. 煤炭　　D. 液体盐

7. 金属和非金属矿原矿，因无法准确掌握纳税人移送使用原矿数量的，可将其（　　）数量作为课税数量。

A. 精矿按选矿比折成原矿　　B. 精矿按原矿比折成选矿

C. 原矿按选矿比折成精矿　　D. 选矿按精矿比折成原矿

8. 资源税纳税人自产自用应税产品的纳税义务发生时间为（　　）。

A. 应税产品开采的当天　　B. 应税产品全部使用完毕的当天

C. 应税产品投入使用的当天　　D. 移送使用应税产品的当天

9. 按照城镇土地使用税的有关规定，下列表述正确的是（　　）。

A. 城镇土地使用税由拥有土地所有权的单位或个人缴纳

B. 土地使用权未确定或权属纠纷未解决的暂不缴纳税款

C. 城镇土地使用税调节的是土地级差收入

D. 土地使用权共有的，可以协议由一方缴纳

10. 下列各项中，属于耕地占用税的征税范围的有（　　）。

A. 占用菜地开发花圃　　B. 占用 2 年前的农用土地建造住宅

C. 占用耕地开发经济林　　D. 占用耕地开发茶园

二、多项选择题

1. 关于资源税应纳税额的计算征收，下列说法正确的有（　　）。

A. 以自产的液体盐加工固体盐，按固体盐计征资源税

B. 以外购的液体盐加工固体盐，其加工固体盐所耗用液体盐的已纳税额准予抵扣

C. 纳税人开采或者生产应税产品过程中，因意外事故或者自然灾害等原因遭受重大损失的，一律免征资源税

D. 适用从价定率征税办法的资源税应税产品，其销售额为纳税人销售应税产品向购买方收取的全部价款和价外费用，包括收取的增值税销项税

2. 下列单位土地，可免征土地使用税的是（　　）。

A. 工商局办公楼占用的土地　　B. 学校出租房屋占用的土地

C. 名胜古迹自用土地　　D. 部队装备工厂用地

3. 下列资源税应税产品，适用从量定额征收的有（　　）。

A. 原油　　B. 黑色金属矿原矿

C. 煤炭　　D. 盐

4. 下列各项中，属于资源税应税产品的是（　　）。

A. 人造原油　　B. 煤炭生产的天然气

C. 井矿盐　　D. 海盐原盐

5. 下列属于耕地占用税的范围有（　　）。

A. 在滩涂上从事农业种植　　B. 占用苗圃用地建游乐园

C. 在鱼塘用地上建设厂房　　D. 占用耕地建农产品加工厂

三、判断题

1. 我国现行资源税是对所有资源征税。（　　）

2. 资源税实行从量定额和从价定率两种征收方法。（　　）

3. 纳税人开采或生产应税产品自用的，可以减半征收资源税。（　　）

4. 纳税人以自产的液体盐加工固体盐，按液体盐税额征税，以加工的固体盐数量为课税数量。（　　）

5. 开采原油过程中用于加热、修井的原油，可免征资源税。（　　）

6. 现行资源税规定，矿产品的纳税环节为矿产品的开采环节或移送使用环节。（　　）

7. 进口矿产品和盐的单位和个人均是资源税的纳税人。（　　）

8. 纳税人应纳的资源税，应当向应税产品的开采或生产地主管税务机关缴纳。（　　）

四、业务处理题

某铁矿开采企业开采并加工铁矿。2014 年 12 月 1 日占地 30 000 平方米，均为应纳土地使用税面积，当地政府规定土地使用税单位税额为 2.5 元/平方米，已预缴城镇土地使用税 60 000 元。

12 月公司开采铁矿生产精选铁矿 13 000 吨，取得不含税销售收入 1 235 万元。该公司的选矿比为 70%。

当月公司为扩大产能，新征用耕地 10 亩用于建设厂房，支付土地出让金 50 万元。当地政府规定耕地占用税的单位税额为 12 元/平方米。

12 月 28 日，公司开出支票缴纳应补缴的城镇土地使用税、资源税和耕地占用税。

要求：

1. 计算该公司 2014 年应缴纳的城镇土地使用税税额、年终应补缴城镇土地使用税税额。编制计提实缴城镇土地使用税的会计分录。

2. 计算该公司 12 月应缴纳的资源税，编制计提应缴资源税的会计分录。

3. 计算该公司应缴纳的耕地占用税。

4. 编制公司缴纳税款的会计分录。

项目七

土地增值税的核算与申报

TUDI ZENGZHISHUI DE HESUAN YU SHENBAO

土地增值税的课税对象是指有偿转让国有土地使用权及地上建筑物和其他附着物产权所取得的增值额。土地增值税实际上就是反房地产暴利税，是指房地产经营企业等单位和个人，有偿转让国有土地使用权以及在房屋销售过程中获得的收入，扣除开发成本等支出后的增值部分，要按一定比例向国家缴纳的一种税。土地增值额是指转让房地产取得的收入减除规定的房地产开发成本、费用等支出后的余额。当前，我国的土地增值税实行四级超率累进税率，对土地增值率高的多征，增值率低的少征，无增值的不征，例如增值额大于 20%未超过 50%的部分，税率为 30%，增值额超过 200%的部分，则要按 60%的税率进行征税。

【学习目标】

（1）掌握土地增值税的应税业务，会识别土地增值税的纳税人。

（2）掌握土地增值税的计算步骤与方法，会计算应纳土地增值税。

（3）掌握从事房地产开发的纳税人土地增值税的核算方法，会核算其土地增值税。

（4）掌握非从事房地产开发的纳税人土地增值税的核算方法，会核算其土地增值税。

（5）掌握土地增值税纳税申报的相关规定，会编制土地增值税纳税申报表。

任务一 识别土地增值税应税业务、纳税人

【任务引导】

兴达公司为2003年在中国注册成立的外商独资公司，判断兴达公司2014年发生的以下业务是否属土地增值税的应税业务。

（1）出售一栋自建的闲置仓库，取得收入60万元。

（2）将一块空置的土地与丙公司合作建房，建成后转为公司的办公楼投入使用。

（3）出租一套生产设备，取得年租金收入30万元；出租一栋分公司厂房，取得年租金收入120万元。

（4）将一栋多年弃用的旧办公楼抵债，抵销欠甲公司债务80万元。

【知识介绍】

土地增值税是对转让国有土地使用权、地上建筑物及其他附着物（简称“转让房地产”）并取得收入的单位和个人，就其转让房地产取得的土地增值额征收的一种税。

一、土地增值税的征税范围

土地增值税是对转让国有土地使用权及其地上建筑物和附着物征收。

1. 土地增值税的基本范围

（1）转让国有土地使用权。“国有土地”是指按国家法律规定属于国家所有的土地。出售国有土地使用权是指土地使用者通过出让方式，向政府缴纳了土地出让金，有偿受让土地使用权后，仅对土地进行通水、通电、通路和平整地面等土地开发，不进行房产开发，即所谓“将生地变成熟地”，然后直接将空地出售出去。

（2）地上建筑物及其附着物连同国有土地使用权一并转让。纳税人取得国有土地使用权后进行房屋开发建造然后出售的，这种情况即是一般所说的房地产开发。由于这种情况既发生了产权的转让又取得了收入，所以应纳入土地增值税的征税范围。

（3）存量房地产的买卖。存量房地产是指已经建成并已投入使用的房地产，其房屋所有人将房屋产权和土地使用权一并转让给其他单位和个人。这种行为按照国家有关的房地产法律和法规，应当到有关部门办理房产产权和土地使用权的转移变更手续；原土地使用权属于无偿划拨的，还应到土地管理部门补交土地出让金。

2. 具体情况判定

（1）房地产继承、赠与，属于无偿转让房地产的行为，不征收土地增值税。

（2）房地产出租。出租人取得了收入，但没有发生房地产产权的转让，不属于征收土地增值税的范围。

（3）房地产抵押。在抵押期间不征收土地增值税。待抵押期满后，视该房地产是否转移产权来确定是否征收土地增值税。对于以房地产抵债而发生房地产产权转让的，属于征收土地增值税的范围。

（4）以房地产进行投资联营。对于以房地产进行投资、联营的工业企业，投资、联营的一方以土地、房地产作价入股进行投资或作为联营条件，将房地产转让到所投资、联营的企业中时，暂免征收土地增值税。对投资、联营企业将上述房地产再转让的，应征收土地增值税。

（5）合作建房。对于一方出地，一方出资金，双方合作建房，建成后按比例分房自用的，暂免征收土地增值税；建成后转让的，应征收土地增值税。

（6）企业兼并转让房地产。在企业兼并中，对被兼并企业将房地产转让到兼并企业中的，暂免征收土地增值税。

（7）房地产的交换。这种情况是指一方以房地产与另一方的房地产进行交换的行为。由于这种行为既发生了房产产权、土地使用权的转移，交换双方又取得了实物形态的收入，按税法规定，它属于土地增值税的征税范围。但对个人之间互换自有居住用房地产的，经当地税务机关核实，可以免征土地增值税。

（8）房地产的评估增值。房地产的评估增值，没有发生房地产权属的转让，不属于征收土地增值税的范围。

（9）房地产的代建房行为。这种情况是指房地产公司代客户进行房地产的开发，开发完成后向客户收取代建收入的行为。对于房地产开发公司而言，虽然取得了收入，但没有发生房地产权属的转移，其收入属于劳务收入性质，故不属于土地增值税的征税范围。

二、土地增值税的纳税义务人

土地增值税的纳税义务人是转让国有土地使用权、地上建筑物及其附着物，并取得收入的单位和个人。单位是指各类企业单位、事业单位、国家机关和社会团体及其他组织。个人包括个体经营者和其他个人。

任务二　计算应纳土地增值税

【任务引导】

裕兴房地产开发有限责任公司是黄安市的一家房地产开发企业。公司土地增值税应税业务包括开发销售商品住宅“幸福家园”项目、出售公司旧办公楼。

1．商品住宅〝幸福家园〞项目开发销售情况

（1）2014 年 1 月，公司取得该项目土地使用权，支付土地出让金及相关费用共计 1 280 万元。

（2）2014 年 2 月该项目开工建设，至 8 月竣工验收，共建成商品住宅 336 套 40 320 平方米。期间共发生了房地产开发成本 1 450 万元。

（3）项目开发期间，公司共发生管理费用 152 万元，销售费用 106 万元，财务费用 426 万元。其中财务费用全部为利息支出，但没有金融机构的相关证明。该公司所在地政府规定的其他房地产开发费用计算扣除比例为 10%。

（4）公司按当地税务机关的要求缴纳了营业税（应税收入的 5%）、城建税（营业税额的 7%）和教育费附加（营业税额的 3%）。

（5）该项目自 2014 年 5 月份开始预售，同年 12 月份销售完毕。当地地方税务机关规定的土地增值税预征率为 2%（即开发项目未竣工、完成销售前按每期应税收入的 2%预缴，开发项目全部竣工、完成销售时进行土地增值税的清算）。

（6）该项目 2014 年销售情况见表 7-1。

表 7-1 “幸福家园”项目房地产销售收入汇总表

金额单位：万元

时间	销售收入	营业税	城建税	教育费附加	预缴土地增值税	税费合计
	1	2=1×5%	3=2×7%	4=2×3%	5=1×2%	6=2+3+4+5
5 月	399.84	19.99	1.40	0.60	8.00	29.99
6 月	771.12	38.56	2.70	1.16	15.42	57.84
7 月	864.00	43.20	3.02	1.30	17.28	64.80
8 月	1 123.20	56.16	3.93	1.68	22.46	84.23
9 月	1 239.84	61.99	4.34	1.86	24.80	92.99
10 月	1 770.00	88.50	6.20	2.66	35.40	132.76
11 月	2 414.88	120.74	8.45	3.62	48.30	181.11
12 月	1 418.04	70.90	4.96	2.13	28.36	106.35
合计	10 000.92	500.04	35.00	15.00	200.02	750.06

2. 销售旧办公楼情况

公司一次性地转让了旧办公楼，取得收入 2 850 万元，款项已收存银行。公司取得旧办公楼土地使用权时，支付了土地出让金 120 万元；旧办公楼建造完工后以原值 560 万元记入了“固定资产”账户，已计提折旧 260 万元。旧办公楼经税务机构确认的重置成本为 2 400 万元、成新度折扣率为 50%。公司按税法规定计算缴纳了营业税、城建税、教育费附加和印花税，其中印花税 14 250 元。

要求：根据裕兴房地产开发有限责任公司 2014 年的相关资料，计算“幸福家园”项目 12 月份应补缴的土地增值税额；计算公司出售旧办公楼应缴的土地增值税。

【知识介绍】

一、土地增值税的税率

土地增值税实行四级超率累进税率，税率表见表 7-2。

表 7-2 土地增值税税率表

级别	增值额与扣除项目的比率（增值率）	税率	速算扣除系数
1	不超过 50% 的部分	30%	0
2	超过 50% 至 100%的部分	40%	5%
3	超过 100%至 200%的部分	50%	15%
4	超过 200%的部分	60%	35%

二、增值额的确定

土地增值税的计税依据是纳税人转房地产所取得的增值额。增值额是指纳税人转让房地产所得的收入，减除法定扣除项目金额后的余额。如果纳税转房地产的收入减除法定的扣除项目金额后没有余额，则不需要缴纳土地增值税。增值额的计算公式为

增值额＝应税收入－法定扣除项目

1. 应税收入

纳税人转让房地产取得的收入，包括转让房地产的全部价款及有关的经济收益；从收入的形式来看，应税收入包括货币收入、实物收入和其他收入。

房地产开发企业将开发的产品用于职工福利、奖励、对外投资、分配给股东或投资人、抵偿债务、换取其他单位和个人的非货币性资产等，发生所有权转移时应视同销售房地产，其收入按下列方法和顺序确认：

（1）按本企业在同一地区、同一年度销售的同类房地产的平均价格确定。

（2）由主管税务机关参照当地当年、同类房地产的市场价格或评估价值确定。

房地产开发企业将开发的部分房地产转为企业自用或用于出租等商业用途时，如果产权未发生转移，不征收土地增值税，在税款清算时不列收入，不扣除相应的成本和费用。

2. 法定扣除项目

税法准予纳税人从转让收入中减除的扣除项目包括以下几项：

（1）取得土地使用权所支付的金额。取得土地使用权所支付的金额，是指纳税人为了取得土地使用权所去支付的地价款和按国家统一规定缴纳的有关费用。凡是通过行政划拨方式无偿取得土地使用权的企业和单位，则以转让土地使用权时按规定补交的出让金及有关费用，作为取得土地使用支付的金额。

（2）房地产开发成本。房地产开发成本是指纳税人开发房地产项目实际发生的成本。这些成本允许按实际发生数扣除，主要包括土地征用拆迁补偿费、前期工程费、建筑安装工程费、基础设施费、公共配套设施费、开发间接费用等。

（3）房地产开发费用。房地产开发费用是指与房地产开发项目有关的销售费用、管理费用、财务费用。财务会计制度规定，这 3 项费用作为期间费用，直接计入当年损益，不按房地产项目进行归集或分摊。税法对有关费用的扣除规定了如下标准。

① 纳税人能够按转让房地产项目计算分摊利息支出，并能提供金融机构的贷款证明的，其允许扣除的房地产开发费用为：利息＋（取得土地使用权所支付金额＋房地产开发成本）×5%以内。

② 纳税人不能按转让房地产项目计算分摊利息支出或不能提供金融机构贷款证明的，其允许扣除的房地产开发费用为：（取得土地使用权所支付的金额＋房地产开发成本）×10%以内。

上述计算扣除的具体比例，由各省级人民政府规定。

（4）与转让房地产有关的税金。与转让房地产有关的税金是指在转让房地产是已缴纳的营业税、城市维护建设税、印花税、教育费附加。需要明确的是，房地产开发企业按照《施工、房地产开发企业财务制度》有关规定，其在转让时缴纳的印花税因列入管理费用中，故

在此不允许单独再扣除。其他纳税人缴纳的印花税允许在此扣除。

（5）其他扣除项目。财政部规定，对从事房地产开发的纳税人，可以按第（1）项、第（2）项金额之和，即取得土地使用权所支付的金额和房地产开发成本的金额之和，加计20%的扣除。

（6）旧房及建筑物的评估价格。旧房及建筑物的评估价格是指在转让已使用的房屋及建筑物时，由政府批准设立的房地产评估机构评定的重置成本价乘以成新度折扣率后的价格。

纳税人有下列情形之一的，土地增值税按照房地产评估价格计算征收：

① 隐瞒、虚报房地产成交价格的。

② 提供扣除项目金额不实的。

③ 转让房地产的成交价格低于房地产评估价格又无正当理由的。

三、土地增值税的计算

1．土地增值税的计算方法与步骤

土地增值税按照纳税人转让房地产取得的增值额和规定的税率计算征收。在转让房地产的增值额确定后，按照规定的四级超率累进税率，以增值额中属于每一税率级别的部分的金额，乘以该级的税率，再将由此而得出的每一级的应纳税额相加，得到的金额就是纳税人应缴纳的土地增值税税额。计算公式为

$$应纳税额=\sum（每级距的增值额\times适用税率） \quad （方法1：定义法）$$

为了简便土地增值税的计算，一般可采用速算扣除法计算。速算扣除法的计算公式为

$$应纳税额=增值额\times最高级别税率-法定扣除项目\times速算扣除系数 \quad （方法2：速算法）$$

土地增值税的计算步骤如下：

（1）确定转让房地产取得的应税收入。

（2）确定法定扣除项目金额。

（3）计算增值额。

（4）计算增值额占扣除项目金额的比例（即增值率），确定适用税率。

（5）计算应纳土地增值税额。

【例7-1】 某房地产开发企业转让一栋新建房屋，取得应税收入600万元，法定扣除项目240万元。计算应纳土地增值税。

增值额=应税收入－法定扣除项目=600－240=360（万元）

增值率=增值额÷扣除项目=360÷240=150%

方法1：将房地产开发企业取得的增值额分为3个级别，每个级别适用各自的税率。

第一级别0～120万（240万×50%），适用税率30%

第二级别120万～240万（240万×100%），适用税率40%

第三级别240万～360万，适用税率50%

应纳税额=（120－0）×30%+（240－120）×40%+（360－240）×50%=144（万元）

方法2：360×50%－240×15%=144（万元）

两种方法的计算结果相等。

2．有偿转让新建房地产时应纳土地增值税的计算

纳税人有偿转让新建房地产时，若纳税人为房地产开发企业，则法定扣除项目包括前3

项：取得土地使用权所支付的金额、房地产开发成本、房地产开发费用、与转让房地产有关的税金、其他扣除项目；若纳税人为非房地产开发企业，则法定扣除项目仅包括前 4 项：取得土地使用权所支付的金额、房地产开发成本、房地产开发费用、与转让房地产有关的税金。此时的法定扣除项目均不包括第 6 项旧房及建筑物的评估价格。

【例 7-2】 某房地产开发公司出售一幢新开发的写字楼，收入总额为 10 000 万元（假设为一次性收款的现房销售，款项已收存银行）。开发该写字楼有关支出为：支付地价款及各种费用 1 000 万元；房地产开发成本 3 000 万元；财务费用中的利息支出为 450 万元（可按转让项目计算分摊并提供金融机构证明），该单位所在地政府规定的其他房地产开发费用计算扣除比例为 5%；转让环节缴纳的有关税费共计为 555 万元（不含印花税）。该房地产开发公司应纳的土地增值税计算步骤如下。

（1）应税收入＝10 000（万元）

（2）法定扣除项目：

① 取得土地使用权支付的地价及有关费用为 1 000 万元

② 房地产开发成本为 3 000 万元

③ 房地产开发费用＝450＋（1 000＋3 000）×5%＝650（万元）

④ 允许扣除的税费为 555 万元

⑤ 加计扣除额＝（1 000＋3 000）×20%＝800（万元）

法定扣除项目金额合计＝1 000＋3 000＋650＋555＋800＝6 005（万元）

（3）增值额＝10 000－6 005＝3 995（万元）

（4）增值率＝3 995÷6 005×100%≈66.53%

（5）应纳税额＝3 995×40%－6 005×5%＝1 297.75（万元）

3. 出售旧房及建筑物应纳土地增值税的计算

纳税人转让旧房及建筑物的，应按取得土地使用权所支付的地价款或出让金、按国家统一规定缴纳的有关费用和转让环节缴纳的税金、房屋及建筑物的评估价格作为扣除项目金额计征土地增值税。

【例 7-3】 某工业企业转让一幢 20 世纪 90 年代建造的厂房，当时入账的固定资产原值为 100 万元，已提折旧 30 万元。如果按现行市场价的材料、人工费计算，建造同样的房子需 600 万元，该房子为七成新。现按 500 万元出售，款项收存银行。开出转账支票支付营业税 25 万元、城建税 1.75 万元、教育费附加 0.75 万元，共计 27.5 万元（假设不考虑印花税）。企业转让旧房应缴纳的土地增值税计算步骤如下。

（1）应税收入＝500（万元）

（2）法定扣除项目：

① 取得土地使用权支付的金额＝0 元

② 与转让有关的税金＝27.5 万元

③ 旧房评估价格＝600×70%＝420（万元）

扣除项目金额合计＝420＋0＋27.5＝447.5（万元）

（3）增值额＝500－447.5＝52.5（万元）

（4）增值率＝52.5÷447.5×100%≈11.73%，适用第一级税率

（5）应纳税额＝52.5×30%－447.5×0＝15.75（万元）

任务三 核算应纳土地增值税

【任务引导】

根据任务二中裕兴房地产开发有限公司的相关资料，完成以下任务。

（1）编制“幸福家园”商品房开发项目预缴土地增值税、清算土地增值税、补缴土地增值税的会计分录。

（2）编制公司出售旧办公楼时将旧办公楼转入清理、取得旧办公楼销售收入、计提和缴纳相关税费时的会计分录。

【知识介绍】

一、账户设置

企业应交的土地增值税通过“应交税费——应交土地增值税”账户核算。

二、土地增值税的会计核算

土地增值税的纳税人，按规定计算出应缴纳的土地增值税，应分别以下列情况进行会计处理。

1. 从事房地产开发应纳土地增值税的核算

1）主营房地产开发业务的

在商品房预售的情况下，商品房交付使用前一次性收款或分期收款的，收到购房款时，借记“银行存款”科目，贷记“预收账款”科目；按规定预缴土地增值税时，借记“应交税费——应交土地增值税”科目，贷记“银行存款”科目；待该商品房交付使用后，开出正规发票、结算账单交给购房者时，确认收入实现，借记“预收账款”科目，贷记“主营业务收入”等科目，同时计算已实现收入应负担的土地增值税，借记“营业税金及附加”科目，贷记“应交税费——应交土地增值税”科目。土地增值税清算中需要补缴税款时，借记“应交税费——应交土地增值税”科目，贷记“银行存款”等科目；收到退回的多缴的土地增值税时做相反的会计分录。

在现房销售的情况下，采用一次收款、房地产交付使用、发票账单提交购房者的，应以房地产移交和发票账单提交购房者时确认收入的实现，借记“银行存款”等科目，贷记“主营业务收入”等科目；同时计算已实现的收入负担的土地增值税，借记“营业税金及附加”科目，贷记“应交税费——应交土地增值税”科目。

若是分期收款方式销售房地产的，应以合同规定的收款时间确认收入的实现，分次结转收入，并按规定的预征率预缴土地增值税。

2）兼营房地产开发业务的

兼营房地产业务的企业，确认当期销售房地产取得的收入时，借记“银行存款”等科目，贷记“其他业务收入”科目；同时计算已实现的收入负担的土地增值税，借记“营业税金及附加”科目，贷记“应交税费——应交土地增值税”科目。企业实际缴纳土地增值税时，借记“应交税费——应交土地增值税”科目，贷记“银行存款”科目。

【例 7-4】 承【例 7-2】，该房地产开发企业的相关会计分录如下。

确认实现的收入时

借：银行存款 100 000 000

　贷：主营业务收入 100 000 000

计提土地增值税时

借：营业税金及附加 12 977 500

　贷：应交税费——应交土地增值税 12 977 500

缴纳土地增值税时

借：应交税费——应交土地增值税 12 977 500

　贷：银行存款 12 977 500

2．非房地产开发应纳土地增值税的核算

企业转让旧房及建筑物，如果土地使用权与地上建筑物及其附着物一并在“固定资产”科目核算的，应纳的土增值税应通过“固定资产清理”账户核算。取得的转让收入记入“固定资产清理”账户的贷方；应缴纳的土地增值税，借记“固定资产清理”科目，贷记“应交税费——应交土地增值税”科目。

如果土地使用权在“无形资产”科目核算的，转让土地使用权时，按实际收到的金额，借记“银行存款”科目，按摊销的无形资产金额，借记“累计摊销”科目，按已计提的无形资产减值准备，借记“无形资产减值准备”科目，按无形资产账面余额，贷记“无形资产”科目，按应交的土地增值税，贷记 “应交税费——应交土地增值税”科目，按其差额，借记“营业外支出”或贷记“营业外收入”科目。

【例 7-5】 承【例 7-3】，该工业企业转让旧房时相关的会计分录如下。

（1）将待出售旧房转入清理时

借：固定资产清理 700 000

　　累计折旧 300 000

　贷：固定资产 1 000 000

（2）取得 500 万出售款时

借：银行存款 5 000 000

　贷：固定资产清理 5 000 000

（3）计提相关税费时

借：固定资产清理 432 500

　贷：应交税费——应交营业税 250 000

　　　应交税费——应交城建税 17 500

　　　应交税费——应交教育费附加 7 500

　　　应交税费——应交土地增值税 157 500

（4）缴纳相关税金时

借：应交税费——应交营业税 250 000

　　应交税费——应交城建税 17 500

　　应交税费——应交教育费附加 7 500

　　应交税费——应交土地增值税 157 500

　贷：银行存款 432 500

任务四 申报应纳土地增值税

【任务引导】

根据任务二、任务三中的相关资料，完成裕兴房地产开发公司2014年度土地增值税的申报，填制《土地增值税纳税申报表（一）》和《土地增值税纳税申报表（二）》，分别见表7-3、表7-4。

表7-3 土地增值税纳税申报表（一）

（从事房地产开发的纳税人适用）

填表日期：　　年　月　日

纳税人识别号：　　　　金额单位：人民币元（列至角分）

纳税人名称		项 目 名 称		税款所属时期	

项　　目		行　次	金　额
一、转让房地产收入总额 1=2+3		1	
其中	货币收入	2	
	实物收入及其他收入	3	
二、扣除项目金额合计 4=5+6+13+16+20		4	
1. 取得土地使用权所支付的金额		5	
2. 房地产开发成本 6=7+8+9+10+11+12		6	
其中	土地征用及拆迁补偿费	7	
	前期工程费	8	
	建筑安装工程费	9	
	基础设施费	10	
	公共配套设施费	11	
	开发间接费用	12	
3. 房地产开发费用 13=14+15		13	
其中	利息支出	14	
	其他房地产开发费用	15	
4. 与转让房地产有关的税金等 16=17+18+19		16	
其中	营业税	17	
	城市维护建设税	18	
	教育费附加	19	
5. 财政部规定的其他扣除项目		20	
三、增值额 21=1−4		21	
四、增值额与扣除项目金额之比（%）22=21÷4		22	
五、适用税率（%）		23	

续表

六、速算扣除系数（%）	24	
七、应缴土地增值税税额 25＝21×23－4×24	25	
八、已缴土地增值税税额	26	
九、应补（退）土地增值税税额 27＝25－26	27	

表 7-4　土地增值税纳税申报表（二）

（非从事房地产开发的纳税人适用）

填表日期：　　年　月　日

纳税人识别号：　　　　　　　　　　　　　　　　　　金额单位：人民币元（列至角分）

纳税人名称		项目名称		税款所属时期	

项目		行次	金额
一、转让房地产收入总额 1＝2＋3		1	
其中	货币收入	2	
	实物收入及其他收入	3	
二、扣除项目金额合计 4＝5＋6＋9		4	
1. 取得土地使用权所支付的金额		5	
2. 旧房及建筑物的评估价格 6＝7×8		6	
其中	旧房及建筑物的重置成本价	7	
	成新度折扣率	8	
3. 与转让房地产有关的税金等 9＝10＋11＋12＋13		9	
其中	营业税	10	
	城市维护建设税	11	
	印花税	12	
	教育费附加	13	
三、增值额 14＝1－4		14	
四、增值额与扣除项目金额之比（%）15＝14÷4		15	
五、适用税率（%）		16	
六、速算扣除系数（%）		17	
七、应缴土地增值税税额 18＝14×16－4×17		18	

【知识介绍】

一、土地增值税的征管

1．土地增值税的纳税期限

土地增值税的纳税人应当自转让房地产合同签订之日起 7 日内，向房地产所在地税务机关办理纳税申报。因经常发生房地产转让行为而难以在每次转让后申报的纳税人，经税务机关审核同意后，可按月或按各省、自治区、直辖市和计划单列市地方税务局规定的期限申报缴纳。纳税人选择定期申报方式的，应向纳税所在地的地方税务机关备案。定期申报方式确定后，1 年之内不得变更。

2. 土地增值税的纳税地点

土地增值税的纳税人应向房地产所在地主管税务机关办理纳税申报，并在税务机关核定的期限内缴纳土地增值税。这里所说的“房地产所在地”，是指房地产的坐落地。纳税人转让的房地产坐落在两个或两个以上地区的，应按房地产所在地分别申报纳税。在实际工作中，纳税地点的确定又可分为以下两种情况：

（1）纳税人是法人的。当转让的房地产坐落地与其机构所在地或经营所在地一致时，则在办理税务登记的原管辖税务机关申报纳税即可；如果转让的房地产坐落地与其机构所在地或经营所在地不一致时，则应在房地产坐落地所管辖的税务机关申报纳税。

（2）纳税人是自然人的。当转让的房地产坐落地与其居住所在地一致时，则在住所所在地税务机关申报纳税；当转让的房地产坐落地与其居住所在地不一致时，在办理过户手续所在地的税务机关申报纳税。

3. 土地增值税的征管方式

土地增值税征收可以采取“先预征、后清算、多退少补”的方式。即在项目全部竣工结算前，对开发销售和转让房地产取得的收入先按预征率征收税款，待工程全部竣工，办理结算后再进行清算，多退少补。预征率由各地地方税务机关规定。各地规定的预征率略有不同，除保障性住房外，东部地区省份预征率不得低于 2%，中部和东北地区省份不得低于 1.5%，西部地区省份不得低于 1%。

二、土地增值税的清算

土地增值税清算是指纳税人在符合土地增值税清算条件后，依照税收法律、法规及土地增值税有关政策规定，计算房地产开发项目应缴纳的土地增值税税额，并填写《土地增值税清算申报表》，向主管税务机关提供有关资料，办理土地增值税清算手续，结清该房地产项目应缴纳土地增值税税款的行为。

1. 纳税人符合下列条件之一的，应进行土地增值税的清算

（1）房地产开发项目全部竣工、完成销售的。
（2）整体转让未竣工决算房地产开发项目的。
（3）直接转让土地使用权的。

2. 对符合以下条件之一的，主管税务机关可要求纳税人进行土地增值税清算

（1）已竣工验收的房地产开发项目，已转让的房地产建筑面积占整个项目可售建筑面积的比例在 85%以上，或该比例虽未超过 85%，但剩余的可售建筑面积已经出租或自用的。
（2）取得销售（预售）许可证满 3 年仍未销售完毕的。
（3）纳税人申请注销税务登记但未办理土地增值税清算手续的。
（4）省（自治区、直辖市、计划单列市）税务机关规定的其他情况。

3. 纳税人办理土地增值税清算应报送的资料

（1）房地产开发企业清算土地增值税书面申请、土地增值税纳税申报表。

（2）项目竣工决算报表、取得土地使用权所支付的地价款凭证、国有土地使用权出让合同、银行贷款利息结算通知单、项目工程合同结算单、商品房购销合同统计表等与转让房地产的收入、成本和费用有关的证明资料。

（3）主管税务机关要求报送的其他与土地增值税清算有关的证明资料等。

纳税人委托税务中介机构审核鉴证的清算项目，还应报送中介机构出具的《土地增值税清算税款鉴证报告》。

三、土地增值税的减免规定

现行土地增值税税法规定，有下列情形之一的，免征土地增值税：

（1）纳税人建造普通标准住宅出售，增值额未超过扣除项目金20%的。"普通标准住宅"是指按所在地一般民用住宅标准建造的居住用住宅。高级公寓、别墅、度假村等不属于普通标准住宅。2005 年 6 月 1 日起，普通标准住宅应同时满足以下条件：住宅小区建筑容积率在 1.0 以上、单套建筑面积在 120 平方米以下、实际成交价格低于同级别土地上住房平均交易价格 1.2 倍以下。各省、自治区、直辖市要根据实际情况制定本地区享受优惠政策普通住房的具体标准。允许单套建筑面积和价格标准适当浮动，但向上浮动的比例不得超过上述标准的 20%。

（2）因国家建设需要依法征用、收回的房地产。

（3）因城市规划、国家建设的需要而搬迁由纳税人转让原房地产的，免征土地增值税。

个人因工作调动或改善居住条件而转让原自用住房，经向税务机关申报核准，凡居住满 5 年或 5 年以上的，免予征收土地增值税；居住满 3 年未满 5 年的，减半征收土地增值税；居住未满 3 年的，按规定计算征收土地增值税。

四、编制土地增值税纳税申报表

土地增值税纳税人在申报纳税时，应如实填写《土地增值税纳税申报表》，并向税务机关提交房屋及建筑物产权、土地使用权证书，土地转让、房产买卖合同，房地产评估报告及其他与转让房地产有关的资料。

房地产开发企业与非房地产开发企业应纳税额的计算略有不同，因此分别使用《土地增值税纳税申报表（一）》（参见表 7-3）和《土地增值税纳税申报表（二）》（参见表 7-4）。

1.《土地增值税纳税申报表（一）》的填制

《土地增值税纳税申报表（一）》中各主要项目内容，应根据土地增值税的基本计税单位作为填报对象。纳税人如果在规定的申报期内转让两个或两个以上计税单位的房地产，对每个计税单位应分别填写一份申报表。

纳税人如果既从事普通标准住宅开发，又进行其他房地产开发的，应分别填写纳税申报表（一）。

（1）表中第 1 栏"转让房地产收入总额"，按纳税人在转让房地产开发项目所取得的全部收入额填写。

（2）表中第 2 栏“货币收入”，按纳税人转让房地产开发项目所取得的货币形态的收入额填写。

（3）表中第 3 栏“实物收入及其他收入”，按纳税人转让房地产开发项目所取得的实物形态的收入和无形资产等其他形式的收入额填写。

（4）表中第 5 栏“取得土地使用权所支付的金额”，按纳税人为取得该房地产开发项目所需要的土地使用权而实际支付（补交）的土地出让金（地价款）及按国家统一规定交纳的有关费用的数额填写。

（5）表中第 7 栏至第 12 栏，应根据《中华人民共和国土地增值税暂行条例实施细则》（简称《细则》）规定的从事房地产开发所实际发生的各项开发成本的具体数额填写。要注意，如果有些房地产开发成本是属于整个房地产项目的，而该项目同时包含了两个或两个以上的计税单位的，要对该成本在各计税项目之间按一定比例进行分摊。

（6）表中第 14 栏“利息支出”，按纳税人进行房地产开发实际发生的利息支出中符合《细则》第七条（三）规定的数额填写。如果不单独计算利息支出的，则本栏数额填写为“0”。

（7）表中第 15 栏“其他房地产开发费用”，应根据《细则》第七条（三）的规定填写。

（8）表中第 17 栏至表第 19 栏，按纳税人转让房地产时所实际缴纳的税金数额填写。

（9）表中第 20 栏“财政部规定的其他扣除项目”，是指根据《中华人民共和国土地增值税暂行条例》（简称《条例》）和《细则》等有关规定所确定的财政部规定的扣除项目的合计数。

（10）表中第 23 栏“适用税率”，应根据《条例》规定的四级超率累进税率，按所适用的最高一级税率填写；如果纳税人建造普通标准住宅出售，增值额未超过扣除项目金额 20%的，本栏填写“0”。

（11）表中第 24 栏“速算扣除系数”，应根据《细则》第十条的规定找出相关速算扣除系数来填写。

（12）表中第 26 栏“已缴土地增值税税额”，按纳税人已经缴纳的土地增值税的数额填写。

2.《土地增值税纳税申报表（二）》的填制

《土地增值税纳税申报表（二）》的各主要项目内容，应根据纳税人转让的房地产项目作为填报对象。纳税人如果同时转让两个或两个以上房地产的，应分别填报。

（1）表中第 1 栏“转让房地产收入总额”，按纳税人转让房地产所取得的全部收入额填写。

（2）表中第 2 栏“货币收入”，按纳税人转让房地产所取得的货币形态的收入额填写。

（3）表中第 3 栏“实物收入及其他收入”，按纳税人转让房地产所取得的实物形态的收入和无形资产等其他形式的收入额填写。

（4）表中第 5 栏“取得土地使用权所支付的金额”，按纳税人为取得该转让房地产项目的土地使用权而实际支付（补交）的土地出让金（地价款）数额及按国家统一规定交纳的有关费用填写。

（5）表中第 6 栏“旧房及建筑物的评估价格”，是指根据《条例》和《细则》等有关规定，按重置成本法评估旧房及建筑物并经当地税务机关确认的评估价格的数额。本栏由第 7 栏与第 8 栏相乘得出。如果本栏数额能够直接根据评估报告填报，则本表第 7、8 栏可以不必再填报。

（6）表中第 7 栏“旧房及建筑物的重置成本价”，是指按照《条例》和《细则》规定，由政府批准设立的房地产评估机构评定的重置成本价。

（7）表中第 8 栏“成新度折扣率”，是指按照《条例》和《细则》规定，由政府批准设立的房地产评估机构评定的旧房及建筑物的新旧程度折扣率。

（8）表中第 10 栏至第 13 栏，按纳税人转让房地产时实际缴纳的有关税金的数额填写。

（9）表中第 16 栏“适用税率”，应根据《条例》规定的四级超率累进税率，按所适用的最高一级税率填写。

（10）表中第 17 栏“速算扣除系数”，应根据《细则》第十条的规定找出相关速算扣除系数填写。

同步测试

一、单项选择题

1. 某房地产开发公司转让一幢写字楼取得收入 1 000 万元。已知该公司为取得土地使用权所支付的金额为 50 万元，房地产开发成本为 200 万元，房地产开发费用为 40 万元，与转让房地产有关的税金为 60 万元。该公司应缴纳的土地增值税为（　　）万元。

A. 180　　B. 240　　C. 300　　D. 360

2. 纳税人如果不能按转让房地产项目计算分摊利息支出，其房地产开发费用按地价款加开发成本之和的（　　）计算扣除。

A. 5%以内　　B. 10%　　C. 10%以内　　D. 20%以内

3. 房地产开发企业在转让房地产时已列入管理费缴纳的（　　），不得作为有关税金从转让收入中扣除。

A. 营业税　　B. 城市建设维护税　　C. 教育费附加　　D. 印花税

4. 下列各项，不属于判断是否应当征收土地增值税的标准的是（　　）。

A. 转让的土地的使用权是否为国家所有

B. 土地使用权、地上的建筑物及其附着物的产权是否发生转让

C. 转让房地产并取得收入

D. 有偿转让房地产使用权

5. 土地增值税的税率形式是（　　）。

A. 全额累进税率　　B. 超额累进税率　　C. 超率累进税率　　D. 超倍累进税率

6. 个人转让原自有居住（　　）年的住房，需按规定计征土地增值税。

A. 未满 3 年　　B. 满 3 年未满 5 年

C. 满 5 年未满 10 年　　D. 10 年以上

7. 土地增值税的纳税人应在转让房地产合同签订后的（　　）内，到税务机关办理纳税申报。

A. 7 日　　B. 10 日　　C. 15 日　　D. 39 日

8. 下列经营活动中，应缴纳土地增值税的有（　　）。

A. 个人之间互换自有居住用房

B. 个人将居住 6 年的自用住房卖出

C. 对于一方出地，一方出资金，双方合作建房，建成后按比例分房自用的

D. 某政府机关出售闲置用房

二、多项选择题

1. 下列项目属于土地增值税征税范围的有（　　）。

A. 以房地产抵押到期用于清偿债务　　B. 以出售方式转让国有土地使用权

C. 存量房地产买卖　　D. 以房地产作价入股进行投资

2. 计算增值额时，可从房地产转让收入中据实扣除的项目有（　　）。

A. 取得土地使用权支付的地价款　　B. 房地产开发成本

C. 房地产开发费用　　D. 与转让房地产有关的税金

3. 房地产开发企业在计算土地增值税时，允许从收入中扣减的税金有（　　）。

A. 营业税　　B. 城市维护建设税

C. 印花税　　D. 教育费附加

4. 转让旧房时，计算土地增值额的扣除项目应包括（　　）。

A. 房屋及建筑物的评估价格　　B. 取得土地使用权支付的地价款

C. 按国家规定交纳的有关费用　　D. 转让环节缴纳的税金

5. 下列各项中，应按照房地产评估价格计算征收土地增值税的有（　　）。

A. 转让已使用的房屋及建筑物的

B. 提供扣除项目金额不实的

C. 隐瞒、虚报房地产成交价格的

D. 转让房地产的成交价格低于房地产评估价格，又无正当理由的

6. 土地增值税的纳税人应向（　　）主管税务机关办理纳税申报。

A. 房地产所在地　　B. 房地产坐落地

C. 纳税人机构所在地　　D. 房地产合同签订地

7. 计算增值额时，下列费用准予从收入总额中扣除的有（　　）。

A. 出售商品房时办理的登记手续费　　B. 开发小区内排污、环卫、绿化支出

C. 出售旧房的重置成本价　　D. 建房贷款超期支付的利息

8. 下列项目中，免征土地增值税的有（　　）。

A. 转让房地产的增值额未超过扣除项目金额20%的项目

B. 纳税人建造的普通标准住宅出售，增值额占扣除项目金额25%

C. 个人因工作调动而转让居住7年的自用住房

D. 国家征用的房地产

三、业务处理题

1. 某房地产开发公司建造一幢普通标准住宅并出售，取得销售收入800万元，并按税法规定缴纳了有关税费（营业税税率5%，城建税税率7%，印花税税率0.5‰，教育费附加征收率为3%）。该公司为建此标准住宅而支付的地价款为120万元，投入的开发成本为350万元，建楼所借银行贷款利息支出无法按项目分摊，房地产开发费用当地规定的扣除比例为10%。

要求：

（1）计算该房地产开发公司应缴纳的土地增值税。

（2）编制计提、缴纳土地增值税的会计分录。

2. 某企业（非房地产单位）转让一栋旧厂房取得收入 5 000 万元，款项已存入银行。该厂房账面原值 5 000 万元，已提折旧 4 000 万元。转让时补交土地出让金 1 000 万元，经评估机构评估厂房重置成本价 10 000 万元，成新度折扣率为 20%。转账支付评估费用 30 万元，交易手续费 50 万元。适用的城建税税率为 7%、教育费附加征收率 3%、印花税税率 0.5‰。

要求：

（1）计算应纳土地增值税。

（2）编制旧厂房出售的相关会计分录。

项目八

财产行为税的核算与申报

CAICHAN XINGWEISHUI DE HESUAN YU SHENBAO

财产税是以纳税人拥有或支配的财产为征税对象的一类税，它具有税员不易转嫁和计征简便等特点。我国现行的财产税主要包括房产税、契税和车船税 3 个税种。

行为税是特定行为与目的税的简称，是以纳税人的某些特定行为为征税对象的一类税。它具有特殊的目的性、临时性和税额小等特点。我国现行正在开征的行为税主要有城市维护建设税、印花税和车辆购置税。

【学习目标】

（1）掌握财产税类、行为税类各税种的税法规则，会判定应税项目和行为，能确定各税纳税人。

（2）掌握财产税类、行为税类各税种的计算规则，能准确计算纳税相关财产和行为应纳税款。

（3）掌握财产税类、行为税类各税种相关业务的会计处理办法，能正确核算纳税人的相关业务。

（4）掌握财产税类、行为税类各税种的申报与征管办法，能够正确填制纳税申报表。

任务一　契税的核算与申报

【任务引导】

裕泰实业有限公司是一家集生产、流通于一体的综合性工贸企业，税务登记证为

42210619032××××，公司注册地湖北省黄冈市××路××号，邮编 438000，电话 07138345×××。2014 年，公司发生了以下业务：

（1）3 月 1 日，公司通过竞拍方式取得开发区的一块土地使用权。此地为非耕地，成交价格 1 200 万元，面积 200 亩，公司当天与有关部门签订了国有土地使用合同，并缴纳相关税费，支付了土地出让金。

（2）6 月 20 日，公司购入经营用房 1 栋，成交价格 380 万元，手续费 10 万元。

你能确定该公司的上述业务应该缴纳多少契税吗？

【知识介绍】

契税对在我国境内土地使用权、房屋所有权的权属转移过程中，向取得土地使用权和房屋产权的单位和个人征收的一种税。契税是不动产财产税性质，它是对土地使用权和房屋产权权属的受让（购买）方，征收的一种财产税。

一、契税的征税范围

契税的征税对象是发生权属转移的土地和房屋，具体包括以下几个方面：

（1）国有土地使用权出让，即土地使用者向国家交付土地使用权出让费用，国家将国有土地使用权在一定年限内让予土地使用者的行为。

（2）土地使用权转让，即土地使用者以出售、赠与、交换或者其他方式将土地使用权转移给其他单位和个人的行为。

（3）房屋买卖，即房屋所有者将其房屋出售，由承受者交付货币、实物、无形资产或者其他经济利益的行为。

（4）房屋赠与，即房屋所有者将其房屋无偿转让给受赠者的行为。

（5）房屋交换，即房屋所有者之间相互交换房屋的行为。

土地、房屋权属以下列方式转移的，视同土地使用权转让、房屋买卖或者房屋赠与，应缴纳契税：①以土地、房屋权属作价投资入股；②以土地、房屋权属抵债；③以获奖方式承受土地、房屋；④以预购方式或者预付集资建房款方式承受土地房屋权属。

二、契税的纳税人

契税的纳税人是在转移土地、房屋权属过程中，承受土地使用权或房屋所有权的单位和个人，即以受让、购买、受赠、交换等方式取得土地、房屋权属的。由购买者纳税，是契税区别于其他税种的特点。

三、契税应纳税额的计算

契税应纳税额的基本计算公式为

$$应纳税额=计税依据\times适用税率$$

在计算应纳税额时，需要核查取得土地使用权或购买房屋的相关文件，确认交易的性质和金额，在此基础上确定是否征税及征税的计税依据。

1. 计税依据

契税的计税依据为土地、房屋的价格。由于土地、房屋权属转移方式不同，定价方法不同，具体的计税依据视不同情况而定。

（1）国有土地使用权出让、土地使用权出售、房屋买卖，计税依据为成交价格。包括承受者应付的货币实物，无形资产或其他经济利益。

（2）土地使用权赠与、房屋赠与，计税依据由征收机关参照土地使用权和房屋买卖市场价格核定。

（3）土地使用权交换、房屋交换，计税依据为所交换的土地使用权房屋的价格差额。交换价格相等时，免征契税；交换价格不等时，由多交付货币、实物无形资产或其他价格利益的一方按价差交纳契税。

（4）以划拨方式取得土地使用权，经批准转让房地产时，房地转让者应补交契税。计税依据为补交的土地使用权出让费或土地收益。

另外，对成交价明显低于市场价格，又无正当理由的或交换价补差明显不合理，且无正当理由的，计税依据由征收机关参照市场价格核定。

2. 税率

契税实行3%～5%的幅度比例税率。具体适用税率，由各省、自治区、直辖市人民政府，根据本省实际情况在规定幅度内确定。

【例8-1】 甲企业2014年3月以200万元的价格购入一处房产；6月将价值200万元的自有仓库与乙企业价值160万元的仓库互换，甲企业收取差价40万元。请计算甲企业上述交易应纳契税税额。

解析： 甲企业购入房产应纳契税；房屋交换，其价值不相等的，按超出部分由支付差价方缴纳契税，因此在仓库交换中，应由乙企业缴纳契税，甲企业不纳契税。

甲企业应缴纳契税＝200×4%＝8（万元）

四、契税的减免税

有下列情形之一的，减征或者免征契税：

（1）国家机关、事业单位、社会团体、军事单位承受土地、房屋用于办公、教学、医疗、科研和军事设施的，免税。

（2）城镇职工按规定第一次购买公有住房的，免税。

（3）因不可抗力灭失住房而重新购买住房的，酌情准予减税或者免税。

（4）纳税人承受荒山、荒沟、荒丘、荒滩土地使用权，用于农、林、牧、渔业生产的，免税。

（5）依照我国有关法律规定以及我国缔结或参加的双边和多边条约或协定的规定应当予以免税的外国驻华使馆、领事馆、联合国驻华机构及其外交代表、领事官员和其他外交人员承受土地、房屋权属的，经外交部确认，可以免征契税。

（6）土地、房屋被县级以上人民政府征用、占用后，重新承受土地、房屋权属的，是否减征或者免征契税，由省、自治区、直辖市人民政府确定。

经批准减征、免征契税的纳税人改变有关土地、房屋的用途，不再属于规定的减征、免征契税范围的，应当补缴已经减征、免征的税款。

五、契税的核算

交纳契税不需通过“应交税费”科目核算。缴纳契税时，属受让土地使用权应缴纳的契税，借记“在建工程”“无形资产”等科目，贷记“银行存款”等科目，属购买房屋产权和受赠房屋等，应交纳的契税借记“固定资产”科目，贷记“银行存款”等科目。

六、契税纳税申报

1．纳税义务发生时间和纳税期限

契税的纳税义务发生时间，为纳税人签订土地、房屋权属转移合同的当天，或者纳税人取得其他具有土地、房屋权属转移合同性质凭证的当天。

纳税人在签订土地、房屋权属转移合同或者取得其他具有土地、房屋转移合同性质的凭证后10日内，必须到土地、房屋所在地的契税征收机关办理纳税申报，并将转移土地、房屋权属的有关资料提供给征收机关审核，在契税征收机关核定的期限内缴纳税款，索取完税凭证。纳税人出具契税完税凭证，土地和房产管理部门才能办理有关土地、房屋的权属变更登记手续。

2．《契税纳税申报表》的填制

《契税纳税申报表》见表8-1。

表8-1　契税纳税申报表

税款所属时期：　　年　月　日　　　　填表时间：　　年　月　日

<table>
<tr><td>纳税人名称</td><td></td><td>地　址</td><td colspan="2"></td><td>邮政编码</td><td></td><td>电话号码</td><td></td></tr>
<tr><td>开户银行</td><td colspan="4"></td><td>银行账号</td><td colspan="3"></td></tr>
<tr><td rowspan="5">土地房屋
权属转移</td><td colspan="3">合同签订时间</td><td colspan="5"></td></tr>
<tr><td colspan="3">土地、房屋地址</td><td colspan="5"></td></tr>
<tr><td colspan="3">权属转移类型</td><td colspan="5"></td></tr>
<tr><td colspan="3">数量</td><td colspan="5"></td></tr>
<tr><td colspan="3">成交价格</td><td colspan="5"></td></tr>
<tr><td>税　率</td><td colspan="8"></td></tr>
<tr><td>减免税额</td><td colspan="8"></td></tr>
<tr><td>减免税依据</td><td colspan="8"></td></tr>
<tr><td>应纳税额</td><td colspan="8"></td></tr>
<tr><td>备　注</td><td colspan="8"></td></tr>
<tr><td colspan="3">如由纳税人申报，由纳税人填写以下各栏</td><td colspan="5">如委托代理人填报，由代理人填写以下各栏</td><td>备注</td></tr>
<tr><td rowspan="3">会计主管

（签章）</td><td rowspan="3">经办人

（签章）</td><td rowspan="3">纳税人

（签章）</td><td>代理人名称</td><td colspan="3"></td><td rowspan="3">代理人

（签章）</td><td rowspan="3"></td></tr>
<tr><td>代理人地址</td><td colspan="3"></td></tr>
<tr><td>经办人</td><td></td><td>电　话</td><td></td></tr>
<tr><td colspan="9">以下由税务机关填写</td></tr>
<tr><td>收到申报表日期</td><td colspan="4"></td><td>接收人</td><td colspan="3"></td></tr>
</table>

《契税纳税申报表》主要栏目的填写内容和要求如下：

（1）“权属转移类别”，填写（土地）出让、买卖、赠与、交换、作价入股等行为。

（2）“成交价格”，填写土地、房屋权属转移合同确定的价格（包括承受者应交付的货币、实物、无形资产或者其他经济利益，折算成人民币金额。

（3）“计税价格”填写由征收机关按照《中华人民共和国契税暂行条例》第四条确定的成交价格、差价或者核定价格。

任务二 房产税的核算与申报

【任务引导】

裕泰实业有限公司 2014 年 1 月 1 日，公司拥有的房产情况如下：生产车间 5 栋，仓库 1 座，职工宿舍 1 栋；办公楼 2 栋，其中一栋自用，另一栋出租给其他公司（按月收取租金，3.5 万元/月，租期自 2014 年 1 月 1 日至 12 月 31 日），职工生活用房 2 栋（产权已经出售给职工个人），托儿所用房 1 栋。

“固定资产”明细账显示：车间原值共计 650 万元，仓库原值 60 万元，职工宿舍原值 80 万元，自用办公楼原值 260 万元，出租办公楼原值 170 万元，托儿所原值 40 万元。以上房地产权属在本年度内未发生变化。

4 月 1 日，公司开始建设新的生产车间。8 月 20 日，新建的车间验收投入使用。经决算，该车间的建造成本 520 万元。另外，该车间排水设施、消防设施和中央空调系统成本共计 86 万元，单独记入固定资产明细账。

你能计算该公司 2014 年度应缴纳的房产税吗？

【知识介绍】

房产税是以城市、县城、建制镇和工矿区的房产为征税对象，按照房产价格或房产租金收入向产权所有人征收的一种税。

一、房产税的征税范围

房产税以房产为征税对象。房产是指有屋面和围护结构（有墙或两边有柱），能够遮风避雨，可供人们在其中生产学习工作娱乐居住或储蓄物质场所。

房产税的具体征税范围是位于城市、县城、建制镇和工矿区的房屋。坐落在农村的房屋暂不征收房产税。

二、房产税的纳税人

房产税的纳税人是房屋的产权所有人。产权所有人，简称“产权人”“业主”或“房东”，是指拥有房产的单位和个人，即房产的使用、收益、出卖、赠送等权利归其所有。

产权出典的由承典人缴纳税款，承典人是指以押金形式并付出一定费用，在一定的期限内享有房产的使用、收益主权的人。

产权所有人、承典人不在房地产所在地的，或者产权未确定及租典纠纷未解决的，由房产代管人或者使用人缴纳。代管人是指接受产权所有、承典人的委托，代为管理房产或虽未受托而在实际上是代管房产的人，使用人是指直接使用房产的人。

三、房产税应纳税额的计算

房产税采用两种计税方式，即从价计征和从租计征。按照房产计税价值征税的，称为从价计征，按照房产租金收入计征的称为从租计征。

从价计征的，其计算公式为

应纳税额＝房产原值×（1－10%～30%）×1.2%

从租计征的，其计算公式为

应纳税额＝房产租金收入×12%

1．计税依据

房产税的计税依据是房产的计税价值或房产的租金收入。

（1）从价计征。从价计征是指以房产原值一次减除 10%～30%后的余值为计税依据。具体减除幅度，由省、自治区、直辖市人民政府确定。减除幅度的确定，既要考虑到房屋的自然损耗因素，也要照顾到房屋原值的增值因素。房产原值是指纳税人按照会计制度规定，在“固定资产”账户中记载的房屋造价、购买价（或原价）。房产余值是指房产的原价减除一定比例后剩余价值。

（2）从租计征。从租计征是指以房屋出租取得的租金收入为计税依据。租金收入是房屋产权所有人暂时出让一定期间房产使用权所得的报酬，包括货币收入和实物收入以及其他维修权益。

（3）在 3 种特殊情况下的计税依据。以房产投资联营的，投资者参与投资企业利分红，共担风险的，按房产原值作为计税依据；投资者以房产投资收取固定收入，不承担联营风险的，应以租金收入（固定收入）为计税依据；融资租赁的房屋，实际上是一种变相的分期付款购买房产的形式，其房产税应以房产余值为计税依据。

2．税率

以房产原值一次减除 10%～30%后的余值计征的，税率为 1.2%；以房产租金收入计征的，税率为 12%。

【例 8-2】 某企业 2014 年年初委托施工企业建造仓库一幢，9 月末办理验收手续，仓库入账原值 400 万元；9 月 30 日将原值 300 万元的旧车间对外投资联营，当年收取固定利润 10 万元。当地政府规定房产计税余值扣除比例为 30%。计算该企业上述房产应缴纳房产税。

解析：以房产进行投资，收取固定收入，不承担投资风险，按租金收入计算缴纳房产税。房产税按年计算，不足 1 年的按月份比例计算应纳税额。

仓库应纳房产税＝400×（1－30%）×1.2%÷12×3＝0.84（万元）

旧车间对外投资前应纳房产税＝300×（1－30%）×1.2%÷12×9＝1.89（万元）

旧车间对外投资期间应纳房产税＝10×12%＝1.2（万元）

应纳房产税合计＝0.84＋1.89＋1.2＝3.93（万元）

四、房产税的减免税

房产免纳房产税包括以下几种：

（1）国家机关、人民团体、军队自用的房产。

（2）由国家财政部门拨付事业经费的单位自用的房产。

（3）宗教寺庙、公园、名胜古迹自用的房产。

（4）个人所有非营业用的房产。

（5）经财政部批准免税的其他房产。

五、房产税核算

企业计算出应交纳的房产税时，借记“管理费用”科目，贷记“应交税费——应交房产税”科目；缴纳税金时，借记“应交税费——应交房产税”科目，贷记“银行存款”科目。房产租金收入缴纳的税金，通过“其他业务支出”和“应交税费——应交房产税”科目核算。

六、房产税的纳税申报

1. 纳税义务发生时间和纳税期限

（1）纳税人自建的房屋，自建成之次月起征收房产税。

（2）购置新建商品房，自房屋交付使用之次月起计征房产税。

（3）购置存量房，自办理房屋权属转移、变更登记手续，房地产权属登记机关签发房屋权属证书之次月起计征房产税。

（4）纳税人委托施工企业建设的房屋，从办理验收手续之次月起征收房产税。

（5）纳税人在办理验收手续前已使用或出租、出借的新建房屋，应按规定征收房产税。自交付出租、出借房产之次月起计征房产税。

（6）对房地产开发企业建造的商品房，在售出前，不征收房产税；但对售出前房地产开发企业已使用或出租出借的商品房，应自其使用或出租、出借房产之次月起计征房产税。

房产税按年计征，分期缴纳，具体期次由各省、自治区、直辖市人民政府决定。

2.《房产税纳税申报表》的填制

《房产税的纳税申报表》（表 8-2）主要栏目的填写内容和要求如下：

（1）“房产所属税务机关”，填写房产所在地的主管税务机关。

（2）“房产用途”，填写房产的用途，可用数字表示：1——工业、2——商业、3——居住、4——办公、5——旅馆业、6——其他。

（3）“房产原值”，填写取得房产时的账面价值或购买价值（包括企业出租房产原值）。

（4）“计税余值”，是指按房产原值申报缴纳房产税的房产，其计税余值等于房产原值乘以当地政府规定的减除比例。

（5）“适用税率”，分两种填写，按房产原值征税的填写 1.2%；按租金征税的填写 12%。

（6）“本期应缴税额”，等于年应缴纳税额除以当地政府核定的缴税期次。

（7）“本期实缴税额”，等于本期应缴税额减去本期减免税额。

表 8-2　房产税纳税申报表

税款所属时期：　　年　月　日至　　年　月　日　　　　　　　　　　　　计算单位：元/平方米

<table>
<tr><td rowspan="2">纳税人名称</td><td rowspan="2"></td><td>纳税编码</td><td colspan="2"></td><td colspan="2">身份证号码（个人）</td><td colspan="3"></td><td>电话</td></tr>
<tr><td>房产所属税务机关</td><td colspan="2"></td><td colspan="2">组织机构代码（单位）</td><td colspan="3"></td><td></td></tr>
<tr><td>房产登记编号</td><td>房产地址</td><td>房屋名称（楼名、栋号、房号）</td><td>房产用途</td><td>房产原值</td><td>计税余值</td><td>适用税率</td><td>年应缴纳税额</td><td>本期应缴税额</td><td>本期减免税额</td><td>本期实缴税额</td></tr>
<tr><td></td><td></td><td></td><td></td><td></td><td></td><td></td><td></td><td></td><td></td><td></td></tr>
<tr><td></td><td></td><td></td><td></td><td></td><td></td><td></td><td></td><td></td><td></td><td></td></tr>
<tr><td></td><td></td><td></td><td></td><td></td><td></td><td></td><td></td><td></td><td></td><td></td></tr>
<tr><td></td><td></td><td></td><td></td><td></td><td></td><td></td><td></td><td></td><td></td><td></td></tr>
<tr><td></td><td></td><td></td><td></td><td></td><td></td><td></td><td></td><td></td><td></td><td></td></tr>
<tr><td></td><td></td><td></td><td></td><td></td><td></td><td></td><td></td><td></td><td></td><td></td></tr>
<tr><td></td><td></td><td></td><td></td><td></td><td></td><td></td><td></td><td></td><td></td><td></td></tr>
<tr><td colspan="2">合　计</td><td></td><td></td><td></td><td></td><td></td><td></td><td></td><td></td><td></td></tr>
</table>

<table>
<tr><td>申报人声明</td><td>本人对所提交的文件、证件以及填写内容的真实性、有效性和合法性承担责任，如有虚假内容，申报人依法承担相关责任。

法定代表人（自然人申报人）签名（盖章）：
年　月　日</td><td>授权人声明</td><td>现授权_______为本申报人本次申报事项的代理人，其法人代表_____，电话______。若采取邮寄方式送达申报有关往来文件，请寄给下列收件人：□申报人；□代理人。
委托代理合同编号：

授权人（法定代表、自然人申报人）签名（盖章）：
年　月　日</td><td>代理人声明</td><td>本申报事项根据国家税收法律、法规及国家、税务机关的有关规定填报，如有虚假内容，代理人依法承担相关责任。

代理人（法定代表、自然人申报人）签名（盖章）：
年　月　日</td><td>特别声明</td><td>本人同意按照税务机关登记的本申报人的房地产信息申报纳税。

法定代表人（自然人申报人）签名（盖章）：
年　月　日</td></tr>
<tr><td colspan="8">受理税务机关（章）：　　　　　　受理录入日期：　　　　　　受理录入人：</td></tr>
</table>

任务三　车辆购置税的核算与申报

【任务引导】

裕泰实业有限公司 5 月 10 日以 9.7 万元购进载货汽车 1 辆，该车型最低计税价格为 11.98 万元，公司当月办理了车辆登记注册手续；12 月 16 日，公司以同样价格再购买了同样车型载货汽车 1 辆，这时的最低计税价格已经调整为 9 万元。

你能计算该公司应缴纳的车辆购置税吗？

【知识介绍】

车辆购置税是以在中国境内购置规定的车辆为课税对象、在特定的环节向车辆购置者征收的一种税。

一、车辆购置税的征税范围

车辆购置税的征税范围包括各类汽车、摩托车（包括轻便摩托车、二轮摩托车、三轮摩托车）、电车（包括有轨电车、无轨电车）、挂车（包括全挂车、半挂车）、农用运输车（包括三轮家用运输车、四轮农用运输车），具体征收范围见《车辆购置税征税范围表》（表 8-3）。

表 8-3　车辆购置税征收范围表

应税车辆	具体范围	注释
汽车	各类汽车	
摩托车	轻便摩托车	最高设计时速大于 50km/h，发动机气缸总排量不大于 $50cm^3$ 的两个或者 3 个车轮的机动车
	二轮摩托车	最高设计车速大于 50km/h，或者发动机气缸总排量大于 $50cm^3$ 的两个车轮的机动车
	三轮摩托车	最高设计车速大于 50km/h，或者发动机气缸总排量大于 $50cm^3$，空车重量不大于 400kg 的 3 个车轮的机动车
电车	无轨电车	以电能为动力，由专用输电电缆线供电的轮式公共车辆
	有轨电车	以电能为动力，在轨道上行驶的公共车辆
挂车	全挂车	无动力设备，独立承载，由牵引车辆牵引行驶的车辆
	半挂车	无动力设备，与牵引车辆共同承载，由牵引车辆牵引行驶的车辆
农用运输车	三轮农用运输车	柴油发动机，功率不大于 7kW，较重量不大于 500kg，最高车速不大于 40km/h 的 3 个车轮的机动车
	四轮农用运输车	柴油发动机，功率不大于 28kW，载重量不大于 15 000kg，最高车速不大于 40km/h 的 3 个车轮的机动车

二、车辆购置税的纳税人

在我国境内购置应税车辆的单位和个人，为车辆购置税的纳税义务人。所谓“购置”，包括购买、进口、自产、受赠、获奖或以其他方式取得自用应税车辆的行为。

三、车辆购置税应纳税额的计算

车辆购置税实行从价定率的计算方法，应纳税额的计算公式为

$$应纳税额=计税依据\times 10\%$$

1．税率

车辆购置税实行从价定率的计算方法，税率是 10%。车辆购置税税率的调整，由国务院决定并公布。

2. 计税依据

（1）纳税人购买自用的应税车辆的计税依据，为购买应税车辆而支付给销售者的全部价款和价外费用，不包括增值税税款。

（2）进口自用车辆，其计税依据按公式计算。计算公式为

计税依据＝关税完税价格＋关税＋消费税

（3）自产、受赠或以其他方式取得有关自用车辆的计税依据，由主管税务机关按国家税务总局规定的不同类型应税车辆的最低计税价格确认。最低计税价格是由国家税务总局依据车辆生产企业提供的车辆价格信息并参照市场平均交易价格确定的车辆购置税计税价格。

（4）对已经缴纳车辆购置税并办理了登记注册手续的车辆，其发动机和底盘发生更换的，其最低计税价格按同类型新车最低计税价格的70%计算。

【例 8-3】 某汽车贸易公司 2012 年 6 月进口 45 辆小轿车，海关审定的关税完税价格为 25 万元/辆，当月销售 30 辆，取得含税销售收入 540 万元；8 辆企业自用，2 辆用于抵偿债务，合同约定的含税价格为 30 万元，剩余 5 辆待售。请计算该公司应纳车辆购置税税额（小轿车关税税率 20%，消费税税率为 9%）。

应纳车辆购置税＝8×（25＋25×20%）÷（1－9%）×10%≈26.37（万元）

四、车辆购置税的减免税

（1）外国驻华使馆、领事馆和国际组织驻华机构及其外交人员自用的车辆，免税。

（2）中国人民解放军和中国人民武装警察部队列入军队武器装备订货计划的车辆，免税。

（3）设有固定装置的非运输车辆，免税。

（4）有国务院规定予以免税或者减税的其他情形的，按照规定免税或者减税。

其中，“设有固定装置的非运输车辆”是指挖掘机、平地机、叉车、装载车（铲车）、起重机（吊车）、推土机等工程机械及其他设有固定装置的非运输车辆。

五、车辆购置税的核算

企业购买、进口、自产、受赠、获奖以及其他方式取得并自用的应税车辆应缴的车辆购置税，或者当初购置的属于减免税的车辆在转让或改变用途后，按规定应补缴的车辆购置税，在按规定期限缴纳车辆购置税后，会计根据有关凭证，借记“固定资产”等科目，贷记“银行存款”科目。暂时提而未交的车辆购置税款，可借记“固定资产”等科目，贷记“应交税费——应交车辆购置税”科目。等缴纳税款时，再借记“应交税费——应交车辆购置税”科目，贷记“银行存款”科目。

六、车辆购置税的纳税申报

1. 车辆购置税征收管理

车辆购置税实行一次征收制度。购置已征车辆购置税的车辆，不再征收车辆购置税。

纳税人购置应税车辆，应向车辆登记注册地主管税务机关申报纳税；购置不需要办理车辆登记注册手续的车辆，应向纳税人所在地主管税务机关申报纳税。纳税人应自购买日、进口日、受赠、获奖等取得日起，60 天内进行纳税申报。车辆购置税为一次缴纳制，纳税人应一次缴清税款。

2.《车辆购置税纳税申报表》的填制

纳税人办理纳税申报时，应填写《车辆购置税纳税申报表》，见表 8-4。

表 8-4 车辆购置税纳税申报表

填表日期： 年 月 日 行业代码： 注册类型代码：

纳税人名称： 金额单位：元

<table>
<tr><td>纳税人证件名称</td><td colspan="2"></td><td colspan="2">证件号码</td><td colspan="2"></td></tr>
<tr><td>联系电话</td><td></td><td>邮政编码</td><td></td><td>地 址</td><td colspan="2"></td></tr>
<tr><td colspan="7">车辆基本情况</td></tr>
<tr><td>车辆类别</td><td colspan="6">1. 汽车 2. 摩托车 3. 电车 4. 挂车 5. 农用运输车</td></tr>
<tr><td>生产企业名称</td><td colspan="3">.</td><td colspan="2">机动车销售统一发票或有效凭证价格</td><td></td></tr>
<tr><td>厂牌型号</td><td colspan="3"></td><td colspan="2">关税完税价格</td><td></td></tr>
<tr><td>发动机号码</td><td colspan="3"></td><td colspan="2">关 税</td><td></td></tr>
<tr><td>车辆识别代号（车架号码）</td><td colspan="3"></td><td colspan="2">消费税</td><td></td></tr>
<tr><td>购置日期</td><td colspan="3"></td><td colspan="2">免（减）税条件</td><td></td></tr>
<tr><td>申报计税价格</td><td>计税价格</td><td colspan="2">税率</td><td colspan="2">免税、减税额</td><td>应纳税额</td></tr>
<tr><td>1</td><td>2</td><td colspan="2">3</td><td colspan="2">4=2×3</td><td>5=1×3 或 2×3</td></tr>
<tr><td></td><td></td><td colspan="2">10%</td><td colspan="2"></td><td></td></tr>
<tr><td></td><td></td><td colspan="2"></td><td colspan="2"></td><td></td></tr>
<tr><td colspan="3">申报人声明</td><td colspan="4">授权声明</td></tr>
<tr><td colspan="3">此纳税申报表是根据《中华人民共和国车辆购置税暂行条例》的规定填报的，我相信它是真实的、可靠的、完整的。
声明人签字：</td><td colspan="4">如果你已委托代理人申报，请填写以下资料：为代理一切税务事宜，现授权（ ），地址（ ）为本纳税人的代理申报人，任何与本申报表有关的往来文件，都可寄予此人。
授权人签字：</td></tr>
<tr><td rowspan="5">纳税人签名或盖章</td><td colspan="6">如委托代理人的，代理人应填写以下各栏</td></tr>
<tr><td>代理人名称</td><td colspan="4"></td><td rowspan="4">代理人（章）</td></tr>
<tr><td>地 址</td><td colspan="4"></td></tr>
<tr><td>经办人</td><td colspan="4"></td></tr>
<tr><td>电 话</td><td colspan="4"></td></tr>
<tr><td colspan="3">接收人：

接收日期：</td><td colspan="4">

主管税务机关（章）：</td></tr>
</table>

该表主要栏目的填写内容和要求如下：

（1）“纳税人名称”栏，填写车主的名称。

（2）“纳税人证件名称”栏，单位车辆填写《组织机构代码证书》；个人车辆填写《居民身份证》或其他身份证明名称。

（3）“证件号码”栏，填写《组织机构代码证书》《居民身份证》及其他身份证件的号码。

（4）“车辆类别”栏，在表中所列项目中划“√”。

（5）“生产企业名称”栏，国产车辆填写国内生产企业名称，进口车辆填写国外生产企业名称。

（6）“厂牌型号”“发动机号码”“车辆识别代号（车架号码）”栏，分别填写车辆整车出厂合格证或《中华人民共和国海关货物进口证明书》或《中华人民共和国海关监管车辆进（出）境领（销）牌照通知书》或《没收走私汽车、摩托车证明书》中注明的产品型号、车辆识别代号。

（7）“购置日期”栏，填写机动车销售统一发票（或有效凭证）上注明的日期。

（8）“机动车销售统一发票（或有效凭证）价格”栏，填写机动车销售统一发票（或有效凭证）上注明的价费合计金额。

（9）“免（减）税条件”栏，按下列项目选择字母填写：

A——外国驻华使馆、领事馆和国际组织驻华机构及其外交人员自用的车辆。

B——中国人民解放军和中国人民武装警察部队列入军队武器装备订货计划的车辆。

C——设有固定装置的非运输车辆。

D——在外留学人员（含港、澳）回国服务的，购买的国产汽车。

E——来华定居专家进口自用或境内购置的汽车。

F——其他免税、减税车辆。

（10）下列栏次由进口自用车辆的纳税人填写：

①“关税完税价格”栏，填写《海关关税专用缴款书》中注明的关税计税价格。“关税”栏，填写《海关关税专用缴款书》中注明的关税税额。

②“消费税”栏，填写《海关代征消费税专用缴款书》中注明的消费税税额。

（11）“申报计税价格”栏，分别按下列要求填写：

① 境内购置车辆，按机动车销售统一发票注明的价费合计金额÷（1+17%）填写。

② 进口自用车辆，填写计税价格，计税价格=关税完税价格+关税+消费税。

③ 自产、受赠、获奖或者以其他方式取得并自用的车辆，按机动车销售统一发票（或有效凭证）注明的价费合计金额÷（1+17%）填写。

（12）“计税价格”栏，经税务机关辅导后填写：

① 填写最低计税价格。

② 底盘发生更换的车辆，按主管税务机关提供的最低计税价格的70%填写。

③ 免税条件消失的车辆，自初次办理纳税申报之日起，使用年限未满10年的，按主管税务机关提供的最低计税价格每满1年扣减10%填写；未满1年的按主管税务机关提供的最低计税价格填写；使用年限10年（含）以上的，填写0。

（13）“应纳税额”栏，计算公式如下：

① 计税依据为申报计税价格的，应纳税额=申报计税价格栏×税率。

② 计税依据为计税价格的，应纳税额=计税价格栏×税率。

任务四 车船税的核算与申报

【任务引导】

裕泰实业有限公司2014年1月1日拥有的大型客车1辆，小型客车2辆，载货汽车5辆，自重均为5吨。以上车辆权属在本年度内未发生变化。

5月10日，公司以9.7万元（含税）购进载货汽车1辆，该车型最低计税价格为11.98万元，公司当月办理了车辆登记注册手续；12月16日，公司以同样价格再购买了同样车型载货汽车1辆，这时的最低计税价格已经调整为9万元。该车型自重均为5.7吨。

你能确定该公司上述车辆应缴纳多少车船税吗？

【知识介绍】

车船税是对在我国公安、交通、农业、渔业等车船管理部门依法登记的车辆、船舶，按其车辆数、自重吨位或者净吨位为计税依据计算征收的一种财产税。

一、车船税的征税对象和范围

车船税的征税对象，包括在我国公安、交通、农业、渔业等车船管理部门依法登记的车辆和船舶。车辆是指机动车辆，包括载客汽车、载货汽车、三轮汽车、低速货车、专项作业车、轮式专用机械车、摩托车。其中，三轮汽车是指在车辆管理部门登记为三轮汽车或者三轮农用运输车的机动车；低速货车是指在车辆管理部门登记为低速货车或者四轮农用运输车的机动车；专项作业车是指装置有专用设备或者器具，用于专项作业的机动车；轮式专用机械车是指具有装卸、挖掘、平整等设备的轮式自行机械。

船舶包括机动船舶和非机动驳船。其中机动船舶是指依靠燃料等能源作为动力运行的船舶，如客轮、货船、拖船、气垫船等；非机动驳船是指在船舶管理部门登记为驳船的非机动船（没有动力装置，依靠外力驱动）。

在机场、港口及其他企业内部场所行驶或作业，并在车辆管理部门登记的车船，也属于车船税的征税范围。

二、车船税的纳税人和扣缴义务人

车船税的纳税人是在中国境内，车辆、船舶的所有人或者管理人，应税车船的所有人或管理人未缴纳车船税的，应由使用人代缴。

车船税实行源泉控制，从事机动车交通事故责任强制保险业务的保险机构为车船税的扣缴义务人，应当依法代收代缴车船税。

三、车船税的税率

车船税实行定额税率，又称固定税额。车船税暂行条例及其实施细则，只按税目和子目分别规定了一个税额幅度，同时授权省、自治区、直辖市人民政府在规定的幅度内，确定具体适用税额。车船税税目税额表见表8-5。

表 8-5　车船税税目税额表

<table>
<tr><th>税　目</th><th>子　税　目</th><th>计税单位</th><th>年税额/元</th><th>备　注</th></tr>
<tr><td rowspan="4">载客汽车</td><td>大型客车</td><td rowspan="3">辆</td><td>480～660</td><td>核定载客人数大于或等于20人的</td></tr>
<tr><td>中型客车</td><td>420～660</td><td>核定载客人数大于9人且小于20人的</td></tr>
<tr><td>小型客车</td><td>60～660</td><td>核定载客人数小于或等于9人的</td></tr>
<tr><td>微型客车</td><td>辆</td><td>60～480</td><td>发动机气缸总排气量小于或等于1升的</td></tr>
<tr><td rowspan="4">其他车辆</td><td>载货汽车</td><td rowspan="3">自重吨位</td><td>16～120</td><td>包括半挂牵引车、挂车</td></tr>
<tr><td>三轮汽车、低速货车</td><td>24～120</td><td></td></tr>
<tr><td>专项作业车、轮式专用机械车</td><td>16～120</td><td></td></tr>
<tr><td>摩托车</td><td>辆</td><td>36～180</td><td></td></tr>
<tr><td rowspan="4">船舶</td><td>小于或等于200吨</td><td rowspan="4">净吨位</td><td>3</td><td rowspan="4">拖船和非机动驳船按船舶税额的50%计算</td></tr>
<tr><td>201吨至2 000吨</td><td>4</td></tr>
<tr><td>2 001吨至10 000吨</td><td>5</td></tr>
<tr><td>10 001吨以上</td><td>6</td></tr>
</table>

四、车船税的计税依据

车船税采用从量定额计征的方法。根据车船不同情况，分别确定辆、自重吨位和净吨位3种计量单位作为计税依据。

（1）载客汽车、摩托车，以“辆”为计税依税。

（2）载货汽车、三轮汽车、低速货车、专项作业车、轮式专用机械车以“自重吨位”为计税依据。

（3）船舶以“净吨位”为计税依据。客货两用汽车按照载货汽车的计税单位和税额标准计征车船税。

（4）客货两用汽车按照载货汽车的计税单位和税额标准计征车船税。

（5）拖船按照发动机功率每2马力折合净吨位1吨计算征收车船税。

（6）车辆自重尾数在0.5吨以下（含0.5吨）的，按照0.5吨计算；超过0.5吨的，按照1吨计算。船舶净吨位尾数在0.5吨以下（含0.5吨）的不予计算，超过0.5吨的，按照1吨计算。1吨以下的小型车船，一律按照1吨计算。

载客人数、自重、净吨位、马力等计税标准，以车船管理部门核发的车船登记证书或者行驶证书相应项目所载数额为准。

五、车船税的减免税

按《中华人民共和国车船税暂行条例》的规定，下列车船免征车船税：

（1）非机动车船（不包括非机动驳船）。非机动车是指以人力或者畜力驱动的车辆，以及符合国家有关标准的残疾人机动轮椅车、电动自行车等车辆；非机动船是指自身没有动力装置，依靠外力驱动的船舶。

（2）拖拉机。拖拉机是指在农业（农业机械）部门登记为拖拉机的车辆。

（3）捕捞、养殖渔船。捕捞、养殖渔船是指在渔业船舶管理部门登记为捕捞船或者养殖船的渔业船舶，不包括在渔业船舶管理部门登记为捕捞船或者养殖船以外类型的渔业船舶。

（4）军队、武警专用的车船。军队、武警专用的车船是指按照规定在军队、武警车船管理部门登记，并领取军用牌照、武警牌照的车船。

（5）警用车船。警用车船是指公安机关、国家安全机关、监狱、劳动教养管理机关和人民法院、人民检察院领取警用牌照的车辆和执行警务的专用船舶。

（6）按照有关规定已经缴纳船舶吨税的船舶。

（7）依照我国有关法律和我国缔结或者参加的国际条约的规定应当予以免税的外国驻华使馆、领事馆和国际组织驻华机构及其有关人员的车船。

六、计算车船税的应纳税额

车船税应纳税额等于计税依据乘以单位税额。由于车船类型不同，计税依据有别，不同类型车船应纳税额的计算公式略有差别。

（1）载客汽车、摩托车，计算公式为

$$\text{年应纳税额}=\text{辆数}\times\text{适用单位税额}$$

（2）载货汽车、三轮汽车、低速货车、专项作业车、轮式专用机械车，计算公式为

$$\text{年应纳税额}=\text{自重吨位数}\times\text{适用单位税额}$$

（3）一般船舶，计算公式为

$$\text{年应纳税额}=\text{净吨位数}\times\text{适用单位税额}$$

（4）拖船和非机动驳船，计算公式为

$$\text{年应纳税额}=\text{净吨位数}\times\text{适用单位税额}\times 50\%$$

（5）新购置的车辆，购置当年的应纳税额自纳税义务发生的当月起按月计算，计算公式为

$$\text{应纳税额}=\frac{\text{年应纳税额}}{12}\times\text{应纳税月份数}$$

【例 8-4】 某小型运输公司 2014 年拥有并使用以下车辆：整备质量 5 吨的载货卡车 10 辆，省级人民政府规定年税额每吨 50 元；18 座的小型客车 3 辆，省级人民政府规定年税额每辆 530 元。请计算该公司 2014 年应纳车船税税额。

载货卡车应纳税额＝5×10×50＝2 500（元）

小型客车应纳税额＝3×530＝1 590（元）

该运输公司应纳车船税＝2 500＋1 590＝4 090（元）

七、车船税的核算

企业计提车船税时，按税法、当地政府或税务机关的规定计算当期应该缴纳的车船税，借记“管理费用——车船税”科目，贷记“应交税费——应交车船税”科目。企业缴纳车船税时，借记“应交税费——应交车船税”科目，贷记“银行存款”科目。

未设置“应交车船税”明细账户的企业，不计提车船税，在缴纳车船税时，直接借记“管理费用——车船税”科目，贷记“银行存款”科目。

八、车船税的纳税申报

车船税按年申报缴纳。纳税义务发生时间为核发的车船登记证书或行驶证书记载日期当月；未办理登记手续的以购置发票开具时间当月作为车船税的纳税义务发生时间。

车船税由地方税务机关负责征收。跨省、自治区、直辖市使用的车船，纳税地点为车船的登记地。

在一个纳税年度内，已完税的车船被盗抢、报废、灭失的，纳税人可以凭有关管理机关出具的证明和完税凭证，向纳税所在地的主管地方税务机关申请退还自被盗抢、报废、灭失月份起至该纳税年度终了期间的税款。失而复得的，纳税人应当从公安机关出具相关证明的当月起计算缴纳车船税。

车船税按年申报缴纳，申报时纳税人必须填制《车船税纳税申报表》，见表 8-6。纳税申报表车船类别依照车船使用税税额表列举的不同车船种类分别填列；“纳税人识别号”填写办理税务登记时，由税务机关确定的税务登记号；“纳税人名称”填写企业全称或业户字号，无字号的填业主姓名，并应与工商登记或主管部门批准的名称一致；“税额标准”依照省制定的《××省车船使用税实施办法》中规定的标准填写。

表 8-6　车船税纳税申报表

纳税人识别号 □□□□□□□□□□□□□□□□□□□□

纳税人名称：（公章）

税款所属期限：自　　年　月　日至　　年　月　日

填表日期：　　年　月　日　　　　　　　　　　　　　　金额单位：元

车船类别		计税单位	税额标准	数量	吨位	应纳税月数	本期应纳税额	本期减免税额	本期已缴税额	本期应补（退）税额
载客汽车	乘坐人数大于或等于 20 人	每辆			—					
	乘坐人数大于 9 人小于 20 人	每辆			—					
	乘坐人数小于或等于 9 人	每辆			—					
	发动机气缸总排气量小于等于 1 升	每辆			—					
载货汽车（包括半挂牵引车、挂车）		按自重每吨								
三轮汽车		按自重每吨								
低速货车		按自重每吨								
摩托车		每辆			—					
专项作业车		按自重每吨								
轮式专用机械车		按自重每吨								
小　计										
船舶	净吨位小于或等于 200 吨	每吨								
	净吨位 201 吨至 2 000 吨	每吨								
	净吨位 2 001 吨至 10 000 吨	每吨								
	净吨位 10 001 吨及以上	每吨								
	小　计									

续表

<table>
<tr><td colspan="6">合　　计</td><td></td><td></td><td></td><td></td><td></td><td></td><td></td></tr>
<tr><td rowspan="6">纳税人或代理人声明：
此纳税申报表是根据国家税收法律的规定填报的，我确信它是真实的、可靠的、完整的。</td><td colspan="12">如纳税人填报，由纳税人填写以下各栏</td></tr>
<tr><td>经办人
（签章）</td><td colspan="2"></td><td>会计主管
（签章）</td><td colspan="2"></td><td>法定代表人
（签章）</td><td colspan="5"></td></tr>
<tr><td colspan="12">如委托代理人填报，由代理人填写以下各栏</td></tr>
<tr><td>代理人名称</td><td colspan="4"></td><td colspan="7">代理人（公章）</td></tr>
<tr><td>经办人（签章）</td><td colspan="4"></td><td colspan="7" rowspan="2"></td></tr>
<tr><td>联系电话</td><td colspan="4"></td></tr>
<tr><td colspan="13">以下由税务机关填写</td></tr>
<tr><td>受理人</td><td colspan="2"></td><td>受理日期</td><td colspan="2"></td><td colspan="3">受理税务机关
（签章）</td><td colspan="4"></td></tr>
</table>

任务五　印花税的核算与申报

【任务引导】

裕泰实业有限公司 2014 年度，共签订购销合同 161 份，总金额 6 598.6 万元；签订了运输合同 54 份，总金额 69.2 万元；签订了借款合同 3 份，总金额 600 万元；公司设立了营业账簿 12 本，其中记载资金的账簿中“实收资本”1 200 万元，“资本公积”426 万元。

你能计算该公司 2014 年度应纳印花税吗？

【知识介绍】

印花税是对经济活动和经济交往中书立、领受、使用的应税凭证所征收的一种税。因纳税人主要是通过在应税凭证上粘贴印花税税票来完成纳税义务的，故称印花税。

一、印花税的征税对象和范围

印花税只对暂行条例中列举和经财政部确定征税的凭证征税，没有列举的不征税。具体分为以下五大类：

（1）各类经济合同。包括购销合同、加工承揽合同、建设工程勘察设计合同、建筑安装工程承包合同、财产租赁合同、货物运输合同、仓储保管合同、借款合同、财产保险合同、技术合同或者具有合同性质的凭证。

（2）产权转移书据。包括财产所有权和版权、商标专用权、专利权、专有技术使用权等转移书据。

（3）营业账簿。包括单位和个人从事生产经营所设立的各种账册。

（4）权利、许可证照。包括房屋产权证、工商营业执照、商标注册证、专利证、土地使用证。

（5）经财政部确定征税的其他凭证。

二、印花税的纳税人

凡在中华人民共和国境内书立、领受应纳税凭证（包括在境外书立在境内有法律效力，受中国法律保护的凭证）的国内各类企业、事业、机关团体、部队，以及中外合资企业、合作企业、外资企业、外国企业和其他经济组织及其在华机构等单位和个人，都是印花税的纳税义务人，都应当按照印花税暂行条例规定缴纳印花税。其具体包括以下几类：

（1）立合同人。是各类合同的当事人，但不包括合同的担保人、证人、鉴定人。

（2）立据人。即订立产权转移书据的单位和个人。

（3）立账簿人。即设立并使用营业账簿的单位和个人。

（4）领受人。即领受并持有权利、许可证照的单位和个人。

（5）使用人。即在国外书立、领受，但在国内使用应税凭证的单位和个人。

注意：由两方或两方以上当事人共同书立应税凭证的，其当事人各方都是印花税的纳税人，应各就其所持凭证的计税金额履行纳税义务。

三、印花税的税率

印花税采用比例税率和定额税率两种税率形式。在印花税的 13 个税目中，“权利许可证照”“营业账簿”税目中的其他账簿，适用定额税率，均为按件贴花，税额为 5 元。其他税目，均采用比例税率。印花税税目税率见表 8-7。

表 8-7 印花税税目税率表

税　目	范　围	税　率	纳税义务人	说　明
1. 购销合同	包括供应、预购、采购、购销结合及协作、调剂、补偿、易货等合同	按购销金额万分之三贴花	立合同人	
2. 加工承揽合同	包括加工、定作、修缮、修理、印刷、广告、测绘、测试等合同	按加工或承揽收入万分之五贴花	立合同人	
3. 建设工程勘察设计合同	包括勘察、设计合同	按收取费用万分之五贴花	立合同人	
4. 建筑安装工程承包合同	包括建筑、安装工程承包合同	按承包金额万分之三贴花	立合同人	
5. 财产租赁合同	包括租赁房屋、船舶、飞机、机动车辆、机械、器具、设备等合同	按租赁金额千分之一贴花，税额不足 1 元的按 1 元贴花	立合同人	
6. 货物运输合同	包括民用航空运输、铁路运输、海上运输、内河运输、公路运输和联运的合同	按运输费用万分之五贴花	立合同人	单据作为合同使用的，按合同贴花
7. 仓储保管合同	包括仓储、保管合同	按仓储保管费用千分之一贴花	立合同人	仓单或栈单作为合同使用的，按合同贴花

续表

税目	范围	税率	纳税义务人	说明
8. 借款合同	银行和其他金融组织与借款人（不包括同业拆借）所签订的借款合同	按借款金额万分之零点五贴花	立合同人	单据作为合同使用的，按合同贴花
9. 财产保险合同	包括财产、责任、保证、信用等保险合同	按保费收入千分之一贴花	立合同人	单据作为合同使用的，按合同贴花
10. 技术合同	包括技术开发、转让、咨询、服务等合同	按所载金额万分之三贴花	立合同人	
11. 产权转移书据	包括财产所有权和版权、商标专用权、专利权、专有技术使用权等转移书据	按所载金额万分之五贴花	立据人	目前，股权转移书据按千分之四贴花
12. 营业账簿	生产经营用账册	记载资金的账簿，按实收资本和资本公积的合计金额万分之五贴花。其他账簿按件贴花 5 元	立账簿人	
13. 权利许可证照	包括政府部门发给的房屋产权证、工商营业执照、商标注册证、专利证、土地使用证	按件贴花 5 元	领受人	

四、印花税的计税依据

（1）各类经济合同，以合同所记载的金额、收入或费用作为计税依据。具体为以下几类：

① 购销合同的计税依据为购销合同记载的金额。

② 加工承揽合同的计税依据是加工或承揽收入的金额。由受托方提供原材料的加工合同，凡在合同中分别记载加工费金额与原材料金额的，应分别按“加工承揽合同”“购销合同”计税，两项税额相加数，即为合同应贴的印花；合同中不划分加工费金额与原材料金额的，应按全部金额，依照“加工承揽合同”计税贴花。

③ 建设工程勘察设计合同的计税依据为勘察、设计收取的费用。

④ 建筑安装工程承包合同的计税依据为承包金额，不得剔除任何费用。

⑤ 财产租赁合同的计税依据是租赁金额。

⑥ 货物运输合同的计税依据为取得的运输费金额，不包括装卸费等。

⑦ 仓储保管合同的计税依据为仓储保管的费用。

⑧ 借款合同的计税依据为借款金额。

⑨ 财产保险合同的计税依据为保险费金额。

⑩ 技术合同的计税依据为合同所载的价款、报酬或使用费。为鼓励技术研究开发，对技术开发合同，只就合同所载的报酬金额计税，研究开发经费不作为计税依据，但对合同约定按研究开发经费一定比例作为报酬的，应按一定比例的报酬金额计税贴花。

（2）产权转移书据以书据中记载的金额为计税依据。

（3）记载资金的营业账簿，以实收资本和资本公积的两个项目合计金额为计税依据。

五、印花税应纳税额的计算

印花税的计算采用从价计征和从量计征两种方法。适用从量征收的是权利许可证照和其他账簿，其他应税项目均适用从价计征。

从价计征的，适用比例税率，计算公式为

应纳税额＝应税凭证计税金额×适用税率

从量计征的，适用定额税率，计算公式为

应纳税额＝应税凭证件数×单位税额

【例 8-5】 某汽车修配厂与机械进出口公司签订购买价值为 2 000 万元的测试设备购买合同，为购买此设备与工商银行签订借款 2 000 万元的借款合同。后因故购销合同作废，改签融资租赁合同，租赁费 1 000 万元。根据上述情况，该厂共应缴纳印花税为多少万元？

购销合同应缴纳印花税＝2 000×0.3‰＝0.6（万元）

借款合同应缴纳印花税＝2 000×0.05‰＝0.1（万元）

融资租赁合同应缴纳印花税＝1 000×0.05‰＝0.05（万元）

该厂共应缴纳印花税＝0.6＋0.1＋0.05＝0.75（万元）

六、印花税的减免税

按照《中华人民共和国印花税暂行条例》及相关细则的规定，下列项目免征印花税：

（1）已缴纳印花税的凭证的副本或者抄本。

（2）财产所有人将财产赠给政府、社会福利单位、学校所立的书据。

（3）国家指定的收购部门与村民委员会、农民个人书立的农副产品收购合同。

（4）无息、贴息贷款合同。

（5）外国政府或者国际金融组织向我国政府及国家金融机构提供优惠贷款所书立的合同。

（6）房产管理部门与个人签订的用于生活居住的租赁合同。

（7）农牧业保险合同。

（8）军事物资、抢险物资的运输合同、新建铁路的工程临管线运输合同。

（9）企业因改制签订的产权转移书据。

（10）企业股权分置改革过程中因非流通股股东向流通股股东支付对价而发生的股权转让。

七、印花税的征收管理

印花税按照应纳税额大小，纳税次数多少以及税源控管需要，分别采用自行贴花、汇贴或汇缴、委托代征 3 种征收办法。

（1）自行贴花。纳税人书立、领用或者使用应税凭证的同时，纳税义务即已产生，应当根据应税凭证的性质和适用税率，自行计算应纳税额，自购印花税票，自行一次贴足印花税票，并加以注销或画销，纳税义务才算全部履行完毕。这种办法一般适用于应税凭证较少或同一凭证纳税次数较少数派纳税人。

（2）汇贴或汇缴。一份凭证应纳税额超过 500 元的，应向当地税务机关申请填写缴款书或者完税证，将其中的一联粘贴在凭证上或由税务机关在凭证上加注完税标记代替贴花。这就是通常所说的“汇贴”。同一种类应税凭证，需要频繁贴花的，应向当地税务机关申请按期汇总缴纳印花税。获准汇总缴纳印花税的纳税人，应持有税务机关发给的汇缴许可证。汇总缴纳的期限由当地税务机关确定，但最长期限不得超过 1 个月。

（3）委托代征。凡通过国家有关部门发放、鉴证、公证或仲裁的应税凭证可由税务机关委托这些部门代为征收印花税税款。

纳税人不论采取哪一种纳税办法，均应对纳税凭证妥善保存。凭证的保存期限，凡国家已有明确规定的，按规定办理；其余凭证均在履行纳税义务完毕后保存 1 年。

八、印花税的核算

由于企业缴纳的印花税，不会发生应付未付税款的情况，不需要预计应纳税金额，同时也不存在与税务机关结算或清算的问题，所以企业缴纳的印花税不需要通过“应交税费”科目核算。由于印花税的适用范围较广，其应记入科目应视业务的具体情况予以确定。

（1）若是固定资产、无形资产的购销、转让，作为买方或承受方，其支付的印花税，应借记“固定资产”“无形资产”科目；作为卖方或转让方，其支付的印花税应借记“固定资产清理”“营业外支出”等科目。

（2）在企业租赁固定资产、无形资产等时，租入方应支付的印花税借记“管理费用”科目，租出方应支付的印花税，借记“固定资产清理”或“其他业务成本”等科目。

（3）企业在债务重组时，债务人应缴的印花税，应借记“管理费用”科目，债权人则应借记“长期股权投资”科目。

（4）在其他情况下，企业支付的印花税，则应借记“管理费用”科目，贷记“现金”或“银行存款”科目。

九、印花税的纳税申报

纳税人购买印花税票时，需填制纳税申报表，见表 8-8。对于同一税款所属期而纳税人多次申报的，实行差额申报，即该次申报不包含上次申报信息。

表 8-8　印花税纳税申报表

填表日期：　　年　月　日

纳税人识别号：　　　　　　　　　　　　　　　　　　　　金额单位：元（列至角分）

纳税人名称					税款所属时期					
应税凭证名称	件数	计税金额	适用税率	应纳税额	已纳税额	应补退税额	购花贴花情况			
							上期结存	本期购进	本期贴花	本期结存
1	2	3	4	5=2×3×4	6	7=5−6	8	9	10	11=8+9−10

续表

<table>
<tr><td></td><td></td><td></td><td></td><td></td><td></td><td></td><td></td><td></td><td></td></tr>
<tr><td></td><td></td><td></td><td></td><td></td><td></td><td></td><td></td><td></td><td></td></tr>
<tr><td></td><td></td><td></td><td></td><td></td><td></td><td></td><td></td><td></td><td></td></tr>
<tr><td></td><td></td><td></td><td></td><td></td><td></td><td></td><td></td><td></td><td></td></tr>
<tr><td></td><td></td><td></td><td></td><td></td><td></td><td></td><td></td><td></td><td></td></tr>
<tr><td></td><td></td><td></td><td></td><td></td><td></td><td></td><td></td><td></td><td></td></tr>
<tr><td></td><td></td><td></td><td></td><td></td><td></td><td></td><td></td><td></td><td></td></tr>
<tr><td></td><td></td><td></td><td></td><td></td><td></td><td></td><td></td><td></td><td></td></tr>
<tr><td colspan="4">如纳税人填报，由纳税人填写以下各栏</td><td colspan="5">如委托代理人填报，由代理人填写以下各栏</td><td>备　注</td></tr>
<tr><td rowspan="3">会计主管（签章）</td><td rowspan="3">经办人（签章）</td><td rowspan="3" colspan="2">纳税人（签章）</td><td>代理人名称</td><td colspan="3"></td><td rowspan="3">代理人（签章）</td><td rowspan="3"></td></tr>
<tr><td>代理人地址</td><td colspan="3"></td></tr>
<tr><td>经办人</td><td></td><td>电话</td><td></td></tr>
<tr><td colspan="10">以下由税务机关填写</td></tr>
<tr><td colspan="2">收到申报表日期</td><td colspan="4"></td><td colspan="2">接收人</td><td colspan="2"></td></tr>
</table>

任务六　城市维护建设税和教育费附加的核算与申报

【任务引导】

某县城一家食品加工企业，为增值税小规模纳税人，2014 年 8 月购进货物取得普通发票的价款合计 50 000 元，销售货物开具普通发票价款合计 70 000 元，出租临街商铺取得收入 30 000 元。

你能确定该食品厂应缴纳的城建税和教育费附加吗？

【知识介绍】

一、城市维护建设税

城市维护建设税简称城建税，是对缴纳增值税、消费税、营业税的单位和个人，以纳税人实际缴纳的增值税、消费税、营业税为计税依据征收的一种税。征收城建税是为了加强城市的维护建设，扩大和稳定城市维护建设资金的来源。城建税是一种附加税，增值税、消费税和营业税则是主税。

1．纳税义务人

海关对进口货物代征增值税、消费税的，不征收城建税。外商投资企业和外国企业不缴纳城建税。除上述两种情况外，凡缴纳增值税、消费税、营业税的单位和个人，都是城建的纳税人。

2. 计税依据与纳税时间

城建税以纳税人实际缴纳的增值税、消费税和营业税为计税依据，分别与增值税、消费税和营业税同时缴纳。

3. 税率

（1）纳税人所在地为市区的，税率为7%。
（2）纳税人所在地为县城、镇的，税率为5%。
（3）纳税人所在地不在市区、县城或镇的，税率为1%。

4. 城建税应缴税额的计算

教育费附加以纳税人实际缴纳的增值税、消费税、营业税的税额为计费依据，应缴税额的计算公式为

应纳城建税＝应缴纳的增值税、消费税、营业税三税税额×适用税率

5. 计提缴纳城建税会计处理

企业计提城建税时，借记“营业税金及附加”科目，贷记“应交税费——应交城建税”科目；上交时，借记“应交税费——应交城建税”科目，贷记“银行存款”等科目。

二、教育费附加

教育费附加是对缴纳增值税、消费税、营业税的单位和个人征收的一种附加费。征收教育费附加是为了发展地方性教育事业，扩大地方教育经费的资金来源。

1. 缴纳人

教育费附加的缴纳义务人与城建税一致。除进口货物和外商投资企业、外国企业外，凡缴纳增值税、消费税、营业税的单位和个人，都应缴纳教育费附加。

2. 征收范围、计税依据用征收比率

教育费附加对缴纳增值税、消费税、营业税的单位和个人征收，以其实际缴纳的增值税、消费税和营业税税额为计征依据。教育费附加计征比率为3%。

3. 教育费附加应缴费额的计算

教育费附加以纳税人实际缴纳的增值税、消费税、营业税的税额为计费依据，应缴费额的计算公式为

应纳教育费附加＝应缴纳的增值税、消费税、营业税三税税额×3%

4. 计提缴纳教育费附加的会计处理

企业计提教育费附加时，借记“营业税金及附加”科目，贷记“应交税费——应交教育费附加”科目；上交教育费附加时，借记“应交税费——应交教育费附加”科目，贷记“银行存款”等科目。

同步测试

一、单项选择题

1. 房产出租的，依照房产租金收入计算缴纳房产税，税率为（　　）。

A. 1.2%　　B. 12%　　C. 10%　　D. 30%

2. 房产税从价计征的，依照房产原值一次减除（　　）后的余值计算缴纳。

A. 10%～20%　　B. 10%～30%　　C. 5%～20%　　D. 5%～30%

3. 房产税按（　　）方式缴纳。

A. 按年征收，分期缴纳　　B. 按季征收，分期缴纳

C. 按月征收，分期缴纳　　D. 由省、自治区、直辖市人民政府规定

4. 对权利许可证照和非资金账簿，实行按件征收印花税，每件的固定税额是（　　）。

A. 0.5 元　　B. 5 元　　C. 10 元　　D. 15 元

5. 根据车船税的有关规定，下列选项中应缴纳车船税的是（　　）。

A. 军队专用车　　B. 押送犯人的警用车辆

C. 非机动驳船　　D. 自行车

6. 从价计征的房产税，其计税依据是（　　）。

A. 房产原值　　B. 房产余值　　C. 房产净值　　D. 房产市价

7. 关于车辆购置税的计算，下列说法正确的是（　　）。

A. 进口自用的应税小汽车的计税价格包括关税完税价格和关税，不包括消费税

B. 纳税人购买自用的应税车辆的计税依据为纳税人购买应税车辆而支付给销售方的全部价款和价外费用（含增值税）

C. 纳税人自产自用、受赠使用、获奖使用和以其他方式取得并自用的应税车辆一般以国家税务总局核定的最低计税价格为计税依据

D. 纳税人以外汇结算应税车辆价款的，按照申报纳税当月最后一天的中国人民银行公布的人民币基准汇价，折合成人民币计算应纳税额

8. 根据契税法律制度的规定，下列各项中，不属于契税纳税人的是（　　）。

A. 出售房屋的个人　　B. 受赠土地使用权的企业

C. 购买房屋的个人　　D. 受让土地使用权的企业

9. 某市甲公司 2014 年 3 月份应缴增值税 90 000 元，实际缴纳增值税 80 000 元；应缴纳消费税 70 000 元，实际缴纳消费税 60 000 元；应缴营业税 50 000 元，实际缴纳营业税 40 000 元。该公司 3 月份应纳教育费附加是（　　）元。

A. 6 300　　B. 5 400　　C. 6 000　　D. 5 000

10. 某公司拥有船舶 2 艘，净吨位分别为 200.5 吨，180.7 吨。100 马力的拖船 1 艘；该地船舶车船税税额为净吨位每吨年税额 5 元，该公司应缴纳的车船税为（　　）元。

A. 2 155　　B. 2 030　　C. 2 500　　D. 2 250

二、多项选择题

1. 属于房产税纳税人的有（　　）。

A. 经营管理单位　　B. 出典人　　C. 房产使用人　　D. 房产代管人

2. 印花税的征收方式有（　　）。

A. 代扣代缴　　B. 自行贴花　　C. 委托代售　　D. 汇贴或汇缴

3. 印花税的税率有（　　）。

A. 比例税率　　B. 累进税率　　C. 超额累进税率　　D. 定额税率

4. 政府房产，可免纳房产税的是（　　）。

A. 国家机关、人民团体、军队自用的房产

B. 个人所有非营业用的房产

C. 宗教寺庙、公园、名胜古迹自用的房产

D. 国家财政部门拨付事业经费的单位对外出租的房产

5. 根据车船税法的有关规定，下列各项中属于车船税的纳税人的有（　　）。

A. 车辆、船舶的所有人　　B. 车辆、船舶的管理人

C. 车辆、船舶的使用人　　D. 车辆、船舶的保管人

6. 根据车船税的有关规定，下列各项中按税额的50%计算车船税的有（　　）。

A. 非机动车辆　　B. 拖船　　C. 捕捞渔船　　D. 非机动驳船

7. 企业办的（　　）自用的房产，可免征房产税。

A. 学校　　B. 医院　　C. 托儿所　　D. 幼儿园

8. 下列应税凭证计算印花税的计税依据分别为（　　）。

A. 购买股权转让书据，为书立当日证券市场成交价格

B. 货物运输合同为运输、保险、装卸等各项费用合计

C. 融资租赁合同为租赁费

D. 以物易物的购销合同为合同所载的购销金额合计

9. 根据《中华人民共和国车辆购置税暂行条例》的规定，属于车辆购置税应税行为的有（　　）。

A. 购买使用国产应税车辆　　B. 购买使用进口应税车辆

C. 汽车经营商购进的待销售汽车　　D. 受赠使用行为

10. 关于契税的计税依据，下列表述正确的有（　　）。

A. 土地使用权交换的，以所交换的土地使用权的价格差额为计税依据

B. 房屋赠与的，由征收机关参照房屋买卖的市场价格核定计税依据

C. 买卖已装修的房屋，契税计税依据中应包括装修费用

D. 土地使用权出售的，以评估价格为计税依据

三、业务处理题

1. 某公司2014年年初自有房屋13栋，其中7栋用于生产，房产原值480万元，不包括冷暖通风设备40万元；2栋租给某单位作经营用房，年租金收入20万元；2栋作为职工宿舍，房产原值490万元，1栋为公司子弟小学用房，房产原值40万元。当年8月该公司新建一栋生产用房竣工验收，投入使用，该厂房账面价值 36 万元。当地政府规定房产原值减除率为30%，房产税每半年缴纳一次，每年2月、11月缴纳。

要求：

（1）计算该公司2001年应纳房产税。

（2）作出相关业务的会计处理。

① 计提房产税时。

② 摊销入“管理费用”时。

③ 缴纳房产税时。

2. 某企业 2014 年以自己的价值 900 万元的办公用房与另一企业交换一处厂房，另收取差价款 300 万元。同年政府有关部门批准向该企业出让土地一块，该企业支付土地出让金 400 万元。请计算该企业应缴纳的契税税额，并编制缴纳契税的会计分录。

3. 甲公司 2014 年拥有载货汽车 10 辆，自重均为 5.4 吨，6 座的客货两用汽车 3 辆，自重均为 2.7 吨。该地车船税税额为：载货汽车每吨 40 元，乘人汽车 11 座以下的每辆 160 元。请计算该公司 2014 年度应纳车船税，并编制计提、缴纳车船税的会计分录。

项目九

个人所得税的核算与申报

GEREN SUODESHUI DE HESUAN YU SHENBAO

个人所得税是调整征税机关与自然人（居民、非居民人）之间在个人所得税的征纳与管理过程中所发生的社会关系的法律规范的总称。居民纳税义务人负有完全纳税的义务，必须就其来源于中国境内、境外的全部所得缴纳个人所得税；而非居民纳税义务人仅就其来源于中国境内的所得，缴纳个人所得税。

【学习目标】

（1）掌握个人所得税的应税所得项目，会分辨个人所得税的纳税人类型。

（2）掌握个人所得税的计算方法，会计算应纳个人所得税。

（3）掌握自行申报、代扣代缴个人所得税的核算方法，会核算个人所得税。

（4）掌握个人所得税纳税申报的相关规定，会编制扣缴个人所得税报告表。

任务一　识别个人所得税应税业务、纳税人

【任务引导】

1. 王密为一名就职于国有企业的高级工程师，2014 年度取得以下个人收入，根据个人所得税法的相关知识，判断每项收入属于个人所得税的哪项应税所得。

（1）每月从就职单位取得工资 3 600 元，年终取得一次性奖金 20 000 元。

（2）4 月份利用业余时间为一外资企业设计一项产品改良方案，取得收入 8 000 元。

（3）8 月份，对外转让一项技术专利（个人拥有）1 年的使用权，取得收入 21 000 元。

（4）12 月份，从投资入股的私营企业取得本年度的股息、红利 10 000 元。

2. 李斯为一名美籍专家，2014 年 1 月 1 日起在中国境内工作。2014 年 4 月 1 日至 6 月 1 日回国参加一个产品研发项目的策划。2014 年度从就职的中国境内企业取得年工资收入 62 000 元、年终奖金 30 000 元、股息红利 20 000 元；将其美国私人住宅对外出租取得年租金 120 000 元。问其 2014 年度的个人所得是否应向中国政府缴纳个人所得税。

【知识介绍】

一、个人所得税概述

个人所得税是以个人（自然人）取得的各项应税所得为征税对象征收的一种税。个人所得税是世界各国普遍开征的一个税种，其税制征管模式有 3 种：分类征收制、综合征收制、混合征收制。我国目前采用的是分类征收制，就是将纳税人不同来源、性质的所得项目，分别规定不同的税率，分项确定计税依据，分项计算应纳个人所得税。

二、个人所得税的征税范围

个人所得税的征税对象是个人取得的应税所得，我国税法列举征税的应税所得有 11 项。

1. 工资、薪金所得

工资、薪金所得是指个人因任职或者受雇而取得的工资、薪金、奖金、年终加薪、劳动分红、津贴、补贴以及与任职或者受雇有关的其他所得。

除工资、薪金以外，奖金、年终加薪、劳动分红、津贴、补贴也被确定为工资、薪金所得范畴。其中，年终加薪、劳动分红不分种类和取得情况，一律按工资、薪金所得课税，津贴、补贴等则有例外。根据我国目前个人收入的构成情况，规定对于一些不属于工资、薪金性质的补贴、津贴或者不属于纳税人本人工资、薪金所得项目的收入，不予征税。这些项目包括以下几项：

（1）独生子女补贴。

（2）执行公务员工资制度未纳入基本工资总额的补贴、津贴差额和家属成员的副食品补贴。

（3）托儿补助费。

（4）差旅费津贴、误餐补助。

奖金是指所有具有工资性质的奖金，免税奖金的范围在税法中另有规定。

公司职工取得的用于购买企业国有股权的劳动分红，按“工资、薪金所得”项目计征个人所得税。

出租汽车经营单位对出租车驾驶员采取单车承包或承租方式经营，出租车驾驶员从事客货营运取得的收入，按工资、薪金所得征税。

2. 个体工商户的生产、经营所得

（1）个体工商户从事工业、手工业、建筑业、交通运输业、商业、饮食业、服务业、修理业以及其他行业生产、经营取得的所得。

（2）个人经政府有关部门批准，取得执照，从事办学、医疗、咨询以及其他有偿服务活动取得的所得。

（3）个人因从事彩票代销业务而取得的所得，应按照“个体工商户的生产、经营所得”项目计征个人所得税。

（4）从事个体出租车运营的出租车驾驶员取得的收入，按个体工商户的生产、经营所得项目缴纳个人所得税。出租车属个人所有，但挂靠出租汽车经营单位或企事业单位，驾驶员向挂靠单位缴纳管理费的，或出租汽车经营单位将出租车所有权转移给驾驶员的，出租车驾驶员从事客货运营取得的收入，比照个体工商户的生产、经营所得项目征税。

（5）个人独资企业、合伙企业的个人投资者以企业资金为本人、家庭成员及其相关人员支付与企业生产经营无关的消费性支出及购买汽车、住房等财产性支出，视为企业对个人投资者分配利润，并入投资者个人的生产经营所得，依照“个体工商户生产、经营所得”项目计征个人所得税。

（6）其他个人从事个体工商户业生产、经营取得的所得。

个体工商户和从事生产、经营的个人，取得与生产、经营活动无关的其他各项应税所得，应分别按照其他应税项目的有关规定，计算征收个人所得税。如取得银行存款的利息所得、对外投资取得的股息所得，应按“股息、利息、红利所得”项目的规定单独计征个人所得税。

3. 对企事业单位的承包经营、承租经营所得

对企事业单位的承包经营、承租经营所得是指个人承包经营、承租经营以及转包、转租取得的所得。承包项目可分为多种，如生产经营、采购、销售、建筑安装等各种承包。转包包括全部转包和部分转包。

4. 劳务报酬所得

劳务报酬所得是指个人独立从事各种非雇佣的劳务所取得的所得，具体包括个人从事设计、装潢、安装、制图、化验、测试、医疗、法律、会计、咨询、讲学、新闻、广播、翻译、审稿、书画、雕刻、影视、录音、录像、演出、表演、广告、展览、技术服务、介绍服务、经纪服务、代办服务以及其他劳务取得的所得。

知识拓展

劳务报酬所得与工资、薪金所得的区别

工资、薪金所得是属于非独立个人劳务活动，即在机关、团体、学校、部队、企事业单位及其他组织中任职、受雇而得到的报酬；劳务报酬所得则是个人独立从事各种技艺、提供各项劳务取得的报酬。

5. 稿酬所得

稿酬所得是指个人因其作品以图书、报刊形式出版、发表而取得的所得。不以图书、报刊形式出版、发表的翻译、审稿、书画所得归为劳务报酬所得。

6．特许权使用费所得

特许权使用费所得是指个人提供专利权、商标权、著作权、非专利技术以及其他特许权的使用权取得的所得；提供著作权的使用权取得的所得，不包括稿酬所得。

7．利息、股息、红利所得

利息、股息、红利所得是指个人拥有债权、股权而取得的利息、股息、红利所得。利息是指个人拥有债权而取得的利息，包括存款利息、贷款利息和各种债券的利息。股息、红利是指个人拥有股权取得的股息、红利；按照一定的比率对每股发给的息金叫股息；公司、企业应分配的利润，按股份分配的叫红利。

8．财产租赁所得

财产租赁所得是指个人出租建筑物、土地使用权、机器设备、车船以及其他财产取得的所得。个人取得的财产转租收入，属于“财产租赁所得”的征税范围，由财产转租人缴纳个人所得税。

9．财产转让所得

财产转让所得是指个人转让有价证券、股权、建筑物、土地使用权、机器设备、车船以及其他财产取得的所得。

10．偶然所得

偶然所得是指个人得奖、中奖、中彩以及其他偶然性质的所得。

11．国务院、财政部确定征税的其他所得

除上述列举的各项个人应税所得外，其他确有必要征税的个人所得，由国务院财政部门确定。个人取得的所得，难以界定应纳税所得项目的，由主管税务机关确定。

三、个人所得税的纳税人

个人所得税以取得应税所得的个人为纳税人，包括中国公民、个体工商户、个人独资企业、合伙企业投资者、企事业单位的承包承租经营者等，以及在中国有所得的外籍人员（包括无国籍人员，下同）和香港、澳门、台湾同胞。根据住所和居住时间两个标准，个人所得税的纳税人可分为居民纳税人和非居民纳税人两类，分别承担不同的纳税义务。

1．居民纳税人

在中国境内有住所，或者无住所而在中国境内居住满 1 年的个人，属于我国的居民纳税人。

在中国境内有住所的个人，是指因户籍、家庭、经济利益关系，而在中国境内习惯性居住的个人。习惯性居住是指个人因学习、工作、探亲、旅游等原因消除后，没有理由在其他地方继续居留时，所要回到的地方，而不是指实际居住或在某一个特定时期内的居住地。

在中国境内居住满 1 年，是指导在一个纳税年度中，在中国境内居住满 365 日。临时离境的，不扣减其在华居住日数。临时离境是指在一个纳税年度中，一次不超过 30 日或多次累计不超过 90 日的离境。例如，一个外籍人员从 2013 年 1 月起到中国境内的分公司任职，在

2013 纳税年度内，曾于 2 月 10 日至 20 日离境回国，向其总公司述职；12 月 15 日至 30 日又离境回国休假。这两次离境一次不超过 30 日，两次累计不超过 90 日，应视作临时离境，不扣减其在华居住天数，该外籍个人应按居民纳税人纳税。

现行税法中关于“中国境内”的概念，是指中国大陆地区，目前还不包括香港、澳门和台湾地区。

居民纳税人应就其来源于中国境内和境外的所得，向我国政府履行全面纳税义务，依法缴纳个人所得税。

2. 非居民纳税人

非居民纳税人是指不符合居民纳税人判定标准（条件）的纳税义务人。非居民纳税人是指“在中国境内无住所又不居住，或者无住所而在境内居住不满 1 年的个人”。在现实生活中，非居民纳税人实际上是一个纳税年度中，没有在中国境内居住，或者在中国境内居住不满 1 年的外籍人员、华侨或香港、澳门、台湾同胞。

非居民纳税人，只就其来源于中国境内的所得向我国政府履行有限纳税义务，依法缴纳个人所得税。

3. 所得来源地的确定

下列所得，不论支付地点是否在中国境内，均为来源于中国境内的所得：

（1）因任职、受雇、履约等而在中国境内提供劳务取得的所得。

（2）将财产出租给承租人在中国境内使用而取得的所得。

（3）转让中国境内的建筑物、土地使用权等财产或者在中国境内转让其他财产取得的所得。

（4）许可各种特许权在中国境内使用而取得的所得。

（5）从中国境内的公司、企业以及其他经济组织或者个人取得的利息、股息、红利所得。

在中国境内无住所，但是居住 1 年以上 5 年以下的个人，其来源于中国境外的所得，经主管税务机关批准，可以只就由中国境内公司、企业以及其他经济组织或者个人支付的部分缴纳个人所得税；居住超过 5 年的个人，从第 6 年起，应当就其来源于中国境外的全部所得缴纳个人所得税。

在中国境内无住所，但是在一个纳税年度中在中国境内连续或者累计居住不超过 90 日的个人，其来源于中国境内的所得，由境外雇主支付并且不由该雇主在中国境内的机构、场所负担的部分，免予缴纳个人所得税。

任务二　计算应纳个人所得税

【任务引导】

赵红是天成影视中心的一名职工，2014 年取得以下收入，要求计算 2014 年赵红应纳个人所得税。

（1）从其任职的影视中心取得每月工资收入 3 600 元。

（2）元月份签订一份租赁合同，将自有商铺出租，租期 1 年。元月份支付出租房屋修缮费 500 元，每月取得租金收入 3 000 元。（假设不考虑其他税费）

（3）2 月份出版了中篇小说一部，从出版社取得稿酬 4 200 元；同年该小说在一家晚报上连载，从报社取得稿酬 3 800 元。

（4）6 月份加拿大一影视中心将其多年前创作的剧本拍摄成电视剧，取得剧本使用费 30 000 元。赵红已按加拿大国的相关规定向该国缴纳了个人所得税 4 000 元。

（5）10 月份，受聘为本市大型联欢晚会编排歌舞剧，取得歌舞编排答谢费 30 000 元。

（6）11 月份，在一次购房抽奖活动中中奖，获得价值 20 000 元的奖品。

（7）12 月份，从任职单位天成影视中心获得年终一次性奖金 25 000 元。

（8）12 月份，将其已使用 5 年的一辆小轿车转让给他人，取得转让收入 100 000 元。已知该辆小轿车购置成本为 230 000 元，转让时共支付税费 35 000 元。

【知识介绍】

我国现行个人所得税实行分项计征，计算应纳个人所得税时，需按 11 个所得项目分项确定应纳税所得额、适用税率，再分项计算应纳个人所得税。其计算公式为

$$\text{应纳个人所得税} = \sum \text{各个所得项目的应纳税所得额} \times \text{各个所得项目适用的税率}$$

其中，应税所得额是指各个应税项目的收入额减去税法规定的该项目费用减除标准后的余额；适用税率有两种类型，即超额累进税率、比例税率。

现行税法规定，个人所得税的计征方法有 3 种：一是按年计征，如个体工商户生产、经营所得和对企事业单位承包承租经营所得；二是按月计征，如工资、薪金所得；三是按次计征，如劳务报酬所得，特许权使用费所得，利息、股息、红利所得，财产租赁所得，偶然所得和其他所得等几项所得。

一、工资、薪金所得应纳个人所得税的计算

1. 确定应纳税所得额

工资、薪金所得，以每月收入额减除费用 3 500 元后的余额，为应纳税所得额。

对在中国境内无住所而在中国境内取得工资、薪金所得的纳税义务人和在中国境内有住所而在中国境外取得工资、薪金所得的纳税义务人，可以根据其平均收入水平、生活水平以及汇率变化情况确定附加减除费用。这些纳税人具体包括：①在中国境内的外商投资企业和外国企业中工作的外籍人员；②应聘在中国境内的企业、事业单位、社会团体、国家机关中工作的外籍专家；③在中国境内有住所而在中国境外任职或者受雇取得工资、薪金所得的个人；④国务院财政、税务主管部门确定的其他人员。华侨和香港、澳门、台湾同胞参照上述附加减除费用标准执行。从 2011 年 9 月 1 日起，附加减除费用标准为在每月减除 3 500 元费用的基础上，再附加减除 1 300 元。

2. 确定税率

工资、薪金所得适用 3%～45%的七级超额累进税率，见表 9-1。

表 9-1　个人所得税税率表（一）

（工资、薪金所得适用）

级数	全月应纳税所得额	税　　率	速算扣除数
1	不超过 1 500 元的	3%	0

续表

级数	全月应纳税所得额	税　率	速算扣除数
2	超过1 500元至4 500元的部分	10%	105
3	超过4 500元至9 000元的部分	20%	555
4	超过9 000元至35 000元的部分	25%	1 005
5	超过35 000元至55 000元的部分	30%	2 755
6	超过55 000元至80 000元的部分	35%	5 505
7	超过80 000元的部分	45%	13 505

注：本表所称全月应纳税所得额是指依照《中华人民共和国个人所得税法》（简称《个人所得税法》）第六条的规定，以每月收入额减除费用3 500元以及附加减除费用后的余额。

3．计算税额

1）一般工资、薪金所得应纳个人所得税的计算

工资、薪金所得适用超额累进税率，在计算应纳税额时，常采用速算扣除法。其计算公式为

应纳个人所得税＝应纳税所得额×适用税率－速算扣除数
＝（每月收入额－3 500元或4 800元）×
适用税率－速算扣除数

【例9-1】 某高级工程师在内资企业任职，2014年1—12月份工资、薪金收入为5 000元，计算该所得项目应纳个人所得税。

每月应纳税所得额＝5 000－3 500＝1 500（元）

每月应纳个人所得税＝1 500×10%－105＝45（元）

工资、薪金所得全年应纳个人所得税＝45×12＝540（元）

【例9-2】 某美籍专家在中国境内的一家外商投资企业任生产技术顾问，2014年12月份每月工资、薪金总收入为9 000元，计算该所得项目应纳个人所得税。

应纳税所得额＝9 000－4 800＝4 200（元）

应纳个人所得税＝4 200×20%－555＝285（元）

2）取得全年一次性奖金应纳税额的计算

全年一次性奖金是指行政机关、企事业单位等扣缴义务人根据其全年经济效益和对雇员全年工作业绩的综合考核情况，向雇员发放的一次性奖金，也包括年终加薪、实行年薪制和绩效工资办法的单位根据考核情况兑现的年薪和绩效工资。

纳税人取得全年一次性奖金，单独作为一个月工资、薪金所得计算纳税，并按以下计税办法，由扣缴义务人发放时代扣代缴。

（1）先将雇员当月内取得的全年一次性奖金，除以12个月，按其商数确定适用税率和速算扣除数。

如果在发放年终一次性奖金的当月，雇员当月工资薪金所得低于税法规定的费用扣除额，应将全年一次性奖金减除“雇员当月工资薪金所得与费用扣除额的差额”后的余额，按上述办法确定全年一次性奖金的适用税率和速算扣除数。

（2）将雇员个人当月内取得的全年一次性奖金，按上述方法确定的适用税率和速算扣除数计算征税。

如果雇员当月工资薪金所得高于（或等于）税法规定的费用扣除额的，则适用公式为

应纳税额＝雇员当月取得全年一次性奖金×适用税率－速算扣除数

如果雇员当月工资薪金所得低于税法规定的费用扣除额的，则适用公式为

应纳税额＝（雇员当月取得全年一次性奖金－雇员当月工资薪金所得与费用扣除额的差额）×适用税率－速算扣除数

雇员取得除全年一次性奖金以外的其他各种名目奖金，如半年奖、季度奖、加班奖、先进奖、考勤奖等，一律与当月工资、薪金收入合并，按税法规定缴纳个人所得税。

【例 9-3】 某中国公民在一家内资企业任职，2014 年 1—12 月份每月工资、薪金收入为 3 000 元。2014 年 12 月底取得全年一次性奖金 25 500 元，计算该公民年终奖金应纳个人所得税。

（1）找适用税率、速算扣除数：[25 500－（3 500－3 000）]÷12≈2 083.33（元），适用税率为 10%、速算扣除数为 105 元

（2）计算税额：应纳税额＝[25 500－（3 500−3 000）]×10%－105＝2 395（元）

二、个体工商户生产经营所得应纳个人所得税的计算

1．确定应纳税所得额

个体工商户、实行查账征收的个人独资企业和合伙企业投资者，其应纳税所得额的计算公式为

年应纳税所得额＝全年收入总额－（成本、费用、损失）

全年收入总额是指个体工商户从事生产经营以及与生产经营有关的活动所取得的各项收入，包括商品（产品）销售收入、营运收入、劳务服务收入、工程价款收入、财产出租或转让收入、利息收入、其他业务收入和营业收入。

成本、费用是指个体工商户从事生产经营所发生的各项直接支出和分配计入成本的间接费用以及销售费用、管理费用、财务费用。损失是指个体工商户在生产经营过程中发生的各项营业外支出。

（1）自 2011 年 9 月 1 日起，个体工商户业主、个人独资企业和合伙企业的投资者本人的费用扣除标准统一规定为 42 000 元/年，即 3 500 元/月。

（2）个体工商户、个人独资企业、合伙企业投资者向其从业人员实际支付的合理的工资、薪金支出，允许在税前据实扣除。

（3）纳税人拨缴的工会经费、发生的职工福利费、职工教育经费支出分别在工资薪金总额 2%、14%、2.5%的标准内据实扣除。

（4）每一纳税年度发生的广告费、业务宣传费不超过当年销售（营业）收入 15%的部分，可据实扣除；超过部分，准予在以后纳税年度结转扣除。

（5）每一纳税年度发生的与生产经营直接相关的业务招待费，按照发生额的 60%扣除，但最高不得超过当年销售（营业）收入的 5‰。

（6）纳税人在生产、经营期间借款的利息支出，凡有合法证明的，不高于按金融机构同类、同期贷款利率计算的数额的部分，准予扣除。

（7）个体工商户或个人专营种植业、养殖业、饲养业、捕捞业，对其所得征收个人所得税。兼营上述 4 种行业，对于 4 种行业的所得不能单独核算的，应就其全部所得计征个人所得税。

（8）个体工商户和从事生产、经营的个人，取得与生产、经营活动无关的各项应税所得，应按规定分别计算征收个人所得税。

2．确定税率

个体工商户生产、经营所得适用五级超额累进税率，见表9-2。

表9-2 个人所得税税率表（二）

（个体工商户生产、经营所得和对企事业单位承包、承租经营所得适用）

级数	全年应纳税所得额	税　率	速算扣除数
1	不超过15 000元的部分	5%	0
2	超过15 000元至30 000元的部分	10%	750
3	超过30 000元至60 000元的部分	20%	3 750
4	超过60 000元至100 000元的部分	30%	9 750
5	超过100 000元的部分	35%	14 750

注：本表所称全年应纳税所得额是指依照《个人所得税法》第六条的规定，对个体工商户生产、经营所得是指以每一纳税年度的收入总额减除成本、费用、相关税费以及损失后的余额；对企事业单位的承包经营、承租经营所得是指以每一纳税年度的收入总额，减除必要费用后的余额。

3．计算应纳税额

个体工商户生产、经营所得应纳税额的计算公式为

应纳税额＝应纳税所得额×适用税率－速算扣除数
＝（全年收入总额－成本、费用、损失）×
适用税率－速算扣除数

若个体工商户的生产、经营所得实行按年计算、分月或分季预缴、年终汇算清缴、多退少补的方法。计算公式为

全年应纳税额＝全年应纳税所得额×适用税率－速算扣除数

汇算清缴补缴税额＝全年应纳税额－全年累计已预缴税额

【例9-4】 某餐饮个体工商户2014年12月全月营业额为120 000元，当月原材料消耗为40 000元，电费、水费、房租、煤气费等共计8 800元，交纳其他税费合计为1 600元，支付工资35 000元（包含个体工商业主、从业者的工资）。1—11月累计应纳税所得额为385 000元，1—11月累计已预缴个人所得税126 350元。计算该个体工商户12月应补交的个人所得税。

年应纳税所得额＝全年收入总额-成本、费用、损失
＝[120 000－（40 000＋8 800＋1 600＋35 000）]＋385 000
＝419 600（元）

全年应纳个人所得税额＝419 600×35%－14750＝132 110（元）

12月应补交个人所得税额＝132 110－126 350＝5 760（元）

三、对企事业单位的承包承租经营所得应纳个人所得税的计算

1．确定应纳税所得额

对企事业单位的承包经营、承租经营所得是以每一纳税年度的收入总额，减除必要费用

后的余额，为应纳税所得额。在一个纳税年度中，承包经营或者承租经营期限不足 1 年的，以其实际经营期为纳税年度。收入总额是指纳税人按照承包经营、承租经营合同规定分得的经营利润和工资、薪金性质的所得；减除必要费用是指按月减除 3 500 元。其计算公式为

应纳税所得额＝纳税年度收入总额－必要费用

2．确定税率

对企事业单位的承包经营、承租经营所得与个体工商户的生产、经营所得一样，适用 5%～35%的五级超额累进税率，参见表 9-2。

3．计算应纳税额

对企事业单位承包经营、承租经营所得应纳个人所得税计算公式为

应纳税额＝应纳税所得额×适用税率－速算扣除数

＝（纳税年度收入总额－必要费用）×适用税率－速算扣除数

【例 9-5】 某承包人 2014 年承包经营一个加工厂，根据合同规定，承包人每月可得工资 800 元，年终从该加工厂经营利润中分得利润 239 000 元。计算该承包人应交个人所得税。

年应纳税所得额＝239 000＋800×12－3 500×12＝206 600（元）

应纳税额＝206 600×35%－14 750＝57 560（元）

四、劳务报酬所得应税个人所得税的计算

1．确定应纳税所得额

劳务报酬所得以个人每次取得的收入，定额或定率减除规定的费用后的余额为应纳税所得额。应纳税所得额的计算公式如下：

每次收入不超过 4 000 元的　　应纳税所得额＝每次收入额－800 元

每次收入在 4 000 元以上的　　应纳税所得额＝每次收入额×（1－20%）

劳务报酬所得“每次收入”，根据不同劳务项目的特点，分别规定如下：

（1）只有一次性收入的，以取得该项收入为一次。例如，从事设计、安装、装潢、制图、化验、测试等劳务，往往是接受客户的委托，按照客户的要求，完成一次劳务后取得收入。因此，属于只有一次性的收入，应以每次提供劳务取得的收入为一次。

（2）属于同一项目连续性收入的，以 1 个月内取得的收入为一次。例如，某歌手与一卡拉 OK 厅签约，在 1 年内每天到卡拉 OK 厅演唱一次，每次演出后付酬 50 元。在计算其劳务报酬所得时，应视为同一事项的连续性收入，以其 1 个月内取得的收入为一次，不能以每天取得的收入为一次。

（3）如果个人兼有不同项目劳务报酬，应当分别按不同的项目所得定额或定率减除费用。

2．确定税率

劳务报酬所得适用 20%的比例税率。对劳务报酬所得一次收入畸高的，规定在适用 20%税率征税的基础上，实行加成征税办法。所谓“劳务报酬所得一次收入畸高的”，是指个人一次取得劳务报酬，其应纳税所得额超过 20 000 元。对应纳税所得额超过 20 000 元至 50 000 元的部分，依照税法规定计算应纳税额后，再按照应纳税额加征五成，对超过 50 000 元的部分，按应纳税额加征十成。这实际上等于对劳务报酬所得实行的是一种特殊的延伸的 20%、

30%和40%的三级超额累进税率，见表9-3。

表9-3 个人所得税税率表（三）
（劳务报酬所得适用）

级数	每次应纳税所得额	税率	速算扣除数
1	不超过20 000元的部分	20%	0
2	超过20 000元至50 000元的部分	30%	2 000
3	超过50 000元的部分	40%	7 000

注：本表所称每次应纳税所得额是指每次收入额减除费用800元（每次收入额不超过4 000元时）或者减除20%的费用（每次收入额超过4 000元时）后的余额。

3. 计算应纳税额

劳务报酬所得，其应纳个人所得税的计算公式如下：

（1）每次收入不足4 000元的，计算公式为

应纳税额＝应纳税所得额×适用税率＝（每次收入额－800）×20%

（2）每次收入在4 000元以上、25 000元以下的，计算公式为

应纳税额＝应纳税所得额×适用税率＝每次收入额×（1－20%）×20%

（3）每次收入超过25 000元，即每次收入的应纳税所得额超过20 000元的，计算公式为

应纳税额＝应纳税所得额×适用税率－速算扣除数
＝每次收入额×（1－20%）×适用税率－速算扣除数

式中的适用税率、速算扣除数参见表9-3。

【例9-6】 某高校教授12月份受聘为一家公司开展2场劳动保护专题讲座，每场讲座的酬金为2 500元。要求计算该教授应纳个人所得税。

（1）确定次收入：因为属于同一项目连续性收入的，以1个月内取得的收入为一次，故次收入＝2 500×2＝5 000（元）

（2）应纳税所得额＝5 000×（1－20%）＝4 000（元）

（3）应纳税额＝4 000×20%＝800（元）

【例9-7】 某高校教授12月份受聘为一家公司开展12场劳动保护专题讲座，每场讲座的酬金为2 500元。要求计算该教授应纳个人所得税。

（1）确定次收入：因为属于同一项目连续性收入的，以1个月内取得的收入为一次，故次收入＝2 500×12＝30 000（元）

（2）应纳税所得额＝30 000×（1－20%）＝24 000（元）

（3）应纳税额＝24 000×30%－2 000＝5 200（元）

五、稿酬所得应纳个人所得税的计算

1. 确定应纳税所得额

稿酬所得以个人每次取得的收入，定率或定额减除规定费用后的余额为应纳税所得额。应纳税所得额的计算公式如下：

每次收入不超过4 000元的　　应纳税所得额＝每次收入额－800元

每次收入在4 000元以上的　　应纳税所得额＝每次收入额×（1－20%）

稿酬所得“每次收入”是指以每次出版、发表作品取得的收入为一次，据以确定应纳税所得额。对稿酬所得每次收入的具体规定如下：

（1）同一作品再版取得的所得，应视作另一次稿酬所得计征个人所得税。

（2）同一作品在报刊上连载，应合并其因连载而取得的所有稿酬所得为一次，按税法规定计征。

（3）同一作品先在报刊上连载，然后再出版，或先出版，再在报刊上连载的，应视为两次稿酬所得征税。即连载作为一次，出版作为另一次。

（4）同一作品在出版和发表时，以预付或者分次支付稿酬等形式取得的稿酬收入，应合并为一次计算纳税。

（5）同一作品出版、发表后，因添加印数而追加稿酬的，应与以前出版、发表时取得的稿酬合并计算为一次，计征个人所得税。

2．确定税率

稿酬所得适用税率为20%，并按应纳税额减征30%，故其实际税负为14%。

3．计算应纳税额

稿酬所得应纳个人所得税的计算公式如下：

（1）每次收入不足4 000元的，计算公式为

应纳税额＝应纳税所得额×适用税率＝（每次收入额－800）×20%×（1－30%）

（2）每次收入在4 000元以上的，计算公式为

应纳税额＝应纳税所得额×适用税率＝每次收入额×（1－20%）×20%×（1－30%）

【例9-8】 某作家撰写了一篇长篇小说，先将其在报刊上连载取得收入3 000元，然后又在出版社出版，取得收入8 000元，要求计算该作家应纳个人所得税。

（1）确定次收入：有两次收入，即3 000元和8 000元，应分开征税

（2）连载收入应纳税额＝（3 000－800）×20%×（1－30%）＝308（元）

（3）出版收入应纳税额＝8 000×（1－20%）×20%×（1－30%）＝896（元）

六、特许权使用费所得应纳个人所得税的计算

1．确定应纳税所得额

特许权使用费所得以个人取得的收入，定额或定率减除规定费用后的余额为应纳税所得额。应纳税所得额的计算公式如下：

每次收入不超过4 000元的　　应纳税所得额＝每次收入额－800元

每次收入在4 000元以上的　　应纳税所得额＝每次收入额×（1－20%）

式中，每次收入是指一项特许权的一次许可使用所取得的收入，如果该次转让取得的收入是分笔支付的，则应将各笔收入相加为一次的收入，计征个人所得税。

2．确定税率

特许权使用费所得适用20%比例税率。

3．计算应纳税额

特许权使用费所得应纳个人所得税的计算公式如下：

（1）每次收入不足 4 000 元的，计算公式为

应纳税额＝应纳税所得额×适用税率＝（每次收入额－800）×20%

（2）每次收入在 4 000 元以上的，计算公式为

应纳税额＝应纳税所得额×适用税率＝每次收入额×（1－20%）×20%

七、利息、股息、红利所得应纳个人所得税的计算

1．确定应纳税所得额

利息、股息、红利所得以个人每次取得的收入额为应纳税所得额，不得从中扣除任何费用。其中，每次收入是指支付单位或个人每次支付利息、股息、红利时，个人取得的收入。

2．确定税率

利息、股息、红利所得适用税率为比例税率 20%。

3．计算应纳税额

利息、股息、红利所得应纳个人所得税的计算公式为

应纳税额＝应纳税所得额×适用税率＝每次收入额×20%

八、财产租赁所得应纳税额的计算

1．确定应纳税所得额

财产租赁所得一般以个人每次取得的收入，减除规定费用后的余额作为应纳税所得额。财产租赁所得以一个月内取得的收入为一次。在计算应纳税所得额时，可减除的规定费用包括以下 3 个方面：

（1）财产租赁过程中缴纳的税费。纳税的在出租财产过程中缴纳的税金和教育费附加，可持完税（缴款）凭证，从其财产租赁收入中扣除。

（2）由纳税人负担的该出租财产实际开支的修缮费用。允许扣除的修缮费，以每次 800 元为限，一次扣不完的，准予在下一次继续扣除，直到扣完为止。

（3）税法规定的定额或定率费用扣除标准。即每次收入不超过 4 000 元的，定额减除费用 800 元；每次收入在 4 000 元以上的，定率减除 20%的费用。

应纳税所得额的计算公式如下：

（1）每次收入不超过 4 000 元的，计算公式为

应纳税所得额＝每次（月）收入额－准予扣除税费－修缮费用（800 元限）－800 元

（2）每次（月）收入超过 4 000 元的，计算公式为

应纳税所得额＝[每次（月）收入－准予扣除税费－修缮费用（800 元限）]×（1－20%）

2．确定税率

财产租赁所得适用 20%比例税率。但对个人按市场价格出租的居民住房取得的所得，自 2001 年 1 月 1 日起暂按 10%的税率征收个人所得税。

3. 计算应纳税额

财产租赁所得应纳税额的计算公式为

应纳税额＝应纳税所得额×适用税率

【例 9-9】 刘某于 2014 年 1 月将其自有住房按市场价格出租给个人居住。每月取得租金收入为 2 500 元。1 月份修缮出租住房支付费用 1 000 元，能够提供有效凭证。计算刘某全年租金收入应纳个人所得税。

（1）财产租赁收入以每月内取得的收入为一次，按市场价出租给个人居住适用 10%的税率

（2）1 月份应纳税额＝（2500－800－800）×10%＝90（元）

2 月份应纳税额＝（2500－200－800）×10%＝150（元）

3—12 月份应纳税额＝（2500－800）×10%×10（个月）＝1 700（元）

（3）全年租金收入应纳个人所得税＝90＋150＋1 700＝1 940（元）

九、财产转让所得应纳个人所得税的计算

1. 确定应纳税所得额

财产转让所得以个人每次转让财产取得的收入额减除财产原值和相关税费后的余额为应纳税所得额。其中，“每次”是指一件财产的所有权一次性转让取得的收入为一次。财产转让应纳税额的计算公式为

应纳税所得额＝每次收入额－财产原值－合理税费

财产原值包括：有价证券的原值为买入价以及买入时按照规定交纳的有关费用；建筑物的原值为建造费或者购进价格以及其他有关费用；土地使用权的原值为取得土地使用权所支付的金额、开发土地的费用以及其他有关费用；机器设备、车船的原值为购进价格、运输费、安装费以及其他有关费用；其他财产，参照以上方法确定。 纳税义务人未提供完整、准确的财产原值凭证，不能正确计算财产原值的，由主管税务机关核定其财产原值。

财产转让所得中允许减除的合理费用是指卖出财产时按规定支付的有关费用。

2. 确定税率

财产转让所得适用税率为比例税率 20%。

3. 计算应纳税额

财产转让所得应纳税额的计算公式为

应纳税额＝应纳税所得额×适用税率＝（收入总额－财产原值－合理税费）×20%

【例 9-10】 某个人将一栋自建房屋对外出售。该房屋造价 360 000 元，支付其他费用 50 000 元。出售时取得价款 600 000 元，在售房过程中支付交易税费 35 000 元。要求计算应纳个人所得税。

（1）应纳税所得额＝600 000－（360 000＋50 000）－35 000＝155 000（元）

（2）应纳税额＝155 000×20%＝31 000（元）

十、偶然所得和其他所得应纳个人所得税的计算

1. 确定应纳税所得额

偶然所得和其他所得以个人每次取得的收入额为应纳税所得额，不扣除任何费用。除有特殊规定外，每次收入额就是应纳税所得额，以每次取得该项收入为一次。

2. 确定税率

偶然所得，其他所得适用20%比例税率。

3. 计算应纳税额

偶然所得，其他所得应纳税额的计算公式为

应纳税额＝应纳税所得额×适用税率＝每次收入额×20%

【例9-11】陈某在参加商场的有奖销售过程中，中奖所得共计20 000元。陈某领奖时从中奖收入中拿出4 000元通过教育部门向某希望小学捐赠。计算陈某应纳个人所得税。

（1）根据相关规定，陈某的捐赠额没有超过应纳税所得额的30%，可以全部从应纳税所得额中扣除

（2）应纳税所得额＝偶然所得－捐赠额＝20 000－4 000＝16 000（元）

（3）应纳税额＝16 000×20%＝3 200（元）

知识拓展

应纳税所得额的其他规定

（1）个人将其所得通过中国境内的社会团体、国家机关向教育和其他社会公益事业以及遭受严重自然灾害地区、贫困地区的捐赠，不超过纳税人申报应纳税所得额的30%的部分，可以从其应纳税所得额中扣除。

（2）个人的所得（不含偶然所得和其他所得）用于资助非关联的科研机构和高等学校研究开发新产品、新技术、新工艺所发生的研究开发费用，经主管税务机关确定，可以全额在下月工资、薪金所得，或者下次按次计征的所得，或者当年按年计征的所得计征个人所得税时，从应纳税所得额中扣除，不足抵扣的，不得结转抵扣。

（3）个人所得的形式，包括现金、实物、有价证券和其他形式的经济利益。所得为实物的，应当按照取得的凭证上所注明的价格计算应纳税所得额；无凭证的实物或者凭证上所注明的价格明显偏低的，参照市场价格核定应纳税所得额。所得为有价证券的，根据票面价格和市场价格核定应纳税所得额。所得为其他形式的经济利益的，参照市场价格核定应纳税所得额。

十一、境外所得已纳税款的抵免

税法规定在中国境内有住所，或者无住所但在中国境内居住满1年的个人，从中国境内和境外取得的所得，都应缴纳个人所得税。实际上，纳税人的境外所得一般均已缴纳或负担了有关国家的所得税额。为了避免发生国家间对同一所得的重复征税，同时维护我国的税收权益，税法规定，纳税人从中国境外取得的所得，准予其在应纳税额中扣除已在境外实缴的个人所得税税款，但扣除额不得超过该纳税人境外所得依照我国税法规定计算的应纳税额。

纳税人境外所得依照我国税法规定计算的应纳税额，称为抵免限额。我国个人所得税的抵免限额采用分国限额法。即分别来自不同国家或地区的不同应税项目，依照税法规定的费用减除标准和适用税率计算抵免限额。对于同一国家或地区的不同应税项目，以其各项抵免限额之和作为来自该国或该地区所得的抵免限额。

纳税人在中国境外一个国家或者地区实际已经缴纳的个人所得税税额，低于依照上述规定计算出的该国家或者地区抵免限额的，应当在中国缴纳差额部分的税额。纳税人某一纳税年度发生实缴境外税款超过抵免限额时，其超限额部分不允许在应纳税额中抵扣，但可以在以后纳税年度仍来自该国家或地区的不足限额，即实缴境外税款低于抵免限额的部分中补扣。下一年度结转后仍有超限额的，可继续结转，但每年发生的超限额结转期最长不得超过 5 年。

【例 9-12】 某居民纳税人 2014 年度，从 A、B 两国取得应税收入。其中，在 A 国一家公司任职，每月取得工资、薪金收入 5 800 元；因提供一项专利技术使用权，一次取得特许权使用费收入 30 000 元。该两项收入已在 A 国缴纳个人所得税 5 000 元。在 B 国出版著作，获得稿酬收入 15 000 元，已在 B 国缴纳该项收入的个人所得税 1 720 元。该居民境外所得已纳税额的抵免相关计算见表 9-4、表 9-5。

表 9-4 分项抵免税额的计算

所得来源地	所 得 项 目	分项抵免限额/元
A 国	工资、薪金所得	（5 800-4 800）×3%×12=360
	特许权使用费所得	30 000×（1−20%）×20%=4 800
B 国	稿酬所得	15 000×（1−20%）×20%×（1−30%）=1 680

表 9-5 境外所得已纳税额的抵免

所得来源地	分国不分项抵免限额	境外已纳税额	处 理 结 果
A 国	5 160 元	5 000 元	在中国境内补缴 5 160−5 000=160（元）
B 国	1 680 元	1 720 元	超出抵免限额 40 元，以后 5 年内可在该国减免限额中补减

任务三 核算应纳个人所得税

【任务引导】

1. 东华出版社是一家从事图书出版发行的国有企业。2014 年 12 月发生以下代扣代缴的个人所得税的经济事项，要求计算并核算代扣代缴个人所得税。

（1）10 日录用易文（非本单位职工）书稿一篇，经双方协商、按照出版合同相关规定计算，应付稿酬总额为 6 315 元。30 日按扣除易文应纳个人所得税后的金额，签发转账支票向易文支付稿酬。

（2）30 日与该社特聘审稿专家王利（王利教授是某大学教授，非本社雇员）结算本月审稿费，应付审稿费 5 560 元。当日按扣除王利应纳个人所得税后的金额，以现金方式向王利支付审稿费。

（3）计提 12 月份行政管理人员工资和本年度年终奖金，并以转账方式支付实发工资和奖金。计算表 9-6 中每个行政人员的实发金额，编制计提、发放时的会计分录。（美籍文教专家 Smith 是 2010 年 4 月 25 日来到中国并在该出版社工作的）

表 9-6 行政人员工资、奖金计提发放表

单位：元

姓　名	12 月应发工资	年终奖金	本月应发数合计	应代扣个人所得税	本月实发数
罗　美	4 000	25 000	29 000		
吴　兴	2 620	18 500	21 120		
Smith	7 600	20 000	27 600		
合　计	14 220	63 500	77 720		

（4）汇总本月代扣代缴个人所得税额。签发转账支票，向税务机关支付 12 月份本社应代扣代缴的个人所得税。

2. 张立为从事餐饮业务的个体工商户业主，2014 年全年营业额为 900 000 元，材料消耗为 322 000 元，电费、水费、房租、煤气费等共计 143 000 元，交纳其他税费合计为 25 200 元，支付职工工资 315 800 元（包括个体工商业主、从业人员的工资）。1—11 月累计已预缴个人所得税 15 000 元。计算并核算张立应纳个人所得税。

【知识介绍】

一、账户设置

根据是否需要自行建账核算来分，个人所得税的纳税人可分为两类：一是需要自行建账核算的个体工商户、个人独资企业、合伙企业；二是无须自行建账核算的自然人个人。对于第一类纳税人，在进行个人所得税核算时，是自行申报缴纳个人所得税，此时个人所得税的核算可分为计提、缴纳两个环节；对于第二类纳税人，是由发放个人收入的源泉单位代扣代缴个人所得税，其个人所得税的核算分为代扣、代缴两个环节。

无论是纳税人、还是扣缴义务人，个人所得税的核算均须设置“应交税费——应交个人所得税”科目。该科目贷方核算计提、代扣的个人所得税；该科目借方核算自行缴纳、代缴的个人所得税；期末贷方余额表示尚未缴纳或代缴的个人所得税。

二、个体工商户、个人独资企业、合伙企业纳税人自行申报缴纳个人所得税的核算

个体工商户、个人独资企业、合伙企业个人所得税的核算可以分为以下环节：如果按月、按季预缴税款的，借记“应交税费——应交个人所得税”科目 ，贷记“银行存款”等科目；年终核算出生产、经营所得后，应根据规定计算应纳个人所得税，并借记“所得税费用”科目，贷记“应交税费——应交个人所得税”科目；缴纳、补缴个人所得税时，借记“应交税费——应交个人所得税”科目 ，贷记“银行存款”等科目。

【例 9-13】 承【例 9-4】，该餐饮个体工商户有关个人所得税的核算如下。

1—11 月预缴所得税

借：应交税费——应交个人所得税　　126 350

　　贷：银行存款　　126 350

年终汇算，计提所得税

借：所得税费用　132 110
　　贷：应交税费——应交个人所得税　132 110

补缴税款

借：应交税费——应交个人所得税　5 760
　　贷：银行存款　5 760

三、扣缴义务人代扣代缴个人所得税的核算

1．工资、薪金所得

工资、薪金所得由向个人发放收入的源泉单位代扣代缴。对于发放工资、薪金的单位而言，工资、薪金所得代扣代缴个人所得税的会计核算分为两大环节：一是在计算出每个职工每月工资、薪金收入应纳个人所得税后，按应发工资总额借记“应付职工薪酬”科目，按实际发放的工资金额贷记“银行存款”科目，按应代扣的个人所得税，贷记“应交税费——应交个人所得税”科目；二是将代扣的个人所得税上缴时，借记“应交税费——应交个人所得税”科目，贷记“银行存款”等科目。

【例9-14】达美公司2014年10月30日，汇总本公司应付工资总额为60 000元，其中生产工人工资40 000元，车间管理人员工资10 000元，公司行政管理人员工资10 000元；按税法规定应代扣代缴个人所得税600元，相关会计核算如下。

公司计提应发工资时

借：生产成本　40 000
　　制造费用　10 000
　　管理费用　10 000
　　贷：应付职工薪酬　60 000

公司转账支付工资时，代扣个人所得税

借：应付职工薪酬　60 000
　　贷：银行存款　59 400
　　　　应交税费——应交个人所得税　600

公司代缴个人所得税时

借：应交税费——应交代扣个人所得税　600
　　贷：银行存款　600

注意：工资、薪金所得应纳个人所得税由发放工资、薪金收入的单位先代扣、后代缴；代扣个人所得税发生在实际发放工资、薪金时，而不是计提工资、薪金时。

2．对企事业单位承包、承租经营所得

对企事业单位的承包、承租经营所得，承包人、承租人为个人所得税的纳税人，所承包、承租的企事业单位为个人所得税的扣缴义务人。所承包、承租的企事业单位在向承包人、承租人实际支付收入（包括工资、薪金收入和经营利润分成）时，按应付金额借记“应付利润”“应付股利”科目，按实付金额贷记“银行存款”等科目，按代扣的个人所得税，贷记“应交税费——应交个人所得税”科目。将代扣的个人所得税上缴时，借记“应交税费——应交个人所得税”科目，贷记“银行存款”等科目。

【例 9-15】 承【例 9-5】，加工厂在为承包人代扣代缴个人所得税时，相关会计核算如下。

按月计提应发给该承包人的工资

借：管理费用　　800

　　贷：应付职工薪酬　　800

按月向承包人发放工资

借：应付职工薪酬　　800

　　贷：银行存款　　800

（上两笔分录，共 12 个月，应编 12 次，其他月份略）

年终向承包人分配利润时

借：利润分配——应付利润　　239 000

　　贷：应付利润　　239 000

年终向承包人支付应付利润时

借：应付利润　　239 000

　　贷：应交税费——应交个人所得税　　57 560

　　　　银行存款　　191 040（实付数）

加工厂为承包人代缴个人所得税时

借：应交税费——应交个人所得税　　57 560

　　贷：银行存款　　57 560

3．劳务报酬所得、稿酬所得、特许权使用费所得、财产租赁所得

单位在向纳税个人支付劳务报酬、稿酬、特许权使用费、财产租赁所得时，根据劳务、作品、特许权、财产等的使用或接受部门将其记入相应的成本和期间费用中。

如果单位在发生支付责任时当即向个人支付款项，则按应付金额借记“管理费用”“生产成本”“制造费用”“销售费用”等科目，按实付金额贷记“银行存款”等科目，按代扣个人所得税额贷记“应交税费——应交个人所得税”科目。

如果单位在发生支付责任时没有当即向个人支付款项，则单位在发生支付责任时，按应付金额借记“管理费用”“生产成本”“制造费用”“销售费用”等科目，按应付金额贷记“其他应付款”科目；单位向个人实际支付款项时，按应付金额借记“其他应付款”科目，按实付金额贷记“银行存款”等科目，按代扣个人所得税额贷记“应交税费——应交个人所得税”科目。

单位将代扣的个人所得税上缴时，借记“应交税费——应交个人所得税”科目，贷记“银行存款”等科目。

【例 9-16】 阳光公司 3 月份与某高级工程师签订协议一份，引进其专利技术用于研发新产品，该技术已办理转让手续。6 月份向该工程师支付特许权使用费 35 000 元，并代扣代缴个人所得税。相关计算与会计核算如下。

阳光公司应代扣代缴的个人所得税＝高级工程师应纳个人所得税

＝35 000×（1－20%）×20%

＝5 600（元）

阳光公司 3 月份办理技术转让手续，将该技术作为无形资产入账时

借：无形资产　　35 000

　　贷：其他应付款　　35 000

阳光公司 6 月份向高级工程师实际支付款项时，代扣个人所得税

借：其他应付款　　35 000
　　贷：应交税费——应交个人所得税　　5 600
　　　　银行存款　　29 400

阳光公司代缴个人所得税款时

借：应交税费——应交个人所得税　　5 600
　　贷：银行存款　　5 600

提示

在【例 9-16】中，若阳光公司只取得专利使用权，则不作为无形资产入账，只将应付给高级工程师的使用费记人“管理费用”科目。

【例 9-17】 阳光公司 10 月份聘请一位软件专家，为行政管理部门安装测试了新办公软件，约定劳务报酬总额为 3 000 元。安装完毕即向专家支付报酬。

阳光公司应代扣代缴个人所得税＝（3 000－800）×20%＝440（元）

阳光公司向专家用现金方式支付劳务报酬时，代扣个人所得税：

借：管理费用　　3 000
　　贷：库存现金　　2 560
　　　　应交税费——应付个人所得税　　440

阳光公司代缴个人所得税时

借：应交税费——应交个人所得税　　440
　　贷：银行存款　　440

4．财产转让所得

单位从个人手中购进财产，一般作为固定资产、无形资产或金融资产核算，此时应为纳税个人代扣代缴个人所得税。

如果单位从个人处取得财产时，当即向个人支付款项，应按双方的交易金额借记“固定资产”“无形资产”“交易性金融资产”“持有至到期投资”“可供出售金融资产”“长期股权投资”等科目，按应代扣代缴的个人所得税，贷记“应交税费——应交个人所得税”科目，按应支付的金额贷记“其他应付款”“银行存款”“库存现金”等科目。

如果单位从个人处取得财产时，没有当即向个人支付款项，则在办理财产转让手续时，按应付金额借记“固定资产”“无形资产”“交易性金融资产”“持有至到期投资”“可供出售金融资产”“长期股权投资”等科目，按应付金额贷记“其他应付款”科目；单位向个人实际支付款项时，按应付金额借记“其他应付款”科目，按实付金额贷记“银行存款”等科目，按代扣个人所得税额贷记“应交税费——应交个人所得税”科目。

单位将代扣的个人所得税上缴时，借记“应交税费——应交个人所得税”科目，贷记“银行存款”等科目。

【例 9-18】 至阳公司 6 月份从张某个人处接受两台毛衣编织机，双方协商的转让价格为 23 000 元。张某出示了两台编制机购置时的发票，显示之前的买价为 20 000 元，本次转让发生相关费用 800 元。当日，公司已将扣除代扣代缴个人所得税后的价款转账支付给张某，并将两台毛衣编织机办理了固定资产入库手续。

至阳公司应代扣代缴个人所得税＝（每次收入总额－财产原值－合理费用）×20%
＝（23 000－20 000－800）×20%＝440（元）

至阳公司将编制机入库，向张某支付款项时，代扣个人所得税

借：固定资产	23 000	
贷：应交税费——应交个人所得税		440
银行存款		22 560

至阳公司代缴个人所得税时

借：应交税费——应交个人所得税	440	
贷：银行存款		440

5．利息、股息、红利所得

银行等金融机构向储户支付存款本息并代扣利息税时，按存款本金借记“吸收存款”科目，按应支付的利息借记“应付利息”科目，按应代扣的个人所得税额贷记“应交税费——应交个人所得税”科目，按实付款项贷记“库存现金”科目。

单位向个人支付股息、红利时，应代扣代缴个人所得税。公司按应支付给个人的股息、红利，借记“利润分配”科目，贷记“应付股利”“应付利润”等科目；当实际支付股利时，按应付金额借记“应付股利”“应付利润”科目，按应代扣的个人所得税额贷记“应交税费——应交个人所得税”科目，按实付金额贷记“库存现金”“银行存款”等科目。

单位以盈余公积对股东个人转增资本或派发股票股利时，应代扣代缴个人所得税，但为了不因征收个人所得税而改变股本权益结构，企业可按增股金额计算的应代扣代缴个人所得税，向个人收取现金以备代缴。当以盈余公积转增资本或派发股票股利时，借记“盈余公积”“应付利润”“利润分配”等科目，贷记“实收资本”或“股本”科目；扣缴所得税时，借记“其他应收款”，贷记“应交税费——应交个人所得税”科目；收到个人股东交来税款时，借记“库存现金”科目，贷记“其他应收款”科目。

单位将代扣的个人所得税上缴时，借记“应交税费——应交个人所得税”科目，贷记“银行存款”等科目。

6．偶然所得、其他所得

单位在向纳税个人支付偶然所得、其他所得时，按应付金额借记“营业外支出”等科目，按实付金额贷记“银行存款”等科目，按代扣个人所得税额贷记“应交税费——应交个人所得税”科目。

单位将代扣的个人所得税上缴时，借记“应交税费——应交个人所得税”科目，贷记“银行存款”等科目。

任务四 申报个人所得税

【任务引导】

根据任务三中的任务引导 1 相关资料，填报东华出版社扣缴个人所得税的报告表，见表 9-7。

表 9-7　扣缴个人所得税报告表

顺序号：　　　　　　　　　　　　　　　　　　　　　　填表日期：_____年__月__日

扣缴义务人编码：　　　　　　　　　　　　　　　　　　　　金额单位：人民币元

根据《个人所得税法》第九条的规定，制定本表，扣缴义务人应将本月扣缴的税款在次月 7 日内缴入国库，并向当地税务机关报送本表。

<table>
<tr><td colspan="5">扣缴义务人名称：</td><td colspan="9">地址：</td><td colspan="4">电话：</td></tr>
<tr><td rowspan="3">纳税义务人姓名</td><td rowspan="3">纳税人编码</td><td rowspan="3">工作单位及地址</td><td rowspan="3">所得项目</td><td rowspan="3">所得时间</td><td colspan="5">收入额</td><td rowspan="3">人民币合计</td><td rowspan="3">减费用额</td><td rowspan="3">应纳税所得额</td><td rowspan="3">税率</td><td rowspan="3">速算扣除数</td><td rowspan="3">扣缴所得税额</td><td rowspan="3">完税证字号</td><td rowspan="3">纳税日期</td></tr>
<tr><td rowspan="2">人民币</td><td colspan="4">外币</td></tr>
<tr><td>货币名称</td><td>金额</td><td>外汇牌价</td><td>折合人民币</td></tr>
<tr><td></td><td></td><td></td><td></td><td></td><td></td><td></td><td></td><td></td><td></td><td></td><td></td><td></td><td></td><td></td><td></td><td></td><td></td></tr>
<tr><td></td><td></td><td></td><td></td><td></td><td></td><td></td><td></td><td></td><td></td><td></td><td></td><td></td><td></td><td></td><td></td><td></td><td></td></tr>
<tr><td></td><td></td><td></td><td></td><td></td><td></td><td></td><td></td><td></td><td></td><td></td><td></td><td></td><td></td><td></td><td></td><td></td><td></td></tr>
<tr><td></td><td></td><td></td><td></td><td></td><td></td><td></td><td></td><td></td><td></td><td></td><td></td><td></td><td></td><td></td><td></td><td></td><td></td></tr>
<tr><td></td><td></td><td></td><td></td><td></td><td></td><td></td><td></td><td></td><td></td><td></td><td></td><td></td><td></td><td></td><td></td><td></td><td></td></tr>
<tr><td></td><td></td><td></td><td></td><td></td><td></td><td></td><td></td><td></td><td></td><td></td><td></td><td></td><td></td><td></td><td></td><td></td><td></td></tr>
<tr><td></td><td></td><td></td><td></td><td></td><td></td><td></td><td></td><td></td><td></td><td></td><td></td><td></td><td></td><td></td><td></td><td></td><td></td></tr>
<tr><td></td><td></td><td></td><td></td><td></td><td></td><td></td><td></td><td></td><td></td><td></td><td></td><td></td><td></td><td></td><td></td><td></td><td></td></tr>
<tr><td colspan="18">如果由扣缴义务人填写完税证，应在报送此表时附完税证副联_______份，合计扣缴金额_____元。</td></tr>
<tr><td colspan="3">扣缴义务人声明</td><td colspan="15">我声明：此扣缴申报表是根据《个人所得税法》的规定填报的，我确信它是真实的、可靠的、完整的。声明人签字：____________________</td></tr>
</table>

会计主管人签字：　　　　　　　　负责人签字：　　　　　　　　扣缴单位（或个人）盖章：

【知识介绍】

一、个人所得税的纳税方法

我国个人所得税，采取纳税人自行申报纳税和代扣代缴纳税两种征收方法。

1．自行申报纳税

自行申报纳税是由纳税人自行在税法规定的纳税期限内，向税务机关申报取得的应税所得项目和数额，如实填写个人所得税纳税申报表，并按照规定计算应纳税额，据此缴纳个人所得税的一种方法。

1）自行申报纳税的纳税人

（1）年所得 12 万元以上的。

（2）从中国境内两处或两处以上取得工资、薪金所得的。

（3）从中国境外取得所得的。

（4）取得应税所得，没有扣缴义务人的。

（5）国务院规定的其他情形。

2）自行申报纳税的申报期限

（1）年所得12万元以上的纳税人，在纳税年度终了后3个月内向主管税务机关办理纳税申报。

（2）个体工商户和个人独资、合伙企业投资者取得的生产、经营所得应纳的税款，分月预缴的，纳税人在每月终了后15日内办理纳税申报；分季预缴的，纳税人在每个季度终了后15日内办理纳税申报。纳税年度终了后，纳税人在3个月内进行汇算清缴。

（3）纳税人年终一次性取得对企事业单位的承包经营、承租经营所得的，自取得所得之日起30日内办理纳税申报；在1个纳税年度内分次取得承包经营、承租经营所得的，在每次取得所得后的次月15日内申报预缴，纳税年度终了后3个月内汇算清缴。

（4）从中国境外取得所得的纳税人，在纳税年度终了后30日内向中国境内主管税务机关办理纳税申报。

（5）除以上情形外，纳税人取得其他各项所得需申报纳税的，在取得所得的次月15日内向主管税务机关办理纳税申报。纳税人不能按照规定的期限办理纳税申报，需要延期的，按照相关税法规定办理。

3）自行申报的方式

纳税人可以采取数据电文、邮寄等方式申报，也可以直接到主管税务机关申报，或者采取符合主管税务机关规定的其他方式申报。纳税人采取数据电文方式申报的，应当按照税务机关规定的期限和要求保存有关纸质资料。纳税人采取邮寄方式申报的，以邮政部门挂号信函收据作为申报凭据，以寄出的邮戳日期为实际申报日期。纳税人可以委托有税务代理资质的中介机构或者他人代为办理纳税申报。

4）自行申报的地点

年所得12万元以上的纳税人，纳税申报地点分别如下：

（1）在中国境内有任职、受雇单位的，向任职、受雇单位所在地主管税务机关申报。

（2）在中国境内有两处或者两处以上任职、受雇单位的，选择并固定向其中一处单位所在地主管税务机关申报。

（3）在中国境内无任职、受雇单位，年所得项目中有个体工商户的生产、经营所得或者对企事业单位的承包经营、承租经营所得（以下统称生产、经营所得）的，向其中一处实际经营所在地主管税务机关申报。

（4）在中国境内无任职、受雇单位，年所得项目中无生产、经营所得的，向户籍所在地主管税务机关申报。在中国境内有户籍，但户籍所在地与中国境内经常居住地不一致的，选择并固定向其中一地主管税务机关申报。在中国境内没有户籍的，向中国境内经常居住地主管税务机关申报。

其他应税所得的纳税人，纳税申报地点分别如下：

（1）从两处或者两处以上取得工资、薪金所得的，选择并固定向其中一处单位所在地主管税务机关申报。

（2）从中国境外取得所得的，向中国境内户籍所在地主管税务机关申报。在中国境内有户籍，但户籍所在地与中国境内经常居住地不一致的，选择并固定向其中一地主管税务机关申报。在中国境内没有户籍的，向中国境内经常居住地主管税务机关申报。

（3）个体工商户向实际经营所在地主管税务机关申报。

（4）个人独资、合伙企业投资者兴办两个或两个以上企业的，区分不同情形确定纳税申报地点：兴办的企业全部是个人独资性质的，分别向各企业的实际经营管理所在地主管税务机关申报；兴办的企业中含有合伙性质的，向经常居住地主管税务机关申报；兴办的企业中含有合伙性质，个人投资者经常居住地与其兴办企业的经营管理所在地不一致的，选择并固定向其参与兴办的某一合伙企业的经营管理所在地主管税务机关申报。

（5）除以上情形外，纳税人应当向取得所得所在地主管税务机关申报。

2．代扣代缴纳税

凡支付个人应纳税所得的企业（公司）、事业单位、机关、社团组织、军队、驻华机构、个体户等单位或者个人，为个人所得税的扣缴义务人。

（1）扣缴义务人向个人支付下列所得，应代扣代缴个人所得税。

① 工资、薪金所得。

② 对企事业单位的承包经营、承租经营所得。

③ 劳务报酬所得。

④ 稿酬所得。

⑤ 特许权使用费所得。

⑥ 利息、股息、红利所得。

⑦ 财产租赁所得。

⑧ 财产转让所得。

⑨ 偶然所得。

⑩ 经国务院财政部门确定征税的其他所得。

（2）扣缴义务人向个人支付应纳税所得（包括现金、实物和有价证券）时，不论纳税人是否属于本单位人员，均应代扣代缴其应纳的个人所得税税款。

（3）扣缴义务人每月所扣的税款，应当在次月 15 日内缴入国库，并向主管税务机关报送《扣缴个人所得税报告表》（参见表 9-7）、代扣代收税款凭证和包括每一纳税人姓名、单位、职务、收入、税款等内容的支付个人收入明细表以及税务机关要求报送的其他有关资料。

（4）对扣缴义务人按照所扣缴的税款，付给 2%的手续费。

二、个人所得税税收优惠的规定

为了鼓励科学发明，支持社会福利、慈善事业和照顾某些纳税人的实际困难，个人所得税法对有关所得项目给予了免税、减税的优惠规定。

1．免征个人所得税的项目

（1）省级人民政府、国务院部委和中国人民解放军军以上单位，以及外国组织、国际组织颁发的科学、教育、技术、文化、卫生、体育、环境保护等方面的奖金。

（2）国债和国家发行的金融债券利息。其中，国债利息是指个人持有的中华人民共和国财政部发行的债券而取得的利息；国家发行的金融债券利息是指个人持有经国务院批准发行的金融债券而取得的利息所得。

（3）按照国家统一规定发给的补贴、津贴是指按照国务院规定发给的政府特殊津贴和国务院规定免纳个人所得税的补贴、津贴。

（4）福利费、抚恤金、救济金。其中，福利费是指根据国家有关规定，从企业、事业单位、国家机关、社会团体提留的福利费或者从工会经费中支付给个人的生活补助费；救济金是指国家民政部门支付给个人的生活困难补助费。

（5）保险赔款。

（6）军人的转业安置费、复员费。

（7）按照国家统一规定发给干部、职工的安家费、退职费、退休工资、离休工资、离休生活补助费。其中，退职费是指符合《国务院关于工人退休、退职的暂行办法》规定的退职条件，并按该办法规定的退职费标准所领取的退职费。

（8）依照我国有关法律规定应予免税的各国驻华使馆、领事馆的外交代表、领事官员和其他人员的所得。

（9）中国政府参加的国际公约、签订的协议中规定免税的所得。

（10）经国务院财政部门批准免税的其他所得。

2. 减征个人所得税的项目

有下列情况之一的，经批准可以减征个人所得税：

（1）残疾、孤老人员和烈属的所得。

（2）因严重自然灾害造成重大损失的。

（3）其他经国务院财政部门批准减税的。

上述减税项目的减征幅度和期限，由省、自治区、直辖市人民政府规定。

三、填制扣缴个人所得税报告表

个人所得税的扣缴义务人应按时填报《扣缴个人所得税报告表》（参见表 9-7），其填报说明如下：

（1）本表适用于扣缴义务人申报扣缴的所得税额。

（2）填写本表要用中文，也可用中、外两种文字填写。

（3）本表各栏的填写要求。

① 扣缴义务人编码。填写办理税务登记时，由主管税务机关所确定的扣缴义务人的税务编码。

② 填表日期。填写办理扣缴申报表时的实际日期。

③ 扣缴义务人名称。填写实际支付个人工资、薪金等项所得的单位或个人的法定名称或姓名。

④ 纳税人姓名。纳税义务人如在中国境内无住所，其姓名应当用中文和外文两种文字填写。

⑤ 所得项目。按照税法规定项目填写。

⑥ 所得期间。填写扣缴义务人支付所得的时间。

⑦ 完税证字号与纳税日期。填写扣缴义务人在扣缴税款时填开的完税证（代缴款书）的字号及纳税日期。

⑧ 声明人。填写扣缴义务人姓名。

（4）本表 A4 横式，一式三份，税务机关二份，纳税人一份。

同步测试

一、单项选择题

1. 个人在报社发表一篇长篇小说，取得的收入应按（　　）所得征收个人所得税。

A. 工资、薪金　　B. 劳务报酬　　C. 稿酬　　D. 特许权使用费

2. 某个人 12 月份取得工资 3 200 元、年终奖金 30 000 元，则该纳税人年终奖金应纳个人所得税（　　）元。

A. 6 495　　B. 145　　C. 2 895　　D. 2 595

3. 某外籍专家在我国境内工作，月工资 10 000 元，则其每月工资所得应纳个人所得税为（　　）元。

A. 485　　B. 745　　C. 1 495　　D. 1 040

4. 下列所得项目中，一次收入畸高可以实行加成征收的是（　　）。

A. 工资、薪金所得　B. 稿酬所得　　C. 劳务报酬所得　　D. 财产转让所得

5. 下列所得项目中，不实行代扣代缴方式征收个人所得税的是（　　）。

A. 工资、薪金所得　　B. 对企事业单位的承包承租经营所得

C. 劳务报酬所得　　D. 个体工商户生产经营所得

6. 单位代扣工资、薪金所得应纳个人所得税的核算环节是（　　）。

A. 计提应发工资时　　B. 向职工发放工资时

C. 向税务缴纳代扣个人所得税时　　D. 纳税个人提出申请时

7. 某个人 2014 年 12 月份从兼职岗位取得设计报酬 70 000 元，该笔收入应纳个人所得税（　　）元。

A. 21 000　　B. 15 400　　C. 11 200　　D. 17 770

8. 个人所得税扣缴义务人每月所扣税款，应当在次月（　　）内缴入国库。

A. 5 日　　B. 7 日　　C. 10 日　　D. 15 日

9. 下列所得项目，在计算个人所得税时，可以减征 30%税额的是（　　）。

A. 财产租赁所得　　B. 劳务报酬所得　　C. 稿酬所得　　D. 财产转让所得

10. 下列项目，在计算个体工商户生产经营所得应纳税所得额时，可以直接按实际发生数全额扣除的是（　　）。

A. 实际支付给从业人员的合理工资　　B. 个体工商户业主的费用

C. 发生的业务招待费　　D. 借款利息支出

二、多项选择题

1. 下列所得项目，计算应税所得额时不得扣除任何费用支出的有（　　）。

A. 偶然所得　　B. 利息、股息、红利所得

C. 劳务报酬所得　　D. 其他所得

2. 现行税法中，采用按年计征个人所得税的所得项目有（　　）。

A. 稿酬所得　　B. 对企事业单位的承包、承租经营所得

C. 个体工商户的生产经营所得　　D. 财产转让所得

3. 在计算应税所得额中，次收入超 4 000 元的，采用 20%定率扣除费用的所得项目有（　　）。

A. 财产转让所得　B. 稿酬所得　C. 劳务报酬所得　D. 特许权使用费所得

4. 下列稿酬所得中，应合并为一次所得计征个人所得税的有（　　）。

A. 同一作品在同一家报社出版，分次取得稿酬
B. 同一作品再版取得的稿酬
C. 同一作品先出版、后连载取得的稿酬
D. 同一作品加印取得的稿酬

5. 个人所得税判断居民纳税人与非居民纳税人的标准有（　　）。

A. 在中国境内有无住所　B. 在中国境内是否取得收入
C. 在中国境内是否居住满 1 年　D. 在中国境内是否工作满 1 年

6. 下列个人应自行申报缴纳个人所得税的有（　　）。

A. 年所得 12 万元以上的
B. 从中国境内两处或两处以上取得工资、薪金所得的
C. 从中国境外取得所得的
D. 取得应税所得，没有扣缴义务人的

7. 个人取得的下列所得，可以免征个人所得税的有（　　）。

A. 国债利息　B. 省级政府颁发的科技进步奖金
C. 保险赔款　D. 按规定取得的安家费

8. 个人所得税的下列所得项目，适用 20%比例税率的有（　　）。

A. 特许权使用费所得　B. 个体工商户生产经营所得
C. 财产租赁所得　D. 财产转让所得

三、业务处理题

长江市文工团 2014 年 11—12 月份发生以下个人所得税的代扣代缴事项，要求计算该文工团应代扣代缴个人所得税额，并进行相关的会计核算。

1. 12 月份工资结算表中，单位行政管理部门有以下个人需代扣代缴个人所得税，其中 Tom 为一外籍演员，要求计算扣缴税额，并编制计提以下职工工资、转账发放工资、代缴工资、薪金所得应纳个人所得税的会计分录。

姓　名	应发 12 月工资	应发年终奖金	12 月应扣缴个人所得税	12 月实发工资、奖金
胡　海	3 000 元	17 000 元		
江　滨	3 600 元	22 000 元		
Tom	5 600 元	55 000 元		
合　计	12 200 元	94 000 元		

2. 11 月 10 日在一次娱乐活动中，外聘一名主持人，应付答谢费 8 000 元。11 月 20 日签发现金支票支付答谢费，并代扣个人所得税。12 月 6 日签发转账支票代缴个人所得税。

项目十

企业所得税的核算与申报

QIYE SUODESHUI DE HESUAN YU SHENBAO

企业所得税是对我国境内的企业和其他取得收入的组织，就其取得的生产经营所得和其他所得征收的一种税。企业所得税是我国税收体制中的一个重要税种，几乎涉及每一个企业。现行的企业所得税的基本规范是第十届全国人民代表大会第五次会议 2007 年 3 月 16 日通过，于 2008 年 1 月 1 日起开始实施的《中华人民共和国企业所得税法》(简称《企业所得税法》)。该法适用于除个人独资企业、合伙企业之外设立在中国境内或在中国境内从事经营活动的所有企业。

【学习目标】

(1) 掌握企业所得税的纳税人、征税对象、税率等税制内容具体规定，会界定企业所得税纳税人，会判断哪些业务应征收企业所得税，会选择企业所得税适用税率。

(2) 掌握居民企业和非居民企业企业所得税的计算方法，会计算企业所得税。

(3) 掌握企业所得税的核算方法，会企业所得税会计核算。

(4) 掌握企业所得税纳税申报的相关规定，会填制企业所得税纳税申报表。

任务一 认知企业所得税纳税人、征税对象、税率

【任务引导】

华新化工股份有限公司为增值税一般纳税人（企业性质为国有企业，所属行业为制造业，纳税人识别号为01010000000××××），主要生产各种化工产品。公司资产总额38 000万元，职工人数1 500人，2014年实现会计利润为2 620万元。

请判断华新化工股份有限公司是否属于企业所得税居民纳税人。计算其适用的企业所得税税率是多少？

【知识介绍】

一、企业所得税的纳税人

凡在我国境内，一切有生产经营所得和其他所得的企业和组织，都属于企业所得税的纳税人，具体包括国有企业、集体企业、私营企业、联营企业、股份制企业、外商投资企业、外国企业，以及有所得的事业单位、社团组织等。但个人独资企业和合伙企业，不属于企业所得税的纳税人。

企业所得税的纳税人分为居民企业和非居民企业。

居民企业是指依法在中国境内成立，或者依照外国（地区）法律成立但实际管理机构在中国境内的企业。

提示

实际管理机构是指对企业的生产经营、人员、账务、财产等实施实质性全面管理和控制的机构。

非居民企业是指依照外国（地区）法律成立且实际管理机构不在中国境内，但在中国境内设立机构、场所的，或者在中国境内未设立机构、场所，但有来源于中国境内所得的企业。

二、企业所得税征税对象

企业所得税以纳税人取得的生产经营所得和其他所得和清算所得作为征收对象。

生产经营所得是指纳税人从事物质生产、商品流通、交通运输、劳动服务以及其他营利业务取得的所得。其他所得是指股息、利息、租金、转让各类资产收益、特许权使用费以及营业外收入等所得。此外，纳税人按照章程规定解散或破产，以及其他原因宣布终止时，其获得的清算所得，也属于企业所得税的征税对象。

1. 居民企业的征税对象

居民企业就其来源于中国境内、境外的所得征收企业所得税。

2. 非居民企业的征税对象

非居民企业仅就其来源于中国境内的所得征收企业所得税，具体来说包括以下几项：

（1）非居民企业在中国境内设立机构、场所的，应当就其所设机构、场所取得的来源于中国境内的所得，以及发生在中国境外但与其所设机构、场所有实际联系的所得，缴纳企业所得税。

（2）非居民企业在中国境内未设立机构、场所的，或者虽设立机构、场所但取得的所得与其所设机构、场所没有实际联系的，应当就其来源于中国境内的所得缴纳企业所得税。

3．所得来源的确定

来源于中国境内、境外的所得，按照以下原则确定：

（1）销售货物所得，按照交易活动发生地确定。

（2）提供劳务所得，按照劳务发生地确定。

（3）转让财产所得，不动产转让所得按照不动产所在地确定，动产转让所得按照转让动产的企业或者机构、场所所在地确定，权益性投资资产转让所得按照被投资企业所在地确定。

（4）股息、红利等权益性投资所得，按照分配所得的企业所在地确定。

（5）利息所得、租金所得、特许权使用费所得，按照负担、支付所得的企业或者机构、场所所在地确定，或者按照负担、支付所得的个人的住所地确定。

（6）其他所得，由国务院财政、税务主管部门确定。

三、企业所得税税率

企业所得税基本税率为25%。

符合条件的小型微利企业，减按20%的税率征收企业所得税（小型微利企业条件见企业所得税收优惠——小型微利企业优惠）。

国家需要重点扶持的高新技术企业，减按15%的税率征收企业所得税（高新技术企业条件见企业所得税收优惠——高新技术企业优惠）。

非居民企业在中国境内未设立机构、场所的，或者虽设立机构、场所但取得的所得与其所设机构、场所没有实际联系的，对其来源于中国境内的所得，适用税率为20%，但实际征税时适用10%的税率。

任务二　企业所得税的计算

【任务引导】

华新化工股份有限公司为增值税一般纳税人（企业性质为国有企业，所属行业为制造业，纳税人识别号为01010000000××××），主要生产各种化工产品。适用的增值税税率为17%，企业所得税税率为25%。公司2014年度利润表见表10-1。要求如下：

（1）根据相关会计资料进行纳税调整分析。

（2）计算该公司2014年应纳税所得额。

（3）计算该公司2014年应纳的所得税额。

表 10-1 利润表

编制单位：华新化工股份有限公司　　　　　2014 年×月　　　　　单位：万元

项　目	本期金额	上期金额（略）
一、营业收入	27 000	
减：营业成本	21 000	
营业税金及附加	1 580	
销售费用	770	
管理费用	760	
财务费用	120	
资产减值损失	300	
加：公允价值变动收益（损失以“－”号填列）	0	
投资收益（损失以“－”号填列）	200	
其中：对联营企业和合营企业的投资收益		
二、营业利润（亏损以“－”号填列）	2 670	
加：营业外收入	150	
减：营业外支出	200	
其中：非流动资产处置损失		
三、利润总额（亏损总额以“－”号填列）	2 620	
减：所得税费用		
四、净利润（净亏损以“－”号填列）		
五、每股收益		
（一）基本每股收益		
（二）稀释每股收益		

其他有关资料如下：

（1）该公司当年取得销售产品收入 20 000 万元，销售产品成本 16 500 万元，其他业务收入 7 000 万元，发生其他业务支出 4 500 万元。

（2）全年计入成本费用中的实发工资薪金总额 400 万元，发生职工福利费 60 万元，工会经费 6.4 万元，职工教育经费 4.8 万元。

（3）销售费用中广告费 650 万元。

（4）管理费用中新技术研究开发费用为 110 万元，业务招待费为 150 万元。

（5）财务费用中，记载偿还向某单位借款支付利息 14 万元，比同期银行贷款利率计算的利息多 4 万元。

（6）资产减值损失系期末对应收账款计提的坏账准备。

（7）营业外支出账簿记录为：非广告性赞助支出 80 万元，税收滞纳金、罚款 23 万元，通过中国减灾委员会向遭受地震的灾区捐款 50 万元。

（8）投资收益中记载国库券的利息收入 48 万元。

（9）企业在固定资产折旧、无形资产摊销会计处理与税法规定一致。

【知识介绍】

一、应税所得额的形成

应纳税所得额是企业所得税的计税依据。应纳税所得额是指企业每一纳税年度的收入总额，减去不征税收入、免税收入、各项扣除以及允许弥补的以前年度亏损后的余额。用公式表示为

应纳税所得额＝收入总额－不征税收入－免税收入－各项扣除－允许弥补的以前年度亏损

1. 收入总额

企业的收入总额包括以货币形式和非货币形式从各种来源取得的收入。

1）收入的形式

（1）销售货物收入。销售货物收入是指企业销售商品、产品、原材料、包装物、低值易耗品以及其他存货取得的收入。

（2）劳务收入。劳务收入是指企业从事建筑安装、修理修配、交通运输、仓储租赁、金融保险、邮电通信、咨询经纪、文化体育、科学研究、技术服务、教育培训、餐饮住宿、中介代理、卫生保健、社区服务、旅游、娱乐、加工以及其他劳务服务活动取得的收入。

（3）转让财产收入。转让财产收入是指企业转让固定资产、生物资产、无形资产、股权、债权等财产取得的收入。

（4）股息、红利等权益性投资收益。权益性投资收益是指企业因权益性投资从被投资方取得的收入。

（5）利息收入。利息收入是指企业将资金提供他人使用但不构成权益性投资，或者因他人占用本企业资金取得的收入，包括存款利息、贷款利息、债券利息、欠款利息等收入。

（6）租金收入。租金收入是指企业提供固定资产、包装物或者其他有形资产的使用权取得的收入。

（7）特许权使用费收入。特许权使用费收入是指企业提供专利权、非专利技术、商标权、著作权以及其他特许权的使用权取得的收入。

（8）接受捐赠收入。接受捐赠收入是指企业接受的来自其他企业、组织或者个人无偿给予的货币性资产、非货币性资产。接受捐赠收入按照实际收到捐赠资产的日期确认收入的实现。

（9）其他收入。其他收入是指企业取得的除以上收入外的其他收入，包括企业资产溢余收入、逾期未退包装物押金收入、确实无法偿付的应付款项、已作坏账损失处理后又收回的应收款项、债务重组收入、补贴收入、违约金收入、汇兑收益等。

2）收入的确认

（1）企业以非货币形式取得的收入，应当按公允价值确定收入额。公允价值是指按照市场价格确定的价值。

（2）股息、红利等权益性投资收益，除国务院财政、税务主管部门另有规定外，按照被投资方做出利润分配决定的日期确认收入的实现。

（3）利息收入，按照合同约定的债务人应付利息的日期确认收入的实现。

（4）租金收入，按照合同约定的承租人应付租金的日期确认收入的实现。

（5）特许权使用费收入，按照合同约定的特许权使用人应付特许权使用费的日期确认收入的实现。

（6）接受捐赠收入，按照实际收到捐赠资产的日期确认收入的实现，企业按接受捐赠资产的公允价值确认捐赠收入。

（7）以分期收款方式销售货物的，按照合同约定的收款日期确认收入的实现。

（8）企业受托加工制造大型机械设备、船舶、飞机，以及从事建筑、安装、装配工程业务或者提供其他劳务等持续时间超过 12 个月的，按照纳税年度内完工进度或者完成的工作量确认收入的实现。

（9）采取产品分成方式取得收入的，按照企业分得产品的日期确认收入的实现，其收入额按照产品的公允价值确定。

（10）企业发生非货币性资产交换，以及将货物、财产、劳务用于捐赠、偿债、赞助、集资、广告、样品、职工福利或者利润分配等用途的，应当视同销售货物、转让财产或者提供劳务，但国务院财政、税务主管部门另有规定的除外。

2. 不征税收入

（1）财政拨款。

（2）依法收取并纳入财政管理的行政事业性收费、政府性基金。

（3）国务院规定的其他不征税收入。

3. 免税收入

（1）国债利息收入。为鼓励企业积极购买国债，支援国家建设，税法规定，企业因购买国债所得的利息收入，免征企业所得税。

（2）符合条件的居民企业之间的股息、红利等权益性收益，是指居民企业直接投资于其他居民企业取得的投资收益。

（3）在中国境内设立机构、场所的非居民企业从居民企业取得与该机构、场所有实际联系的股息、红利等权益性投资收益。该收益不包括连续持有居民企业公开发行并上市流通的股票不足 12 个月取得的投资收益。

（4）符合条件的非营利组织的收入。

（5）非营利组织的下列收入为免税收入：

① 接受其他单位或者个人捐赠的收入。

② 财政拨款以外的其他政府补助收入，但不包括因政府购买服务取得的收入。

③ 按照省级以上民政、财政部门规定收取的会费。

④ 不征税收入和免税收入孳生的银行存款利息收入。

⑤ 财政部、国家税务总局规定的其他收入。

4. 扣除项目

1）扣除项目的范围

《企业所得税法》规定，企业实际发生的与取得收入有关的、合理之处，包括成本、费用、税金、损失和其他支出，准予在计算应纳税所得额时扣除。

（1）成本。成本是指企业在生产经营活动中发生的销售成本、销货成本、业务支出以及其他耗费，即企业销售商品（产品、材料、下脚料、废料、废旧物资等）、提供劳务、转让固定资产、无形资产（包括技术转让）的成本。

（2）费用。费用是指企业每一个纳税年度为生产、经营商品和提供劳务等所发生的销售（经营）费用、管理费用和财务费用。已经计入成本的有关费用除外。

（3）税金。税金是指企业发生的除企业所得税和允许抵扣的增值税以外的企业缴纳的各项税金及其附加。即企业按规定缴纳的消费税、营业税、城市维护建设税、关税、资源税、土地增值税、房产税、车船使用税、土地使用税、印花税、教育费附加等产品销售税金及附加。这些已纳税金准予税前扣除。扣除的方式有两种：一种是在发生当期扣除；另一种在发生当期计入相关资产的成本，在以后各期分摊扣除。

（4）损失。损失是指企业在生产经营活动中发生的固定资产和存货的盘亏、毁损、报废损失，转让财产损失，呆账损失，坏账损失，自然灾害等不可抗力因素造成的损失以及其他损失。企业发生的损失减除责任人赔偿和保险赔款后的余额依照国务院财政、税务主管部门的规定扣除。

企业已经作为损失处理的资产，在以后纳税年度又全部收回或者部分收回时，应当计入当期收入。

（5）扣除的其他支出。其他支出是指除成本、费用、税金、损失外，企业在生产经营活动中发生的与生产经营活动有关的、合理的支出。

2）扣除项目及其标准

在计算应纳税所得额时，下列项目可按照实际发生额或规定的标准扣除：

（1）工资、薪金支出。企业发生的合理的工资、薪金支出准予据实扣除。工资、薪金支出是企业每一纳税年度支付给本企业任职或与其有雇佣关系的员工的所有现金或非现金形式的劳动报酬，包括基本工资、奖金、津贴、补贴、年终加薪、加班工资，以及与任职或者是受雇有关的其他支出。

（2）职工福利费、工会经费、职工教育经费。企业发生的职工福利费、工会经费、职工教育经费按标准扣除，未超过标准的按实际数扣除，超过标准的只能按标准扣除。

① 企业发生的职工福利费支出，不超过工资、薪金总额14%的部分准予扣除。

② 企业拨缴的工会经费，不超过工资、薪金总额2%的部分准予扣除。

③ 除国务院财政、税务主管部门另有规定外，企业发生的职工教育经费支出，不超过工资、薪金总额2.5%的部分准予扣除，超过部分准予结转以后纳税年度扣除。

提示

软件生产企业发生的职工教育经费中的职工培训费用，可以全额在企业所得税前扣除。

（3）社会保险费。企业发生的社会保险费，按下列规定扣除。

① 企业依照国务院有关主管部门或者省级人民政府规定的范围和标准为职工缴纳的“五险一金”，即基本养老保险费、基本医疗保险费、失业保险费、工伤保险费、生育保险费等基本社会保险费和住房公积金，准予扣除。

② 企业为投资者或者职工支付的补充养老保险费、补充医疗保险费，在国务院财政、税务主管部门规定的范围和标准内，准予扣除。企业依照国家有关规定为特殊工种职工支付的

人身安全保险费和符合国务院财政、税务主管部门规定可以扣除的商业保险费准予扣除。

③ 企业参加财产保险，按照规定缴纳的保险费，准予扣除。

④ 企业为投资者或者职工支付的商业保险费，不得扣除。

（4）利息费用。企业在生产、经营活动中发生的利息费用，按下列规定扣除。

① 非金融企业向金融企业借款的利息支出，金融企业的各项存款利息支出和同业拆、借利息支出，企业经批准发行债券的利息支出可据实扣除。

② 非金融企业向非金融企业借款的利息支出，不超过按照金融企业同期同类贷款利率计算的数额的部分可据实扣除，超过部分不许扣除。

（5）借款费用。企业在生产、经营活动中发生的利息费用，按下列规定扣除。

① 企业在生产经营活动中发生的合理的不需要资本化的借款费用，按上述利息费用的方法扣除。

② 企业为购置、建造固定资产、无形资产和经过 12 个月以上的建造才能达到预定可销售状态的存货发生借款的，在有关资产购置、建造期间发生的合理的借款费用，应予以资本化，作为资本性支出计入有关资产的成本，不允许税前扣除。有关资产交付使用后发生的借款利息，按上述利息费用的方法扣除。

（6）汇兑损失。企业在货币交易中，以及纳税年度终了时将人民币以外的货币性资产、负债按照期末即期人民币汇率中间价折算为人民币时产生的汇兑损失，除已经计入有关资产成本以及与向所有者进行利润分配相关的部分外，准予扣除。

（7）业务招待费。企业发生的与生产经营活动有关的业务招待费支出，按照发生额的 60%扣除，但最高不得超过当年销售（营业）收入的 5‰。

（8）广告费和业务宣传费。企业发生的符合条件的广告费和业务宣传费支出，除国务院财政、税务主管部门另有规定外，不超过当年销售（营业）收入 15%的部分，准予扣除；超过部分，准予结转以后纳税年度扣除。

（9）环境保护专项资金。企业依照法律、行政法规有关规定提取的用于环境保护、生态恢复等方面的专项资金，准予扣除。上述专项资金提取后改变用途的，不得扣除。

（10）保险费。企业参加财产保险，按照规定缴纳的保险费，准予扣除。

（11）租赁费。企业根据生产经营活动的需要租入固定资产支付的租赁费，按照以下方法扣除：

① 以经营租赁方式租入固定资产发生的租赁费支出，按照租赁期限均匀扣除。经营性租赁是指所有权不转移的租赁。

② 以融资租赁方式租入固定资产发生的租赁费支出，按照规定构成融资租入固定资产价值的部分应当提取折旧费用，分期扣除。融资租赁是指在实质上转移与一项资产所有权有关的全部风险和报酬的一种租赁。

提示

2011 年 7 月 1 日起，企业根据其工作性质的特点由企业统一制定并要求员工工作时统一着装所发生的工作服饰费用，可以作为企业合理的支出给予税前扣除。

（12）劳动保护费。企业发生的合理的劳动保护支出，准予扣除。

（13）公益性捐赠支出。公益性捐赠是指企业通过公益性社会团体或者县级以上人民政府及其部门，用于《中华人民共和国公益事业捐赠法》规定的公益事业的捐赠。具体范围包括救助灾害、救济贫困、扶助残疾人等困难的社会群体和个人的活动、教育、科学、文化、卫生、体育事业、环境保护、社会公共设施建设、促进社会发展和进步的其他社会公共和福利事业。

企业发生的公益性捐赠支出，不超过年度利润总额 12%的部分，准予扣除。年度利润总额，是指企业依照国家统一会计制度的规定计算的年度会计利润。

需要注意的是，企业发生公益性捐赠应通过具有公益性捐赠税前扣除资格的公益性社会团体和县级以上人民政府及其组成部门或直属机构，并取得合法的公益性捐赠票据；否则，不得在税前扣除。公益性社会团体或县级以上人民政府及其部门对捐赠资产的价值，按以下原则确认：货币性资产，按照实际收到的金额计算；接受捐赠的非货币性资产，以其公允价值计算。捐赠方（企业）应提供注明捐赠非货币性资产公允价值的证明；如果不能提供证明，不得开具公益性捐赠票据。

（14）有关资产的费用。企业转让各类固定资产发生的费用，允许扣除。企业按规定计算的固定资产折旧费、无形资产和递延资产的摊销费，准予扣除。

（15）总机构分摊的费用。非居民企业在中国境内设立的机构、场所，就其中国境外总机构发生的与该机构、场所生产经营有关的费用，能够提供总机构出具的费用汇集范围、定额、分配依据和方法等证明文件，并合理分摊的，准予扣除。

（16）资产损失。企业当期发生的固定资产和流动资产盘亏、毁损净损失，由其提供清查盘存资料经主管税务机关审核后，准予扣除；企业因存货盘亏、毁损、报废等原因不得从销项税金中抵扣的进项税金，应视同企业财产损失，准予与存货损失一起在所得税前扣除。

（17）依照有关法律、行政法规和国家有关税法规定准予扣除的其他项目，如会员费、合理的会议费、差旅费、违约金、诉讼费用等。

（18）手续费及佣金支出。

① 企业发生与生产经营有关的手续费及佣金支出，不超过以下规定计算限额以内的部分，准予扣除；超过部分，不得扣除。

a. 保险企业：财产保险企业按当年全部保费收入扣除退保金等后余额的 15%（含本数，下同）计算限额；人身保险企业按当年全部保费收入扣除退保金等后余额的 10%计算限额。

b. 其他企业：按与具有合法经营资格中介服务机构或个人（不含交易双方及其雇员、代理人和代表人等）所签订服务协议或合同确认的收入金额的 5%计算限额。

② 除委托个人代理外，企业以现金等非转账方式支付的手续费及佣金不得在税前扣除。企业为发行权益性证券支付给有关证券承销机构的手续费及佣金不得在税前扣除。

③ 企业不得将手续费及佣金支出计入回扣、业务提成、返利、进场费等费用。

④ 企业已计入固定资产、无形资产等相关资产的手续费及佣金支出，应当通过折旧、摊销等方式分期扣除，不得在发生当期直接扣除。

⑤ 企业支付的手续费及佣金不得直接冲减服务协议或合同金额，并如实入账。

⑥ 企业应当如实向当地主管税务机关提供当年手续费及佣金计算分配表和其他相关资料，并依法取得合法真实凭证。

⑦ 电信企业在发展客户、拓展业务等过程中（如委托销售电话入网卡、电话充值卡等），需向经纪人、代办商支付手续费及佣金的，其实际发生的相关手续费及佣金支出，不超过企业当年收入总额 5%的部分，准予在企业所得税前据实扣除。

⑧ 从事代理服务、主营业务收入为手续费、佣金的企业（如证券、期货、保险代理等企业），其为取得该类收入而实际发生的营业成本（包括手续费及佣金支出），准予在企业所得税前据实扣除。

3）不得扣除的项目

（1）向投资者支付的股息、红利等权益性投资收益款项。

（2）企业所得税税款。

（3）税收滞纳金，是指纳税人违反税收法规，被税务机关处以的滞纳金。

（4）罚金、罚款和被没收财物的损失，是指纳税人违反国家有关法律、法规规定，被有关部门处以的罚款，以及被司法机关处以的罚金和被没收财物。

（5）超过规定标准的捐赠支出。

（6）赞助支出，是指企业发生的与生产经营活动无关的各种非广告性质支出。

（7）未经核定的准备金支出，是指不符合国务院财政、税务主管部门规定的各项资产减值准备、风险准备等准备金支出。

（8）企业之间支付的管理费、企业内营业机构之间支付的租金和特许权使用费，以及非银行企业内营业机构之间支付的利息，不得扣除。

（9）与取得收入无关的其他支出。

4）加计扣除的项目

（1）研究开发费用。研究开发费用的加计是指企业为开发新技术、新产品、新工艺发生的研究开发费用，未形成无形资产计入当期损益的，在按照规定据实扣除的基础上，按照研究开发费用的50%加计扣除；形成无形资产的，按照无形资产成本的150%进行摊销。

（2）安置残疾人员及国家鼓励安置的其他就业人员所支付的工资。企业安置残疾人员所支付的工资，在按照支付给残疾职工工资据实扣除的基础上，再按照支付给残疾职工工资的100%加计扣除。残疾人员的范围适用《中华人民共和国残疾人保障法》（简称《残疾人保障法》）的有关规定。

5．亏损弥补

亏损是指企业依照《企业所得税法》和实施条例的规定，将每一纳税年度的收入总额减除不征税收入、免税收入和各项扣除后小于零的数额。税法规定，企业某一纳税年度发生的亏损可以用下一年度的所得弥补，下一年度的所得不足以弥补的，可以逐年延续弥补，但最长不得超过 5 年。5 年内不论纳税人是盈利还是亏损，都应连续计算弥补的年限，并且是先亏先补，按顺序连续计算弥补期。

企业在汇总计算缴纳企业所得税时，其境外营业机构的亏损不得抵减境内营业机构的盈利。

二、应税所得额的计算

1．企业所得税应税所得额计算方法

应纳税所得额的计算一般有两种方法：一是直接利用应税所得额计算公式计算应纳税所得额，一般称直接法；二是在企业会计利润基础上按照税法规定调整计算应纳税所得额，然后据以计算应纳税额，一般称间接法。在实际工作中，由于我国的税务会计不单独设置一套账表，所以一般使用第二种方法，即在会计利润表计算出会计利润的基础上，对于税法与会计准则规定不一致的内容，按税法规定对其进行纳税调整，并根据调整后的应纳税所得额计算缴税。用公式表示为

应纳税所得额＝会计利润总额＋纳税调整项目增加额－纳税调整项目减少额

2．间接法下应税所得额计算程序

1）计算利润总额

利润总额是指按会计准则计算的会计利润额，其数据直接来源于利润表。

2）对纳税调整项目进行纳税调整分析

纳税调整项目是指企业的财务会计处理和税法规定不一致应予以调整的项目。纳税调整项目包括企业未计入利润总额的应税收入项目、企业已计入利润总额但税法规定可以暂不确认应税收入的项目、已冲减会计利润但税法规定不允许扣除的支出项目、超出税法规定扣除标准的支出项目、税法规定加计扣除项目、资产类应纳税调整的项目、在以前年度进行了纳税调整，根据税法规定从以前年度结转过来在本期扣除的项目等。

3）利用公式计算应税所得额

应纳税所得额的计算公式为

应纳税所得额＝会计利润总额＋纳税调整项目增加额－纳税调整项目减少额

3．纳税调整项目及纳税调整方法

在执行新会计准则的前提下，常见纳税调整的项目及纳税调整的方法如下。

1）视同销售

企业发生企业所得税视同销售业务，会计核算时若收入通过“主营业务收入”或“其他业务收入”核算，成本通过“主营业务成本”或“其他业务成本”核算的，则无须进行纳税调整；会计上若不作收入核算，而按照税法规定应确认的计税收入的，在计算应税所得额时，按视同销售所得额纳税调增应税所得额。

2）免税收入

（1）企业进行股权性投资从境内其他企业分得的股息和红利。会计核算反映为投资收益或冲减投资成本。税法规定，企业进行股权性投资从境内其他居民企业分得的股息和红利权益性投资收益符合条件的属于免征企业所得税的收入。在计算应税所得额时，对投资收益中反映的从境内其他居民企业分得的股息和红利，属于税法规定的免税收入的，应调减纳税所得额。

（2）国债的利息收入。会计核算上列入投资收益，但税法规定国债利息收入，属所得税的免税收益。对于企业投资收益中有国债利息收入的，在计算应税所得额时，应调减纳税所得额。

3）工资、薪金支出

工资、薪金支出会计核算上按受益对象计入相关的成本费用。税法规定，企业发生的合理的工资、薪金支出，准予扣除。企业在计算应税所得额时，首先，核实本年度直接计入成本费用的工资、薪金支出额；其次，按照税法规定确认合理的工资、薪金支出额；最后，进行对比分析，对实际发生的不合理工资、薪金支出，调增应纳税所得额。

4）职工福利费支出

职工福利费支出会计核算上按受益对象计入相关的成本费用。税法规定，企业发生的职工福利费支出，不超过工资、薪金总额 14%的部分，准予扣除。企业在计算应税所得额时，首先，核实本年度实际发生的计入成本费用的职工福利费数额；其次，按合理的工资、薪金支出额和 14%的比例测算职工福利费税前扣除限额；最后，进行对比分析，对实际发生的职工福利费未超过税法规定的扣除限额的，不进行纳税调整，对于实际发生的职工福利费超过税前扣除限额的，超过税前扣除限额的部分调增应纳税所得额。

5）职工教育经费支出

职工教育经费支出会计核算上按受益对象计入相关的成本费用。税法规定，除国务院财政、税务主管部门另有规定外，企业发生的职工教育经费支出，不超过工资、薪金总额 2.5%的部分，准予扣除；超过部分，准予在以后纳税年度结转扣除。软件生产企业和集成电路设计企业的职工培训费用，可按实际发生额在计算应纳税所得额时扣除。

除软件生产企业和集成电路设计企业外，其他企业在计算应税所得额时，首先，核实本年度实际发生的计入成本费用的职工教育经费支出；其次，按合理的工资、薪金支出额和 2.5%的比例测算职工教育经费支出税前扣除限额；最后，进行对比分析，对实际发生的职工教育经费支出未超过税前扣除限额的，不进行纳税调整；对实际发生的职工教育经费支出超过税前扣除限额部分的，超过税前扣除限额的部分当年纳税调增应纳税所得额，在以后允许结转扣除的年度按结转扣除额纳税调减。需要注意的是，当年纳税调增，以后年度纳税调减。

6）工会经费支出

工会经费支出会计核算上按受益对象计入相关的成本费用。税法规定，企业拨缴的工会经费，不超过工资、薪金总额 2%的部分，准予扣除。企业在计算应税所得额时，首先，核实本年度实际发生的计入成本费用的工会经费支出；其次，按合理的工资、薪金支出额和 2%的比例测算工会经费支出税前扣除限额（须有工会专用凭据）；最后，进行对比分析，对实际发生的工会经费支出未超过税前扣除限额的，不进行纳税调整；对超过税前扣除限额的部分，调增应纳税所得额。

【例 10-1】 某企业 2014 年计入成本、费用中的实发工资 270 万元，发生的工会经费 7.5 万元、职工福利费 41 万元、职工教育经费 9 万元。要求计算“三项经费”的纳税调整额。

（1）职工福利费：税前扣除限额＝270×14%＝37.8（万元），发生的职工福利费 41 万元，应调增的应纳税所得额＝41－37.8＝3.2（万元）

（2）职工教育经费：税前扣除限额＝270×2.5%＝6.75（万元），发生的职工教育经费 9 万元，应调增的应纳税所得额＝9－6.75＝2.25（万元）

（3）工会经费：税前扣除限额＝270×2%＝5.4（万元），发生的工会经费 7.5 万元，应调增的应纳税所得额＝7.5－5.4＝2.1（万元）

7）住房公积金支出

住房公积金支出会计核算上按受益对象计入相关的成本费用。税法规定，企业依照国务院有关主管部门或省级人民政府规定的范围和标准为职工缴纳的住房公积金，准予扣除。

企业在计算应税所得额时，首先，核实本年度实际发生的住房公积金；其次，按税法确认准予在税前扣除的住房公积金；最后，进行对比分析，如果前者大于后者，超过部分，调增应纳税所得额。

8）各类基本社会保障性缴款支出

各类基本社会保障性缴款会计核算上按受益对象计入相关的成本费用。税法规定，企业依照国务院有关主管部门或省级人民政府规定的范围和标准为职工缴纳的基本养老保险费、基本医疗保险费、失业保险费、工伤保险费、生育保险费等基本社会保险费，准予扣除。

企业在计算应税所得额时，首先，核实本年度实际发生的各类基本社会保障性缴款；其次，按税法确认准予在税前扣除的金额；最后，进行对比分析，如果前者大于后者，大于部分，调增应纳税所得额。对会计核算上未列入当期费用，按税收规定允许当期扣除的金额，调减应纳税所得额。

9）补充养老保险和补充医疗保险

税法规定，企业为投资者或者职工支付的补充养老保险费、补充医疗保险费，在国务院财政、税务主管部门规定的范围和标准内，准予扣除。但是，企业为投资者或者职工支付的商业保险费，不得扣除。

企业在计算应税所得额时，首先，核实本年度实际发生的补充性质的社会保障性缴款；其次，按税法确认准予在税前扣除的金额；最后，进行对比分析，如果前者大于后者，大于部分，调增应纳税所得额。对会计核算上未列入当期费用，按税收规定允许当期扣除的金额，调减应纳税所得额。

对于企业为投资者或职工支付的商业保险费，在计算应税所得额时，按缴费额纳税调增应税所得额。

10）业务招待费支出

业务招待费会计核算记入“管理费用”。税法规定，企业发生的与生产经营活动有关的业务招待费支出，按照发生额的60%扣除，但最高不得超过当年销售（营业）收入的5‰（孰低原则）。

这里所说的当年销售（营业）收入，是指企业根据国家统一会计制度确认的当年主营业务收入、其他业务收入以及根据税收规定确认的商品劳务视同销售收入。

企业在计算应税所得额时，首先，通过审核“管理费用”明细账，核实企业本纳税年度实际发生的业务招待费数额。其次，测算业务招待费税前扣除限额。最后，进行对比分析，若实际发生额超过税前扣除限额的，对实际发生的业务招待费超过税前扣除限额的部分，调增应纳税所得额；若实际发生额未超过税前扣除限额的，不进行纳税调整。

【例 10-2】 某企业 2014 年度主营业务收入 7 800 万元，其他业务收入 200 万元；当年实际发生业务招待费 30 万元。

税上扣除限额 1＝营业收入额×5‰＝（7 800＋200）×5‰＝40（万元）

税上扣除限额 2＝实际发生额×60%＝30×60%＝18（万元）<40 万元

故 2014 年准予在税前扣除的业务招待费为 18 万元

纳税调整时，应纳税调增应纳税所得额 12 万元（30 万元－18 万元）

假如 2014 年该企业实际发生业务招待费为 70 万元

税前扣除限额 1＝营业收入额×5‰＝（7 800＋200）×5‰＝40（万元）

税前扣除限额 2＝实际发生额×60%＝70×60%＝42（万元）>40 万元

故 2014 年准予在税前扣除的业务招待费为 40 万元

纳税调整时，应纳税调增应纳税所得额 30 万元（70 万元－40 万元）

11）广告费和业务宣传费支出

广告费和业务宣传费支出会计核算上记入“销售费用” 等账户。税法规定，企业发生的符合条件的广告费和业务宣传费支出，除国务院财政、税务主管部门另有规定外，不超过当年销售（营业）收入15%的部分，准予扣除；超过部分，准予在以后纳税年度结转扣除。

当年销售（营业）收入是指企业根据国家统一会计制度确认的当年主营业务收入、其他业务收入以及根据税收规定确认的商品劳务视同销售收入。

企业在计算应税所得额时，首先，根据“销售费用”等账户相关明细账，核实企业本纳税年度实际发生广告费和业务宣传费数额。其次，测算广告费和业务宣传费税前扣除限额。最后，进行对比分析，若实际发生的广告费和业务宣传费未超过税前扣除限额的，不用纳税调整；实际发生的广告费和业务宣传费超过税前扣除限额的对实际发生的广告费和业务宣传费超过税前扣除限额的部分，当年调增应纳税所得额，以后允许在结转扣除的年度纳税调减。需要注意的是，当年纳税调增，以后年度纳税调减。

【例 10-3】 某公司 2013 年度主营业务收入 4 900 万元，其他业务收入 100 万元；实际发生广告费和业务宣传费 800 万元。

税前扣除限额＝5 000×15%＝750（万元）

2013 年实际发生额 800 万元超过税前扣除限额，故准予在税前扣除的金额为 750 万元。

在纳税调整时，应调增应纳税所得额 50 万元（800 万元－750 万元）。超标准的 50 万元可以结转以后年度扣除。

【例 10-4】 承【例 10-3】假定该公司 2014 年实现销售收入 6 000 万元，实际发生广告费和业务宣传费 780 万元。

税前扣除限额＝6 000×15% ＝900（万元）

2014 年实际发生额 780 万元和上年结转金额 50 万元，共计 830 万元，未超过扣除限额 900 万元。故 2014 年可在税前扣除的金额为 830 万元，在当年会计利润的基础上调减 50 万元。

12）利息支出

利息支出会计核算规定符合资本化条件的利息支出计入相关资产的成本中，不符合资本化的利息支出，记入“财务费用”。税法规定企业实际发生的向金融企业借款的利息支出可以据实扣除；向非金融企业借款的利息支出，不超过按照金融企业同期同类贷款利率计算数额的部分。

企业在计算应税所得额时，首先，核实本年度“财务费用”中记载的向非金融企业借款的利息支出；其次，测算扣除限额（税收金额），即从非金融企业借款按照金融企业同期同类贷款利率计算的数额；最后，进行对比分析，如果“账载金额”大于“税收金额”，按差额调增应纳税所得额。

对于资本化利息支出，会计上资本化，税法上不允许税前扣除，不用纳税调整。

13）研发支出

研发支出会计核算上规定研究阶段的支出记“管理费用”，开发阶段的支出符合无形资产确认条件的记入“无形资产”，不符合无形资产确认条件的记“管理费用”。 税法规定，企业开发新技术、新产品、新工艺发生的研究开发费用，未形成无形资产计入当期损益的，在按照规定据实扣除的基础上，按照研究开发费用的 50%加计扣除；形成无形资产的，按照无形资产成本的 150%摊销。即对于未形成无形资产的研究开发费用，应当计入当期损益，在按规定实行 100%扣除的基础上，在计算应纳税所得额时，再按研究开发费用的 50%加计扣除；对于形成无形资产的研究开发费用，按无形资产成本的150%从无形资产使用的月份起，按其使用寿命平均进行摊销。

企业在计算应税所得额时，首先，核实本年度"管理费用"中记载的研发支出额和记入"无形资产"的研发支出额。其次，按记入管理费用的研发支出的50%纳税调减应税所得额；按无形资产本期摊销额的50%调减应税所得额。

【例10-5】 某生产企业自行研究开发一项新产品专利技术，在研究开发过程中发生研发支出8 000万元，其中符合资本化条件的支出为4 800万元。本年12月1日，该专利技术达到可供使用状态并开始摊销，摊销年限10年。

（1）计入当期损益的研究开发费用3 200万元，准予在税前据实扣除。同时，加计扣除：3 200×50% ＝1 600（万元），在计算纳税时，应在会计利润基础上调减应纳税所得额1 600万元。

（2）本年会计核算的无形资产摊销额40万元（4 800万元÷10÷12），准予在税前扣除。按照税法规定，准予在税前扣除的摊销额：4 800×150%÷10÷12＝60（万元）。在计算纳税时，应在会计利润基础上调减应纳税所得额20万元。

14）残疾人员工资支出

工资支出会计核算上按受益对象计入有关成本费用。税法规定，企业安置残疾人员就业的，在支付给残疾职工工资据实扣除的基础上，按照支付给残疾职工工资的100%加计扣除。企业安置国家鼓励安置的其他就业人员所支付的工资的加计扣除办法，由国务院另行规定。

企业在计算应税所得额时，首先，核实本年度直接计入成本费用的残疾人员工资薪金支出额；其次，按残疾人员工资额的100%调减应税所得额。

15）捐赠支出

企业发生的捐赠支出，包括公益性捐赠和非公益性捐赠，在会计核算上均通过"营业外支出"科目核算。税法规定，企业发生的公益性间接捐赠支出，在年度利润总额12%以内的部分，准予在计算应纳税所得额时扣除。年度利润总额是指企业依照国家统一会计制度的规定计算的年度会计利润；企业直接向受赠人的捐赠不允许在税前扣除；企业发生的非公益性捐赠不得在税前扣除。

企业在计算应税所得额时，对于间接的公益性捐赠，首先，核实本年度发生的捐赠支出；其次，计算税法规定的扣除限额（会计利润的12%）；最后，进行对比分析，对实际发生的间接捐赠支出超过税前扣除限额的部分，调增应纳税所得额，若实际发生额未超过税前扣除限额的，不进行纳税调整。对于直接捐赠支出、非公益性捐赠支出，按实际发生额纳税调增应税所得额。

【例10-6】 某企业2014年度实现利润总额20万元，在营业外支出账户列支了通过公益性社会团体向贫困地区的捐款5万元。要求计算该项公益性捐赠支出纳税调整金额。

公益性捐赠支出税前扣除限额＝20×12%＝2.4（万元），实际发生5万元，应纳税调增应税所得额＝5－2.4＝2.6（万元）。

16）罚款支出

企业发生的各项罚款支出，在会计上通过"营业外支出"账户核算。税法规定，企业支付的罚金、罚款（行政性）和被没收财物的损失，以及税收滞纳金，不得在税前扣除。但企业因违约，按合同规定支付的违约金、罚款和诉讼费，准予在税前扣除。

在计算应税所得额时，首先，核实在营业外支出中列支的罚款支出；其次，将不得在税前扣除的罚金、罚款和被没收财物的损失以及税收滞纳金，调增应纳税所得额。

17）赞助支出

赞助支出会计核算上记入“营业外支出”。税法规定，赞助支出不得在税前扣除。企业在计算应税所得额时，按赞助支出额纳税调增应税所得额。

18）未经核定的准备金支出

各准备金支出会计核算上记入“资产减值损失”，税法规定未经核定的准备金支出不得在税前扣除。企业在计算应税所得额时，按当期计提的未经核定的准备金额纳税调增应税所得额。

19）预计负债

或有事项若满足预计负债确认的 3 个条件，会计核算上将其确认为一种预计负债，并将其按预计负债的性质记入“营业外支出”“管理费用”“销售费用”等。税法上坚持实际发生原则，规定预计负债的相关的费用在实际发生时允许税前扣除。

在计算应税所得额时，首先核实预计负债的计提额和实际发生额，对于未实际发生的预计负债额纳税调增应税所得额。

20）固定资产折旧费用

（1）会计与税法在固定资产折旧范围规定不同形成的纳税调整。会计准则规定，除已提足折旧仍继续使用的固定资产等外，对企业所有固定资产都应当计提折旧。税法规定，对房屋建筑物以外未投入使用的固定资产、与经营活动无关的固定资产不得计提折旧。由此会造成按照会计准则确定的折旧额（简称会计折旧）与按照税法确定的折旧额（简称计税折旧）可能存在差异。发生这种情况，企业在计算年度企业所得税时，就需要作相应的纳税调整，将会计上已计提的税法规定不得计提的折旧费用，调增应纳税所得额。

（2）会计与税法在固定资产折旧方法规定不同形成的纳税调整。会计准则要求企业根据固定资产所包含的经济利益预期实现方式，合理选择固定资产折旧方法，包括年限平均法、工作量法、双倍余额递减法和年数总和法等。税法规定，固定资产折旧采用直线法（也称平均法）。只有税法列举的符合优惠条件的固定资产，才允许采用加速折旧方法。比如，由于技术进步、产品更新换代较快的固定资产，常年处于强振动、高腐蚀状态的固定资产。采取缩短折旧年限方法的，最低折旧年限不得低于实施条例规定折旧年限的 60%；采取加速折旧方法的，可以采取双倍余额递减法或者年数总和法。因此，当企业采用的折旧方法不符合税法规定时，会计折旧与计税折旧就会存在差异，纳税时就需要作相应的纳税调整。

（3）会计与税法在固定资产折旧年限规定不同形成的纳税调整。会计准则要求企业根据固定资产的性质和使用情况，合理确定固定资产的使用寿命，按照使用寿命分期计算折旧。税法对每类固定资产规定了最低折旧年限：房屋、建筑物，为 20 年；飞机、火车、轮船、机器、机械和其他生产设备，为 10 年；与生产经营活动有关的器具、工具、家具等，为 5 年；飞机、火车、轮船以外的运输工具，为 4 年；电子设备，为 3 年；集成电路生产企业的生产性设备，经主管税务机关核准，折旧年限可以适当缩短，最短可为 3 年。

税法规定的最低折旧年限，是确定计税折旧时不得突破的折旧年限的底线。如果会计上所确定的折旧年限短于税法规定的最低折旧年限，在计算纳税时应进行相应调整。

21）无形资产摊销费用

（1）会计与税法在无形资产摊销范围规定不同形成的纳税调整。会计准则将无形资产区分为使用寿命有限的无形资产和使用寿命不确定的无形资产。对使用寿命有限的无形资产，在使用寿命内摊销；对使用寿命不确定的无形资产不摊销，而于期末进行减值测试，确认减值损失。税法没有将无形资产区分为这两类，只是规定无形资产按照直线法计算的摊销费用准予扣除。由此会造成按照会计准则确定的摊销额（简称会计摊销）与按照税法确定的摊销额（简称计税摊销）可能存在差异。发生这种情况，企业在计算年度企业所得税时，就需要作相应的纳税调整，将会计上已计提的与税法规定不同的摊销额进行纳税调整。

（2）会计与税法在无形资产摊销期限规定不同形成的纳税调整。税法对无形资产的最低摊销年限作了明确限定，但会计准则没有对每项无形资产规定具体的摊销期限，而是由企业根据无形资产的法定寿命和经济寿命合理确定其使用寿命，按照确定的使用寿命摊销，直到不再作为无形资产确认时为止。若会计与税法在摊销期限规定不同，则每期摊销额不同，在计算纳税时需按差额进行纳税调整。

（3）会计与税法在无形资产摊销方法规定不同形成的纳税调整。税法规定无形资产采取直线法摊销，而会计准则要求企业根据无形资产的消耗方式确定摊销方法，无法可靠确定消耗方式的，采用直线法摊销。由此导致无形资产的摊销额存在差异，在计算应纳税所得额时，需要作相应的纳税调整。

（4）研究开发支出的纳税调整。企业研究开发新技术、新工艺、新产品发生的研究开发支出，符合资本化条件，形成无形资产的，可以按照该无形资产成本的150%税前摊销，摊销年限不得低于 10 年（法律另有规定除外）。对按照税法规定加计的摊销额，应调减应纳税所得额。

22）交易性金融资产公允价值变动

交易性金融资产会计上要求用公允价值计量。在资产负债表日，交易性金融资产的价值发生变动时，企业将公允价值变动记入“公允价值变动损益”，同时调整交易性金融资产的账面价值。税法上规定企业的各项资产，包括固定资产、生物资产、无形资产、投资资产等，以历史成本为计税基础。

企业在计算应税所得额时，先核实公允价值变动额，然后分两种情形进行纳税调整：若为公允价值变动收益，则按收益额调减应税所得额；若为公允价值变动损失，则应按损失额调增应税所得额。

23）以前年度亏损

企业在计算应税所得额时，按允许弥补的上年亏损额纳税调减应税所得额。

三、企业所得税的计算

1．一般规定

企业应纳税额的计算公式为

企业应纳税额＝应纳税所得额×适用税率－减免税额－抵免税

公式中应纳税所得额的计算有直接计算法和间接计算法两种方法。减免税额和抵免税额是指依照企业所得税法和国务院的优惠规定减征、免征和抵免的应纳税额。企业所得税减免税有关规定见企业所得税税收优惠。

本计算方法适用于居民企业和在中国境内设立的机构、场所，且有与其所设机构、场所有实际联系的所得的非居民企业。

2．境外所得企业所得税的计算

《企业所得税法》规定，企业取得的下列所得已在境外缴纳的所得税税额，可以从其当期应纳税额中抵免，抵免限额为该项所得依照税法规定计算的应纳税额；超过抵免限额的部分，可以在以后5个年度内，用每年度抵免限额抵免当年应抵税额后的余额进行抵补。

（1）居民企业来源于中国境外的应税所得。

（2）非居民企业在中国境内设立机构场所，取得发生在中国境外但与该机构场所有实际联系的应税所得。

已在境外缴纳的所得税税额是指企业来源于中国境外的所得依照中国境外税收法律以及相关规定应当缴纳并已经实际缴纳的企业所得税性质的税款。企业依照《企业所得税法》的规定抵免企业所得税税额时，应当提供中国境外税务机关出具的税款所属年度的有关纳税凭证。

抵免限额是指企业来源于中国境外的所得，依照《企业所得税法》和实施条例的规定计算的应纳税额。除国务院财政、税务主管部门另有规定外，该抵免限额应当分国（地区）不分项计算，计算公式为

$$\text{抵免限额}=\text{中国境内、境外所得依照企业所得税法和条例规定计算的应纳税总额}\times\frac{\text{来源于某国（地区）的应纳税所得额}}{\text{中国境内、境外应纳税所得总额}}$$

前述“5个年度”是指从企业取得的来源于中国境外的所得，已经在中国境外缴纳的企业所得税性质的税额超过抵免限额的当年的次年起连续5个纳税年度。

【例10-7】 某企业2008年度境内应纳税所得额为100万元，适用25%的企业所得税税率。另外，该企业分别在A、B两国设有分支机构（我国与A、B两国已经缔结避免双重征税协定），在A国分支机构的应纳税所得额为50万元，A国税率为20%；在B国的分支机构的应纳税所得额为30万元，B国税率为30%。假设该企业在A、B两国所得按我国税法计算的应纳税所得额和按A、B两国税法计算的应纳税所得额一致，两个分支机构在A、B两国分别缴纳了10万元和9万元的企业所得税。

要求计算该企业汇总时在我国应缴纳的企业所得税税额。

（1）该企业按我国税法计算的境内、境外所得应纳税额＝（100＋50＋30）×25%＝45（万元）

（2）A、B两国的扣除限额：

A国扣除限额＝45×[50÷（100＋50＋30）]＝12.5（万元）

B国扣除限额＝45×[30÷（100＋50＋30）]＝7.5（万元）

在A国缴纳的所得税为10万元，低于扣除限额12.5万元，可全额扣除。

在B国缴纳的所得税为9万元，高于扣除限额7.5万元，其超过扣除限额的部分1.5万元当年不能扣除。

（3）汇总时在我国应缴纳的所得税＝45－10－7.5＝27.5（万元）

3．核定征收应纳企业所得税税额的计算

（1）核定征收的情形。居民企业纳税人具有下列情形之一的，核定征收企业所得税：①依照法律、行政法规的规定可以不设置账簿的；②依照法律、行政法规的规定应当设置但未设置账簿的；③擅自销毁账簿或者拒不提供纳税资料的；④虽设置账簿，但账目混乱或者成本资料、收入凭证、费用凭证残缺不全，难以查账的；⑤发生纳税义务，未按照规定的期限办理纳税申报，经税务机关责令限期申报，逾期仍不申报的；⑥申报的计税依据明显偏低，又无正当理由的。

特殊行业、特殊类型的纳税人和一定规模以上的纳税人不适用上述办法，具体办法由国家税务总局另行明确。

（2）核定征收的办法。税务机关应根据纳税人的具体情况，对核定征收企业所得税的纳税人，核定应税所得率或者核定应纳所得税额。

采用应税所得率方式核定征收企业所得税的，应纳所得税额计算公式为

$$应纳所得税额=应纳税所得额\times适用税率$$

$$纳税所得额=应税收入额\times应税所得率$$

或

$$应纳税所得额=\frac{成本（费用）支出额}{(1-应税所得率)\times应税所得率}$$

4．源泉扣缴企业所得税的计算

源泉扣缴是指以所得支付者为扣缴义务人，在每次向纳税人支付有关所得款时，代为扣缴的做法。

（1）适用范围。对非居民企业在中国境内未设立机构、场所的，或者虽设立机构、场所但取得的所得与其所设机构、场所没有实际联系的，应缴纳的所得税，实行源泉扣缴，以支付人为扣缴义务人。税款由扣缴义务人在每次支付或者到期应支付时，从支付或者到期应支付的款项中扣缴。

上述所称支付人，是指依照有关法律规定或者合同约定对非居民企业直接负有支付相关款项义务的单位或者个人。

（2）应税所得额的计算方法。对于在中国境内未设立机构、场所的，或者虽设立机构、场所但取得的所得与其所设机构、场所没有实际联系的非居民企业的所得，按照下列方法计算应纳税所得额：

① 股息、红利等权益性投资收益和利息、租金、特许权使用费所得，以收入全额为应纳税所得额。

② 转让财产所得，以收入全额减除财产净值后的余额为应纳税所得额。

③ 其他所得，参照前两项规定的方法计算应纳税所得额。

财产净值是指财产的计税基础减除已经按照规定扣除的折旧、折耗、摊销、准备金等后的余额。

（3）源泉扣缴所得税的计算，计算公式为

$$应扣缴所得税额=应税所得额\times适用税率$$

四、企业所得税税收优惠

税收优惠指国家运用税收政策在税收法律、行政法规中规定对某一部分特定企业和课税对象给予减轻或免除税收负担的一种措施。税法规定的企业所得税的税收优惠方式包括免税、减税、加计扣除、加速折旧、减计收入、税额抵免等。

1．免征与减征优惠

企业的下列所得，可以免征、减征企业所得税。企业如果从事国家限制和禁止发展的项目，不得享受企业所得税优惠。

（1）从事农、林、牧、渔业项目的所得。企业从事农、林、牧、渔业项目的所得，包括免征和减征两个部分。

① 企业从事下列项目的所得，免征企业所得税：蔬菜、谷物、薯类、油料、豆类、棉花、麻类、糖料、水果、坚果的种植；农作物新品种的选育；中药材的种植；林木的培育和种植；牲畜、家禽的饲养；林产品的采集；灌溉、农产品初加工、兽医、农技推广、农机作业和维修等农、林、牧、渔服务业项目；远洋捕捞。

② 企业从事下列项目的所得，减半征收企业所得税：花卉、茶以及其他饮料作物和香料作物的种植；海水养殖、内陆养殖。

（2）从事国家重点扶持的公共基础设施项目投资经营的所得。企业从事国家重点扶持的公共基础设施项目的投资经营的所得，自项目取得第一笔生产经营收入所属纳税年度起，第一年至第三年免征企业所得税，第四年至第六年减半征收企业所得税。

税法所称国家重点扶持的公共基础设施项目，是指《公共基础设施项目企业所得税优惠目录》规定的港口码头、机场、铁路、公路、电力、水利等项目。

企业承包经营、承包建设和内部自建自用上述规定的项目，不得享受上述企业所得税优惠。

（3）从事符合条件的环境保护、节能节水项目的所得。环境保护、节能节水项目的所得，自项目取得第一笔生产经营收入所属纳税年度起，第一年至第三年免征企业所得税，第四年至第六年减半征收企业所得税。

符合条件的环境保护、节能节水项目，包括公共污水处理、公共垃圾处理、沼气综合开发利用、节能减排技术改造、海水淡化等。项目的具体条件和范围由国务院财政、税务主管部门商国务院有关部门制定，报国务院批准后公布施行。

但是以上规定享受减免税优惠的项目，在减免税期限内转让的，受让方自受让之日起，可以在剩余期限内享受规定的减免税优惠；减免税期限届满后转让的，受让方不得就该项目重复享受减免税优惠。

（4）符合条件的技术转让所得。税法所称符合条件的技术转让所得免征、减征企业所得税，是指一个纳税年度内，居民企业转让技术所有权所得不超过 500 万元的部分，免征企业所得税；超过 500 万元的部分，减半征收企业所得税。

2. 高新技术企业优惠

国家需要重点扶持的高新技术企业减按 15%的税率征收企业所得税。国家需要重点扶持的高新技术企业拥有核心自主知识产权，并同时符合相应条件。国家重点支付的高新技术领域和高新技术企业认定管理办法由国务院科技、财政、税务主管部门、国务院有关部门制定，报国务院批准后公布施行。

3. 小型微利企业优惠

小型微利企业减按 20%的税率征收企业所得税。符合条件的小型微利企业是指从事国家非限制和禁止行业，并符合下列条件的企业：①工业企业，年度应纳税所得额不超过 30 万元，从业人数不超过 100 人，资产总额不超过 3 000 万元；②其他企业，年度应纳税所得额不超过 30 万元，从业人数不超过 80 人，资产总额不超过 1 000 万元。

小型微利企业是指企业的全部生产经营活动产生的所得均负有我国企业所得税纳税义务的企业。仅就来源于我国所得负有我国纳税义务的非居民企业，不适用上述规定。

4. 加计扣除优惠

（1）研究开发费。研究开发费是指企业为开发技术、新产品、新工艺发生的研究费用，未形成无形资产计入当期损益的，在按照规定据实扣除的基础上，按照研究开发费用的 50%加计扣除；形成无形资产的，按照无形资产成本的 150%摊销。

（2）企业安置残疾人员所支付的工资。企业安置残疾人员所支付的工资是指企业安置残疾人员的，在按照支付给残疾职工工资据实扣除的基础上，按照支付给残疾职工工资的 100%加计扣除。残疾人员的范围适用《残疾人保障法》的有关规定。企业安置国家鼓励安置的其他就业人员所支付的工资的加计扣除办法，由国务院另行规定。

5. 创投企业优惠

创业投资企业从事国家需要重点扶持和鼓励的创业投资，可以按投资额的一定比例抵扣应纳税所得额。

创投企业优惠是指创业投资企业采取股权投资方式投资于未上市的中小高新技术企业 2 年以上的，可以按照其投资额的 70%在股权持有满 2 年的当年抵扣该创业投资企业的应纳税所得额；当年不足扣的，可以在以后纳税年度结转抵扣。

例如，甲企业 2008 年 1 月 1 日向乙企业（未上市的中小高新技术企业）投资 100 万元，股权持有到 2009 年 12 月 31 日，则甲企业 2009 年度可抵扣的应纳税所得额为 70 万元。

6. 加速折旧优惠

企业的固定资产由于技术进步等原因，确需加速折旧的，可以缩短折旧年限或者采取加速折旧的方法。可采用以上折旧方法的固定资产是指：

（1）由于技术进步、产品更新换代较快的固定资产。

（2）常年处于强振动、高腐蚀状态的固定资产。

采取缩短折旧年限方法的最低折旧年限不得低于规定折旧年限的 60%；采取加速折旧方法的，可以采取双倍余额递减法或者年数总和法。

7. 减计收入优惠

企业综合利用资源，生产符合国家产业政策规定的产品所取得的收入，可以在计算应纳税所得额时减计收入。

综合利用资源指企业以《资源综合利用企业所得税优惠目录》规定的资源作为主要原材料，生产国家非限制和禁止并符合国家和行业相关标准的产品取得的收入，减按 90%计入收入总额。上述所称原材料占生产产品材料的比例不得低于《资源综合利用企业所得税优惠目录》规定的标准。

8. 税额抵免优惠

税额抵免是指企业购置并实际使用《环境保护专用设备企业所得税优惠目录》《节能节水专用设备企业所得税优惠目录》和《安全生产专用设备企业所得税优惠目录》规定的环境保

护、节能节水、安全生产等专用设备的，该专用设备的投资额的 10%可以从企业当年的应纳税额中抵免；当年不足抵免的，可以在以后 5 个纳税年度结转抵免。

享受优惠的企业，应当实际购置并自身实际投入使用规定的专用设备；企业购置上述专用设备在 5 年内转让、出租的，应当停止享受企业所得税优惠，并补缴已经抵免的企业所得税税款。企业所得税优惠目录，由国务院财政、税务主管部门、国务院有关部门制定，报国务院批准后公布施行。企业同时从事适用不同企业所得税待遇的项目的，其优惠项目应当单独计算所得，并合理分摊企业的期间费用；没有单独计算的，不得享受企业所得税优惠。

9．民族自治地方的优惠

民族自治地方的自治机关对本民族自治地方的企业应缴纳的企业所得税中属于地方分享的部分，可以决定减征或者免征。自治州、自治县决定减征或者免征的，须报省、自治区、直辖市人民政府批准。

10．非居民企业优惠

非居民企业减按 10%的税率征收企业所得税。这里的非居民企业是指在中国境内未设立机构、场所，或者虽设立机构、场所但取得的所得与其所设机构、场所没有实际联系的企业。该类非居民企业取得下列所得免征企业所得税：

（1）外国政府向中国政府提供贷款取得的利息所得。

（2）国际金融组织向中国政府和居民企业提供优惠贷款取得的利息所得。

（3）经国务院批准的其他所得。

11．其他有关行业的优惠

（1）关于鼓励软件产业和集成电路产业发展的优惠政策，主要有以下几类：

① 软件生产企业实行增值税即征即退政策所退还的税款，由企业用于研究开发软件产品和扩大再生产，不作为企业所得税应税收入，不予征收企业所得税。

② 我国境内新办软件生产企业经认定后，自获利年度起，第一年和第二年免征企业所得税，第三年至第五年减半征收企业所得税。

③ 国家规划布局内的重点软件生产企业，当年未享受免税优惠的，减按 10%的税率征收企业所得税。

④ 软件生产企业的职工培训费用，可按实际发生额在计算应纳税所得额时扣除。

⑤ 企事业单位购进软件，凡符合固定资产或无形资产确认条件的，可以按照固定资产或无形资产进行核算，经主管税务机关核准，其折旧或摊销年限可以适当缩短，最短可为 2 年。

⑥ 集成电路设计企业视同软件企业，享受上述软件企业的有关企业所得税政策。

⑦ 集成电路生产企业的生产性设备，经主管税务机关核准，其折旧年限可以适当缩短，最短可为 3 年。

⑧ 投资额超过 80 亿元人民币或集成电路线宽小于 0.25μm 的集成电路生产企业，可以减按 15%的税率缴纳企业所得税，其中，经营期在 15 年以上的，从开始获利的年度起，第一年至第五年免征企业所得税，第六年至第十年减半征收企业所得税。

⑨ 对生产线宽小于 0.8μm（含）集成电路产品的生产企业，经认定后，自获利年度起，第一年和第二年免征企业所得税，第三年至第五年减半征收企业所得税。

已经享受自获利年度起企业所得税“两免三减半”政策的企业不再重复执行本条规定。

（2）关于鼓励证券投资基金发展的优惠政策，主要有下列几类：

① 对证券投资基金从证券市场中取得的收入，包括买卖股票、债券的差价收入，股权的股息、红利收入，债券的利息收入及其他收入，暂不征收企业所得税。

② 对投资者从证券投资基金分配中取得的收入，暂不征收企业所得税。

③ 对证券投资基金管理人运用基金买卖股票、债券的差价收入，暂不征收企业所得税。

任务三　企业所得税的缴纳与申报

【任务引导】

承任务二，华新化工股份有限公司采用按月预交，年终汇算清缴的方式缴纳企业所得税，2014 年已预交所得税 400 万元。要求：

（1）计算该公司在年终汇算清缴时应补（或退）的企业所得税额。

（2）填写年度企业所得税纳税申报表，见表 10-2。

表 10-2　企业所得税年度纳税申报表（A 类）

（适用于查账征收的企业）

税款所属期间　　年　月　日至　　年　月　日

纳税人名称：

纳税人识别号：□□□□□□□□□□□□□□□□□□□□　　金额单位：元（列至角分）

类　别	行次	项　　目	金　额
利润总额计算	1	一、营业收入（填附表一）	
	2	减：营业成本（填附表二）	
	3	营业税金及附加	
	4	销售费用（填附表二）	
	5	管理费用（填附表二）	
	6	财务费用（填附表二）	
	7	减产减值损失	
	8	加：公允价值变动收益	
	9	投资收益	
	10	二、营业利润	
	11	加：营业外收入（填附表一）	
	12	减：营业外支出（填附表二）	
	13	三、利润总额（10＋11－12）	
应纳税所得额计算	14	加：纳税调整增加额（填附表三）	
	15	减：纳税调整减少额（填附表三）	
	16	其中：不征税收入	
	17	免税收入	
	18	减计收入	
	19	减：免税项目所得	
	20	加计扣除	

续表

类　别	行次	项　目	金　额
应纳税所得额计算	21	抵扣应纳税所得额	
	22	加：境外应税所得弥补境内亏损	
	23	纳税调整后所得（13＋14－15＋22）	
	24	减：弥补以前年度亏损（填附表四）	
	25	应纳税所得额（23－24）	
应纳税额计算	26	税率（25%）	
	27	应纳所得税额（25×26）	
	28	减：减免所得税额（填附表五）	
	29	减：抵免所得税额（填附表五）	
	30	应纳税额（27－28－29）	
	31	加：境外所得应纳所得税额（填附表六）	
	32	减：境外所得抵免所得税额（填附表六）	
	33	实际应纳所得税额（30＋31－32）	
	34	减：本期累计实际已预缴的所得税额	
	35	其中：汇总纳税的总机构分摊预缴的税额	
	36	汇总纳税的总机构财政调库预缴的税额	
	37	汇总纳税的总机构所属分支机构分摊的预缴税额	
	38	合并纳税（母子体制）成员企业就地预缴比例	
	39	合并纳税企业就地预缴的所得税额	
	40	本年应补退的所得税额（33－34）	
附列资料	41	以前年度多缴的所得税额在本年抵减额	
	42	以前年度应缴未缴在本年入库所得税额	

纳税人公章： 经办人： 申报日期：　　年　月　日	代理申报中介机构公章： 经办人执业证件号码： 代理申报日期：　　年　月　日	主管税务机关受理专用章： 受理人： 受理日期：　　年　月　日

注：附表略。

【知识介绍】

一、企业所得税缴纳方法

企业所得税按年计算，分月（或季）预缴，年终汇算清缴，多退少补，月份或者季度终了后15日内预缴，年度终了后5个月内汇算清缴。

1．预缴企业所得税

企业分月或分季预缴企业所得税时，应按照月度或季度的实际利润额预缴；按照月度或季度的实际利润额预缴有困难的，可以按照上一纳税年度应纳税所得额的月度或季度平均额预缴，或按照经税务机关认可的其他方法预缴。预缴方法一经确定，该纳税年度内不得随意变更。

（1）按纳税期限或实际数预缴，计算公式为

预缴税额＝月（季）应纳税所得额×33%

（2）按上一年应纳税所得额的 1/12 或 1/4 预缴，计算公式为

预缴税额＝上年应纳税所得额×1/12（或 1/4）×33%

2. 清缴企业所得税

企业自年度终了之日起 5 个月内，向税务机关报送年度企业所得税纳税申报表，汇算清缴，结清应缴应退税款。在报送企业所得税纳税申报表时，应附送财务会计报告和其他有关资料。相关计算公式为

全年应纳所得税额＝全年应纳税所得额×25%

多退少补所得税＝全年应纳税额－月（季）已预缴所得税额

企业在纳税年度内无论盈利或者亏损，都应当依照税法规定的期限，向税务机关报送预缴企业所得税纳税申报表、年度企业所得税纳税申报表、财务会计报告和税务机关规定应报送的其他有关资料。

企业在年度中间终止经营活动的，自实际经营终止之日起 60 日内，向税务机关办理当期企业所得税汇算清缴。

【例 10-8】 某工业企业本年账面会计利润总额为 160 万元，年终汇算清缴时调整扣除项目金额应增加所得 3 万元，本年已预缴所得税 35 万元，试计算该企业本年度应纳所得税额和年终汇算应补（或退）的所得税。

（1）应税所得额＝160＋3＝163（万元）

（2）本年度应纳税额＝163×25%＝40.75（万元）

（3）年终汇算清缴时应补税额＝40.75－35＝5.75（万元）

二、企业所得税纳税地点

居民企业企业所得税纳税地点。除法律、行政法规另有规定外，居民企业以企业登记注册地为纳税地点；但登记注册地在境外的，以实际管理机构所在地为纳税地点。

居民企业在中国境内设立不具有法人资格的营业机构的，应汇总计算并缴纳企业所得税。除国务院另有规定外，母子公司不得合并缴纳企业所得税。

非居民企业在中国境内设立的机构、场所的纳税地点。非居民企业在中国境内设立的机构、场所取得的来源于中国境内的所得，以及发生在中国境外但与该机构、场所有实际联系的所得，以机构、场所所在地为纳税地点。非居民企业在中国境内设立两个或两个以上机构、场所的，可以选择由其主要机构、场所汇总缴纳企业所得税。

三、企业所得税的纳税申报

根据税法规定，纳税人在月份或者季度终了后 15 日内报送申报表及月份或者季度财务报表，履行月份或者季度纳税申报手续。年度终了后 5 个月内向其所在地主管税务机关报送《企业所得税年度纳税申报表》和税务机关要求报送的其他有关资料，办理结清税款手续。

实行查账征收企业所得税的居民企业适用 A 类纳税申报表。该类年度纳税申报表由 1 张主表和 40 张附表组成，具体详见表 10-3。

表 10-3 企业所得税年度纳税申报表填报表单

表单编号	表单名称	选择填报情况	
		填报	不填报
A000000	企业基础信息表	√	×
A100000	中华人民共和国企业所得税年度纳税申报表（A 类）	√	×
A101010	一般企业收入明细表	□	□
A101020	金融企业收入明细表	□	□
A102010	一般企业成本支出明细表	□	□
A102020	金融企业支出明细表	□	□
A103000	事业单位、民间非营利组织收入、支出明细表	□	□
A104000	期间费用明细表	□	□
A105000	纳税调整项目明细表	□	□
A105010	视同销售和房地产开发企业特定业务纳税调整明细表	□	□
A105020	未按权责发生制确认收入纳税调整明细表	□	□
A105030	投资收益纳税调整明细表	□	□
A105040	专项用途财政性资金纳税调整明细表	□	□
A105050	职工薪酬纳税调整明细表	□	□
A105060	广告费和业务宣传费跨年度纳税调整明细表	□	□
A105070	捐赠支出纳税调整明细表	□	□
A105080	资产折旧、摊销情况及纳税调整明细表	□	□
A105081	固定资产加速折旧、扣除明细表	□	□
A105090	资产损失税前扣除及纳税调整明细表	□	□
A105091	资产损失（专项申报）税前扣除及纳税调整明细表	□	□
A105100	企业重组纳税调整明细表	□	□
A105110	政策性搬迁纳税调整明细表	□	□
A105120	特殊行业准备金纳税调整明细表	□	□
A106000	企业所得税弥补亏损明细表	□	□
A107010	免税、减计收入及加计扣除优惠明细表	□	□
A107011	符合条件的居民企业之间的股息、红利等权益性投资收益优惠明细表	□	□
A107012	综合利用资源生产产品取得的收入优惠明细表	□	□
A107013	金融、保险等机构取得的涉农利息、保费收入优惠明细表	□	□
A107014	研发费用加计扣除优惠明细表	□	□
A107020	所得减免优惠明细表	□	□
A107030	抵扣应纳税所得额明细表	□	□
A107040	减免所得税优惠明细表	□	□
A107041	高新技术企业优惠情况及明细表	□	□
A107042	软件、集成电路企业优惠情况及明细表	□	□

续表

表单编号	表单名称	选择填报情况	
		填报	不填报
A107050	税额抵免优惠明细表	□	□
A108000	境外所得税收抵免明细表	□	□
A108010	境外所得纳税调整后所得明细表	□	□
A108020	境外分支机构弥补亏损明细表	□	□
A108030	跨年度结转抵免境外所得税明细表	□	□
A109000	跨地区经营汇总纳税企业年度分摊企业所得税明细表	□	□
A109010	企业所得税汇总纳税分支机构所得税分配表	□	□

说明：企业应当根据实际情况选择需要填表的表单。

四、填制企业所得税纳税申报表

本表为年度纳税申报表主表，企业应该根据《企业所得税法》及其实施条例、相关税收政策，以及国家统一会计制度（企业会计准则、小企业会计准则、企业会计制度、事业单位会计准则和民间非营利组织会计制度等）的规定，计算填报纳税人利润总额、应纳税所得额、应纳税额和附列资料等有关项目。

企业在计算应纳税所得额及应纳所得税时，企业财务、会计处理办法与税法规定不一致的，应当按照税法规定计算。税法规定不明确的，在没有明确规定之前，暂按企业财务、会计规定计算。

1. 表体项目

本表是在纳税人会计利润总额的基础上，加减纳税调整等金额后计算出“纳税调整后所得”（应纳税所得额）。会计与税法的差异（包括收入类、扣除类、资产类等差异）通过《纳税调整项目明细表》（A105000）集中填报。

本表包括利润总额计算、应纳税所得额计算、应纳税额计算、附列资料4个部分。

（1）“利润总额计算”中的项目，按照国家统一会计制度口径计算填报。实行企业会计准则、小企业会计准则、企业会计制度、分行业会计制度纳税人其数据直接取自利润表；实行事业单位会计准则的纳税人其数据取自收入支出表；实行民间非营利组织会计制度纳税人其数据取自业务活动表；实行其他国家统一会计制度的纳税人，根据本表项目进行分析填报。

（2）“应纳税所得额计算”和“应纳税额计算”中的项目，除根据主表逻辑关系计算的外，通过附表相应栏次填报。

2. 行次说明

第1～13行参照企业会计准则利润表的说明编写。

（1）第1行“营业收入”：填报纳税人主要经营业务和其他经营业务取得的收入总额。本行根据“主营业务收入”和“其他业务收入”的数额填报。一般企业纳税人通过《一般企业收入明细表》（A101010）填报；金融企业纳税人通过《金融企业收入明细表》（A101020）填报；事业单位、社会团体、民办非企业单位、非营利组织等纳税人通过《事业单位、民间非营利组织收入、支出明细表》（A103000）填报。

（2）第 2 行“营业成本”项目：填报纳税人主要经营业务和其他经营业务发生的成本总额。本行根据“主营业务成本”和“其他业务成本”的数额填报。一般企业纳税人通过《一般企业成本支出明细表》（A102010）填报；金融企业纳税人通过《金融企业支出明细表》（A102020）填报；事业单位、社会团体、民办非企业单位、非营利组织等纳税人，通过《事业单位、民间非营利组织收入、支出明细表》（A103000）填报。

（3）第 3 行“营业税金及附加”：填报纳税人经营活动发生的营业税、消费税、城市维护建设税、资源税、土地增值税和教育费附加等相关税费。本行根据纳税人相关会计科目填报。纳税人在其他会计科目核算的本行不得重复填报。

（4）第 4 行“销售费用”：填报纳税人在销售商品和材料、提供劳务的过程中发生的各种费用。本行通过《期间费用明细表》（A104000）中对应的“销售费用”填报。

（5）第 5 行“管理费用”：填报纳税人为组织和管理企业生产经营发生的管理费用。本行通过《期间费用明细表》（A104000）中对应的“管理费用”填报。

（6）第 6 行“财务费用”：填报纳税人为筹集生产经营所需资金等发生的筹资费用。本行通过《期间费用明细表》（A104000）中对应的“财务费用”填报。

（7）第 7 行“资产减值损失”：填报纳税人计提各项资产准备发生的减值损失。本行根据企业“资产减值损失”科目上的数额填报。实行其他会计准则等的比照填报。

（8）第 8 行“公允价值变动收益”：填报纳税人在初始确认时划分为以公允价值计量且其变动计入当期损益的金融资产或金融负债（包括交易性金融资产或负债，直接指定为以公允价值计量且其变动计入当期损益的金融资产或金融负债），以及采用公允价值模式计量的投资性房地产、衍生工具和套期业务中公允价值变动形成的应计入当期损益的利得或损失。本行根据企业“公允价值变动损益”科目的数额填报。（损失以“－”号填列）

（9）第 9 行“投资收益”：填报纳税人以各种方式对外投资确认所取得的收益或发生的损失。根据企业“投资收益”科目的数额计算填报；实行事业单位会计准则的纳税人根据“其他收入”科目中的投资收益金额分析填报（损失以“－”号填列）。实行其他会计准则等的比照填报。

（10）第 10 行“营业利润”：填报纳税人当期的营业利润。根据上述项目计算填列。

（11）第 11 行“营业外收入”：填报纳税人取得的与其经营活动无直接关系的各项收入的金额。一般企业纳税人通过《一般企业收入明细表》（A101010）填报；金融企业纳税人通过《金融企业收入明细表》（A101020）填报；实行事业单位会计准则或民间非营利组织会计制度的纳税人通过《事业单位、民间非营利组织收入、支出明细表》（A103000）填报。

（12）第 12 行“营业外支出”：填报纳税人发生的与其经营活动无直接关系的各项支出的金额。一般企业纳税人通过《一般企业成本支出明细表》（A102010）填报；金融企业纳税人通过《金融企业支出明细表》（A102020）填报；实行事业单位会计准则或民间非营利组织会计制度的纳税人通过《事业单位、民间非营利组织收入、支出明细表》（A103000）填报。

（13）第 13 行“利润总额”：填报纳税人当期的利润总额。根据上述项目计算填列。

（14）第 14 行“境外所得”：填报纳税人发生的分国（地区）别取得的境外税后所得计入利润总额的金额。填报《境外所得纳税调整后所得明细表》（A108010）第 14 列减去第 11 列的差额。

（15）第 15 行“纳税调整增加额”：填报纳税人会计处理与税收规定不一致，进行纳税调整增加的金额。本行通过《纳税调整项目明细表》（A105000）“调增金额”列填报。

（16）第 16 行“纳税调整减少额”：填报纳税人会计处理与税收规定不一致，进行纳税调整减少的金额。本行通过《纳税调整项目明细表》（A105000）“调减金额”列填报。

（17）第 17 行“免税、减计收入及加计扣除”：填报属于税法规定免税收入、减计收入、加计扣除金额。本行通过《免税、减计收入及加计扣除优惠明细表》（A107010）填报。

（18）第 18 行“境外应税所得抵减境内亏损”：填报纳税人根据税法规定，选择用境外所得抵减境内亏损的数额。本行通过《境外所得税收抵免明细表》（A108000）填报。

（19）第 19 行“纳税调整后所得”：填报纳税人经过纳税调整、税收优惠、境外所得计算后的所得额。

（20）第 20 行“所得减免”：填报属于税法规定所得减免金额。本行通过《所得减免优惠明细表》（A107020）填报，本行<0 时，填写负数。

（21）第 21 行“抵扣应纳税所得额”：填报根据税法规定应抵扣的应纳税所得额。本行通过《抵扣应纳税所得额明细表》（A107030）填报。

（22）第 22 行“弥补以前年度亏损”：填报纳税人按照税法规定可在税前弥补的以前年度亏损的数额，本行根据《企业所得税弥补亏损明细表》（A106000）填报。

（23）第 23 行“应纳税所得额”：金额等于本表第 19－20－21－22 行计算结果。本行不得为负数。本表第 19 行或者按照上述行次顺序计算结果本行为负数，本行金额填 0。

（24）第 24 行“税率”：填报税法规定的税率 25%。

（25）第 25 行“应纳所得税额”：金额等于本表第 23×24 行。

（26）第 26 行“减免所得税额”：填报纳税人按税法规定实际减免的企业所得税额。本行通过《减免所得税优惠明细表》（A107040）填报。

（27）第 27 行“抵免所得税额”：填报企业当年的应纳所得税额中抵免的金额。本行通过《税额抵免优惠明细表》（A107050）填报。

（28）第 28 行“应纳税额”：金额等于本表第 25－26－27 行。

（29）第 29 行“境外所得应纳所得税额”：填报纳税人来源于中国境外的所得，按照我国税法规定计算的应纳所得税额。本行通过《境外所得税收抵免明细表》（A108000）填报。

（30）第 30 行“境外所得抵免所得税额”：填报纳税人来源于中国境外所得依照中国境外税收法律以及相关规定应缴纳并实际缴纳（包括视同已实际缴纳）的企业所得税性质的税款（准予抵免税款）。本行通过《境外所得税收抵免明细表》（A108000）填报。

（31）第 31 行“实际应纳所得税额”：填报纳税人当期的实际应纳所得税额。金额等于本表第 28＋29－30 行。

（32）第 32 行“本年累计实际已预缴的所得税额”：填报纳税人按照税法规定本纳税年度已在月（季）度累计预缴的所得税额，包括按照税法规定的特定业务已预缴（征）的所得税额，建筑企业总机构直接管理的跨地区设立的项目部按规定向项目所在地主管税务机关预缴的所得税额。

（33）第 33 行“本年应补（退）的所得税额”：填报纳税人当期应补（退）的所得税额。金额等于本表第 31－32 行。

（34）第 34 行“总机构分摊本年应补（退）所得税额”：填报汇总纳税的总机构按照税收规定在总机构所在地分摊本年应补（退）所得税款。本行根据《跨地区经营汇总纳税企业年度分摊企业所得税明细表》（A109000）填报。

（35）第 35 行“财政集中分配本年应补（退）所得税额”：填报汇总纳税的总机构按照税收规定财政集中分配本年应补（退）所得税款。本行根据《跨地区经营汇总纳税企业年度分摊企业所得税明细表》（A109000）填报。

（36）第 36 行“总机构主体生产经营部门分摊本年应补（退）所得税额”：填报汇总纳税的总机构所属的具有主体生产经营职能的部门按照税收规定应分摊的本年应补（退）所得税额。本行根据《跨地区经营汇总纳税企业年度分摊企业所得税明细表》（A109000）填报。

（37）第 37 行“以前年度多缴的所得税额在本年抵减额”：填报纳税人以前纳税年度汇算清缴多缴的税款尚未办理退税，并在本纳税年度抵缴的所得税额。

（38）第 38 行“以前年度应缴未缴在本年入库所得额”：填报纳税人以前纳税年度应缴未缴在本纳税年度入库所得税额。

任务四　企业所得税的核算

【任务引导】

1. 承任务二，华新化工股份有限公司采用应付税款法核算所得税费用。

要求：

（1）编制该公司预缴所得税时的会计分录。

（2）编制该公司计提所得税费用时的会计分录。

（3）编制该公司清缴所得税时的会计分录。

2. 华东机械股份有限公司为增值税一般纳税人，主要生产销售各类机械设备。采用资产负债表债务法核算所得税费用。2014 年度利润表中利润总额为 2 000 万元，除下述交易和事项外已进行了企业所得税纳税调整，其中纳税调增 180 元，纳税调减 160 万元。

（1）1 月开始计提折旧的一项固定资产（2013 年年末购入），初始成本为 1 200 万元，使用年限为 10 年，净残值为 0，在会计处理上，按双倍余额递减法计提折旧；在税收处理上，按直线法计提折旧。税法规定的折旧年限和净残值与会计规定相同。

（2）年末发生非公益性捐赠 100 万元，计入营业外支出。

（3）1 月份取得作为交易性金融资产核算的股票投资，成本 2 400 万元；年末公允价值为 3 000 万元；公允价值变动收益 600 万元计入当期损益。

（4）全年发生应付税收滞纳金、罚款 20 万元。

通过对资产负债表中除上述涉及的资产或负债外的项目进行分析，其余的资产和负债的账面价值和计税基础不存在差异。2014 年年初递延所得税资产和递延所得税负债均无期初余额。

要求：

（1）计算该公司 2014 年应纳企业所得税税额。

（2）进行暂时性差异分析。

（3）计算期末递延所得税资产和递延所得税负债的金额，计算当期应确认（或转回）的递延所得税资产、递延所得税负债（当期发生额），计算年所得税费用。

（4）编制计提所得税费用的会计分录。

3. 承任务引导 2，华东机械股份有限公司 2015 年该公司当期应交所得税为 320 万元。资产负债表中有关资产和负债的账面价值与计税基础见表 10-4。除所列项目外，其他资产和负债项目，其会计处理与税务处理不存在差异。

表 10-4　华东机械股份有限公司 2015 年度暂时性差异表

金额单位：万元

项　目	账面价值	计税基础	差　异	
			应纳税暂时性差异	可抵扣暂时性差异
固定资产	19 768	19 960		
交易性金融资产	2 940	2 400		
预计负债	100	0		
总　计	—	—		

要求：

（1）分析上表中的 3 个项目账面价值与计税基础属哪一类暂时性差异，并填写在表格中适当位置。

（2）计算该公司 2015 年递延所得税资产、递延所得税负债期末账面应有余额、本期发生额，并将金额填入表 10-5 中。

表 10-5　华东机械股份有限公司 2015 年度递延所得税计算表

	期初账面余额 ①	期末账面应有余额 ②＝暂时性差异×25%	本期发生额 ③＝②－①
递延所得税资产			
递延所得税负债			

（3）计算该公司 2015 年应确认的所得税费用。

（4）编制该年度计提所得税费用的会计分录。

【知识介绍】

税收与会计是经济领域两个不同分支，两者的目标不同，所遵循的原则必然存在差异，由此导致同一企业在同一会计期间内，按照税法规定计算的应税所得与按照会计准则计算的会计所得之间会产生差异。此时，就需要按照税收法规对会计所得进行调整，确定本期应税所得和应纳税额，并对其做出适当的会计反映，同时按照会计准则确定所得税费用。现行会计准则规定，所得税会计核算采用资产负债表债务法，在实务中，部分非上市公司仍沿用应付税款法。

一、资产负债表债务法的理论基础

资产负债表债务法是从资产负债表出发，通过比较资产负债表上列示的资产和负债，按照会计准则确定其账面价值，按照税法确定其计税基础，两者之间的差异分别应纳税暂时性差异与可抵扣暂时性差异，确认相关的递延所得税负债与递延所得税资产，并在此基础上确定每一会计期间利润表中的所得税费用，如图 10.1 所示。

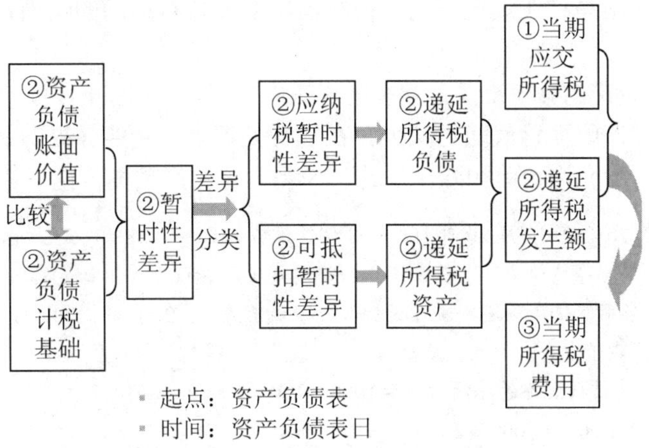

图 10.1 资产负债表债务法的一般程序

下面主要介绍资产和负债的计税基础、暂时性差异、递延所得税负债与递延所得税资产、所得税费用等内容。

1．资产和负债的计税基础

1）资产的计税基础

资产的计税基础是指企业收回资产账面价值过程中，计算应纳税所得额时按照税法规定可以从应税经济利益中抵扣的金额。即该项资产在未来使用或最终处置时，允许作为成本或费用在税前列支的金额。用公式表示为

资产的计税基础＝未来可税前列支的金额

资产在某一资产负债表日的计税基础＝资产成本－以前期间已税前列支的金额

通常情况下，资产在取得时其入账价值与其计税基础是相同的，但由于在后续计量过程中因企业会计准则规定与税法规定不同，使得资产的账面价值与计税基础之间产生差异。

（1）固定资产。一般情况下，企业以各种方式取得的固定资产，在初始确认时按照会计准则确定的入账价值基本上是被税法认可的，即取得时的账面价值与计税基础相等。在固定资产持有期间进行后续计量时，会计准则规定按照“成本-累计折旧-固定资产减值准备”进行计量；根据税法规定，应按照“成本－已在税前扣除的累计折旧”进行计量。由于会计准则与税务处理规定不同，固定资产的账面价值与计税基础必然存在差异。这种差异主要产生于折旧方法、折旧年限、减值准备等因素。

① 因折旧方法、折旧年限不同产生差异。会计准则规定，企业应当根据与固定资产有关的经济利益的预期实现方式合理选择折旧方法，包括直线法、工作量法、双倍余额递减法和年数总和法。税法规定，固定资产按照直线法计算折旧。对由于技术进步、产品更新换代较快的固定资产，常年处于强震动、高腐蚀状态的固定资产，可以采取缩短折旧年限或者双倍余额递减法或年数总和法加速折旧。

在折旧年限上，会计准则规定由企业根据固定资产的性质和使用情况合理确定，而税法则分别规定每一类固定资产的最短折旧年限，如房屋、建筑物的最短折旧年限为 20 年，飞机、火车、轮船、机器、机械和其他生产设备为 10 年，与生产经营活动有关的器具、工具、家具

等为 5 年，飞机、火车、轮船以外的运输工具为 4 年，电子设备为 3 年。由于会计准则规定的折旧方法、折旧年限与税法规定不同，使得固定资产持有期间的账面价值与计税基础存在差异。

② 因计提固定资产的减值准备产生差异。在固定资产持有期间内，对固定资产计提了减值准备以后，固定资产账面价值随之减少。在税务处理上，企业计提的减值准备在固定资产发生实质性损失前，不允许税前扣除。因此，使得固定资产账面价值与计税基础存在差异。

【例 10-9】 企业于 2012 年 12 月 20 日购入一项环保设备，原价为 1 000 万元，使用年限为 10 年，会计处理时按直线法计提折旧，净残值为零。假设税收法规定类似环保设备采用加速折旧法计提的折旧可予税前扣除，该企业在计税时采用双倍余额递减法计提折旧，净残值为零。2014 年 12 月 31 日，企业对该项设备计提了 80 万元的固定资产减值准备。

2014 年 12 月 31 日，该项设备的账面价值＝1000－100×2－80＝720（万元）

该设备的计税基础＝1 000－1 000×2÷10－（1000－1000×2/10）×2÷10＝640（万元）

该项固定资产的账面价值 720 万元与其计税基础 640 万元之间产生了 80 万的暂时性差异。

（2）无形资产。一般情况下，无形资产在受让时的账面价值与计税基础基本一致，不存在差异。但使用寿命不确定的无形资产，其账面价值与计税基础往往会存在差异。

会计准则规定，无形资产根据其使用寿命区分为使用寿命有限的无形资产与使用寿命不确定的无形资产。对使用寿命不确定的无形资产，会计上不要求摊销，但持有期间每年应进行减值测试。但在税务处理上，没有界定使用寿命不确定的无形资产，所有无形资产均应按规定的摊销期限分期摊销。另外，会计准则规定企业可以计提无形资产减值准备，而税法规定不得在税前扣除减值准备。由此会造成无形资产的账面价值与计税基础产生差异。

【例 10-10】 企业于 2014 年 1 月 1 日取得的某项无形资产，取得成本为 500 万元，企业根据各方面情况判断，无法合理预计其为企业带来未来经济利益的期限，将其视为使用寿命不确定的无形资产。2014 年 12 月 31 日，对该项无形资产进行减值测试表明未发生减值。企业在计税时，对该项无形资产按照 10 年的期限摊销，有关金额允许税前扣除。

2014 年 12 月 31 日，该项无形资产的账面价值＝500（万元）

该项无形资产的计税基础＝500－500÷10＝450（万元）

该项无形资产的账面价值 500 万元与计税基础 450 万元之间产生了 50 万元的暂时性差异。

（3）以公允价值计量且其变动计入当期损益的金融资产。会计准则规定，公允价值计量且其变动计入当期损益的金融资产在某一会计期末的账面价值为该时点的公允价值。而在计税时，税法对该类资产在持有期间市价变动损益是不予考虑的，即该类资产在某一会计期末的计税基础仍为其取得成本。这样，在该类金融资产公允价值变动的情况下，其账面价值与计税基础之间会存在差异。

【例 10-11】 2014 年 10 月 20 日，企业购入一项交易性金融资产，取得成本为 100 万元。12 月 31 日，该交易性金融资产的市价为 90 万元。

2014 年 12 月 31 日，该项交易性金融资产的账面价值＝90（万元）

该项交易性金融资产的计税基础＝100（万元）

该项交易性金融资产的账面价值 90 万元与计税基础 100 万元之间产生了 10 万元的暂时性差异。

（4）其他资产。因会计准则与税法规定不同，企业持有的其他资产，其账面价值与计税基础可能会存在差异，如其他计提了资产减值准备的各项资产如应收账款、存款等。有关资产在计提了减值准备以后，其账面价值会随之下降，而按照税法规定，资产的减值在转化为实质性损失之前，不允许税前扣除，即其计税基础不会因减值的提取而发生变化，从而造成资产账面价值与其计税基础之间的差异。

【例 10-12】 2014 年 12 月 31 日企业存货余额为 3 000 万元，该企业期末对存货计提了 300 万元的存货跌价准备。假设企业期初存货货跌价准备的余额为零。

2014 年 12 月 31 日，该项存货的账面价值＝3 000－300＝2 700（万元）

该项存货的计税基础＝3 000（万元）

该项存款的账面价值 2 700 万元与计税基础 3 000 万元之间产生了 300 万元的暂时性差异。

2）负债的计税基础

负债的计税基础是指负债的账面价值减去未来期间计算应纳税所得额时按照税法规定可予抵扣的金额。计算公式为

负债的计税基础＝账面价值－未来期间按照税法规定可予税前扣除的金额

一般情况下，负债的确认与偿还不会影响企业损益，也不会影响应纳税所得额，在未来期间计算应纳税所得额时按照税法规定可予抵扣的金额为 0，计税基础即为账面价值，如短期借款、应付账款等。

有些负债的确认可能影响企业损益，可能影响当期应纳税所得额，但并不影响以后期的应纳税所得额，比如企业应交的罚款和滞纳金，在尚未支付之前，按照会计准则规定确认为费用，同时作为负债反映。但是，按照税法规定，罚款和滞纳金不准予在税前扣除，不论是发生当期还是以后期间可予税前扣除的金额为 0，计税基础仍等于账面价值。

某些情况下，负债的确认可能会影响企业的损益，进而影响不同期间的应纳税所得额，使得账面价值与计税基础存在差异，如某些预计负债。比如说，企业未决诉讼，在满足有关确认条件时，企业于资产负债日确认为费用，同时确认预计负债。根据税法规定，该类费用支出应在发生时税前扣除。该项预计负债的账面价值减去未来期间可予税前扣除的金额后的差额为 0，即计税基础为 0，由此产生暂时性差异。

（1）预计负债。企业因销售商品提供售后服务等原因确认的预计负债，按规定企业提供售后服务发生的支出在销售当期确认为费用，同进确认预计负债。按税法规定，有关的支出应于发生时税前扣除。该预计负债的计税基础为零，账面价值与计税基础存在差异。

【例 10-13】 企业 2014 年因销售产品提供 3 年的保修服务，在当年度利润表中确认了 200 万元的销售费用，同进确认为预计负债，当年度未发生任何保修支出。假定按税法规定，与产品售后服务相关的费用在实际发生时允许税前扣除。

2014 年 12 月 31 日，该项预计负债的账面价值＝200（万元）

该项预计负债的计税基础＝200－200＝0（万元）

该项预计负债的账面价值 200 万元与计税基础 0 万元之间产生了 200 万元的暂时性差异。

因有些事项确认的预计负债，如果税法规定其支出无论是否实际发生均不允许税前扣除，即未来期间按照税法规定可予抵扣的金额为零，其账面价值与计税基础相同。

【例 10-14】 企业于 2014 年 10 月 10 日，为 Z 公司银行借款提供担保，Z 公司未如期偿还借款，被银行提起诉讼，要求期履行担保责任。12 月 31 日该诉讼尚未审结。企业预计履行该担保责任很可能支出的金额为 2 200 万元。税法规定，企业为其他单位债务提供担保发生的损失不允许在税前扣除。

2014 年 12 月 31 日，该项预计负债的账面价值＝2 200（万元）

该项预计负债的计税基础＝2 200－0＝2 200（万元）

该项预计负债的账面价值 2 200 万元与计税基础 2 200 万元之间未产生暂时性差异。

（2）其他负债。如企业应交的罚款、滞纳金等，在尚未支付之前按照会计规定确认为费用，同时作为负债反映。税法规定，罚款和滞纳金不能税前扣除，即当期不允许扣，以后期间也不允许扣，未来允许税前抵扣的金额为 0，其计税基础等于账面价值。不形成暂时性差异。

2．暂时性差异

暂时性差异是指资产或负债的账面价值与计税基础不同产生的差额。根据暂时性差异对未来期间应纳税所得额的影响，分为应纳税暂时性差异和可抵扣暂时性差异。

（1）应纳税暂时性差异。应纳税暂时性差异，是指在确认未来收回资产或清偿负债期间的应纳税所得额时，将导致产生应税金额的暂时性差异。该差异在未来期间转回时，会增加转回期间的应纳税所得额。应纳税暂时性差异通常产生于以下情况：

① 资产的账面价值大于计税基础。资产的账面价值，代表的是企业在持续使用或最终出售该项资产时取得的经济利益总额。资产的计税基础，代表的是资产在未来期间内可予税前扣除的金额。某些资产的账面价值大于计税基础，意味着该项资产未来期间产生的经济利益不能全部税前扣除，两者之间的差额需要交纳所得税，产生应纳税暂时性差异。例如，一项无形资产账面价值为 200 万元，计税基础为 170 万元，两者之间的差额 30 万元于未来期间不得在税前扣除，会导致应纳税所得额的增加。这 30 万元即为应纳税暂时性差异。

② 负债的账面价值小于计税基础。负债的账面价值，代表的是企业在未来期间清偿该项负债时的经济利益流出。负债的计税基础，代表的是负债的账面价值减除未来期间准予税前扣除金额后的差额。负债的账面价值与计税基础不同而产生的暂时性差异，本质上是与该项负债相关的费用支出在未来期间可予税前扣除的金额。负债的账面价值小于计税基础，意味着该项负债在未来期间可予税前扣除的金额为负数，即在未来期间应调增应纳税所得额。

（2）可抵扣暂时性差异。可抵扣暂时性差异，是指在确定未来收回资产或清偿负债期间的应纳税所得额时，将导致产生可抵扣金额的暂时性差异。该差异在未来期间转回时，会减少转回期间的应纳税所得额。可抵扣暂时性差异通常产生以下情况：

① 资产的账面价值小于计税基础。资产的账面价值小于计税基础，意味着资产在未来期间产生的经济利益少，可予税前扣除的金额多，在未来期间计算应纳税所得额时，应在会计利润基础上调减应纳税所得额。例如，某项资产的账面价值为 200 万元，计税基础为 250 万元，则在未来期间计算应纳税所得额时，可以从自身取得的经济利益基础上多扣除 50 万元，即在未来会计利润基础上，调减应纳税所得额 50 万元，这 50 万元即为可抵扣暂时性差异。

② 负债的账面价值大于计税基础。负债的账面价值大于计税基础而形成的暂时性差异，实质上是与该项负债相关的费用准予在未来期间税前扣除的金额。

负债产生的暂时性差异＝账面价值－计税基础＝账面价值－（账面价值－未来期间计税时可予税前扣除的金额）

＝未来期间计税时可予税前扣除的金额

一项负债的账面价值大于计税基础，意味着企业在未来期间计算应纳税所得额时，与该项负债相关的全部或部分支出可以从未来应税经济利益中扣除，减少未来期间的应纳税所得额。例如，企业未决诉讼于 2008 年 12 月 31 日确认的预计负债（赔偿金）20 万元，计入当期损益。根据税法规定，该类费用只能在发生时于税前扣除，当期不得扣除，故计税基础为0（预计负债的账面价值20万元－未来期间可予税前扣除的金额20万元）；应纳税暂时性差异20万元（预计负债的账面价值20万元－计税基础0）。

（3）可抵扣亏损和税款抵减。按照税法规定可结转以后年度弥补的亏损和税款抵减与可抵扣暂时性差异具有同样的作用，能够减少未来期间的应纳税所得额和应交所得税，应视同可抵扣暂时性差异处理。

另外，某些交易或事项发生后，因不符合资产或负债的确认条件而未体现为资产负债表中的资产或负债，但按照税法规定能够确定其计税基础的，其账面价值0与计税基础之间的差异也构成暂时性差异。例如，企业在筹建期间发生的开办费，会计准则规定应予发生时计入当期损益，不体现为资产负债表中的资产。但按照税法规定，该类费用应在企业开始正常生产经营后的一定期限内分期摊销扣除。由此，形成可抵扣的暂时性差异。

3. 递延所得税负债与递延所得税资产

期末，企业应按照暂时性差异与适用税率计算的结果，确定递延所得税资产和递延所得税负债。其中，根据可抵扣差异和适用税率计算的结果为递延所得税资产，根据应纳税暂时性差异和适用税率计算的结果为递延所得税负债。

1）递延所得税负债

递延所得税负债产生于应纳税暂时性差异。由于应纳税暂时性差异在未来期间转回时，会增加转回期间的应纳税所得额和应交所得税额，导致企业经济利益的流出，所以在应纳税暂时性差异产生的当期，构成企业应支付所得税金的义务，应作为负债确认。

（1）递延所得税负债的确认。除所得税会计准则明确规定可不确认递延所得税负债的情况外，企业对所有的应纳税暂时性差异，均应确认相关的递延所得税负债。资产负债表日递延所得税负债的金额计算公式为

递延所得税负债＝应纳税暂时性差异×适用所得税税率

资产负债表日计算的递延所得税负债金额即为在资产负债表上填写的“递延所得税负债”项目的期末余额，表示资产负债表日递延所得税负债应有数。

在初始确认递延所得税负债时，以资产负债表日计算的递延所得税负债金额为“递延所得税负债”账户的入账金额。在以后再确认时，以资产负债表日计算的递延所得税负债金额减去期初余额后的差额作为“递延所得税负债”账户的入账金额。递延所得税负债计算公式为

递延所得税负债＝期末递延所得税负债－期初递延所得税负债

值得注意的是，在某些情况下，虽然资产负债的账面价值与计税基础不同，产生了应纳税暂时性差异，但出于各方面考虑，所得税会计准则规定不确认相应的所得税负债，主要包括：①商誉的初始确认；②除企业合并以外的其他交易或事项中，如果该项交易或事项发生时，既不影响会计利润，也不影响应纳税所得额的，其资产负债的初始确认金额大于计税基础不同而形成的应纳税暂时性差异，在交易或事项发生时不确认相应的递延所得税负债；③与子公司、联营公司、合营企业投资等相关的应纳税暂时性差异，一般应确认相关的递延所得税负债。但同时满足以下两个条件的除外：一是投资企业能够控制暂时性差异的转回时间；二是该暂时性差异在可预见的未来很可能不会转回。

（2）递延所得税负债的计量。在资产负债表日，递延所得税负债应当根据税法规定，按

照预期清偿该负债期间的适用税率计量，即以应纳税暂时性差异转回期间税法规定的适用所得税率计量。适用税率发生变化的，应对已确认的递延所得税负债进行重新计量。

另外，会计准则规定，对递延所得税负债不要求折现。

2）递延所得税资产

递延所得税资产产生于可抵扣暂时性差异。由于可抵扣暂时性差异在未来期间转回时，会减少转回期间的应纳税所得额和应交所得税额，所以在可抵扣暂时性差异产生的当期，应确认相关的递延所得税资产。

（1）递延所得税资产的确认。对于资产负债的账面价值与计税基础不同而产生的可抵扣暂时性差异，在估计未来期间能够取得足够的应纳税所得额用以利用该可抵扣暂时性差异时，应以很可能取得的用来抵扣可抵扣暂时性差异的应纳税所得额为限，确认相关的递延所得税资产。资产负债表日递延所得税资产应有金额计算公式为

递延所得税资产＝可抵扣暂时性差异×适用所得税税率

资产负债表日计算的递延所得税资产金额即为在资产负债表上填写的“递延所得税资产”项目的期末余额，表示资产负债表日递延所得税资产应有额。

如果企业在可抵扣暂时性差异转回的未来期间内，无法产生足够的应纳税所得额用以利用可抵扣暂时性差异的影响，使得与可抵扣暂时性差异相关的经济利益无法实现的，则不应确认递延所得税资产。

在初始确认时，以资产负债表日计算的递延所得税资产金额为“递延所得税资产”账户的入账金额。在以后再确认时，以资产负债表日计算的递延所得税资产金额减去期初余额后的差额，作为“递延所得税资产”账户的入账金额。递延所得税资产计算公式为

递延所得税资产＝期末递延所得税资产－期初递延所得税资产

在确认递延所得税资产时，应注意下列问题：

① 与子公司、联营企业、合营企业的投资相关的可抵扣暂时性差异，同时满足下列条件的，应确认相关的递延所得税资产：一是暂时性差异在可预见的未来很可能转回；二是未来很可能获得用来抵扣可抵扣暂时性差异的应纳税所得额。

对联营企业和合营企业投资产生的可抵扣暂时性差异，主要产生于两种情况：一是被投资单位发生亏损时，投资企业按照持股比例确认应予承担的部分，相应减少长期股权投资的账面价值，但按照税法规定，长期股权投资的成本在持有期间不发生变化，由此造成长期股权投资的账面价值小于计税基础，产生可抵扣暂时性差异；二是对长期股权投资计提减值准备，会产生可抵扣暂时性差异。

② 对按照税法规定可以结转以后年度弥补的亏损和税款递减，应以未来期间很可能获得的用来抵扣亏损和税款抵减的应纳税所得额为限，确认相应的递延所得税资产。

③ 企业发生的某项交易或事项，如果不属于企业合并，并且在发生时既不影响会计利润也不影响应纳税所得额的，其资产、负债的初始确认金额小于计税基础而形成的可抵扣暂时性差异，在交易或事项发生时不确认相应的递延所得税资产。

（2）递延所得税资产的计量。

① 适用税率的确定。与递延所得税负债的计量原则相一致，在确认递延所得税资产时，以预期收回该资产期间适用的所得税税率为基础计算确定。适用税率发生变化的，企业应对已确认的递延所得税资产按照新的适用税率进行重新计量。

另外，递延所得税资产不要求折现。

② 递延所得税资产的减值。在资产负债表日，企业应对递延所得税资产的账面价值进行复核。如果未来期间很可能无法取得足够的应纳税所得额用以利用可抵扣暂时性差异带来的经济利益，应减记递延所得税资产的账面价值。

资产账面价值大于其计税基础
负债账面价值小于其计税基础 } → 应纳税暂时性差异 → 递延所得税负债

资产账面价值小于其计税基础
负债账面价值大于其计税基础 } → 可抵扣暂时性差异 → 递延所得税资产

4．所得税费用

企业核算所得税，主要目的是确定当期应交所得税和利润表中的所得税费用。在资产负债表债务法下，利润表中的所得税费用由当期所得税和递延所得税两个部分组成。

所得税费用＝当期所得税＋递延所得税

（1）当期所得税。当期所得税是指企业按照税法规定计算的当期应缴纳的企业所得税。计算程序一般为：首先在会计利润基础上，按照税法规定进行纳税调整，计算出应纳税所得额；然后，按照应纳税所得额和适用税率计算应缴纳的所得税额。

（2）递延所得税。递延所得税是递延所得税负债和递延所得税资产当期发生额的综合结果。递延所得税费用等于因确认递延所得税负债产生的所得税费用减去因确认递延所得税资产而产生的所得税费用。

递延所得税费用＝当期确认的递延所得税负债（期末递延所得税负债－期初递延所得税负债）－当期确认的递延所得税资产（期末递延所得税资产－期初递延所得税资产）

【例 10-15】 某公司递延所得税负债年初数为 40 万元，年末数为 50 万元，递延所得税资产年初数为 25 万元，年末数为 20 万元；当期应交所得税 500 万元。

所得税费用＝当期所得税＋递延所得税＝500＋（50－40）－（20－25）＝515（万元）

需要说明的是，企业因确认递延所得税负债和递延所得税资产产生的递延所得税，一般计入所得税费用，但以下两种情况除外：

（1）某项交易或事项按照会计准则规定应计入所有者权益的，由该交易或事项产生的递延所得税资产或递延所得税负债及其变化亦应计入所有者权益，不构成利润表中的递延所得费用（或收益）。如可供出售金融资产公允价值的变动，使相关的资产、负债的账面价值与计税基础之间形成暂时性差异的，应按照准则规定确认递延所得税资产或递延所得税负债，并计入资本公积（其他资本公积）。

（2）企业合并中取得的资产或负债，其账面价值与计税基础不同，应在确认相关递延所得税负债或递延所得税资产的同时，相关的递延所得税费用（或收益），一般应调整在企业合并中应予确认的商誉。

二、企业所得税费用核算程序

企业一般应于每一资产负债表日进行所得税核算，其核算程序如下所述。

1．确定当期应交所得税

按照税法规定计算确定当期应纳税所得额，按照应纳税所得额与适用的所得税税率计算确定当期应交所得税，作为利润表中所得税费用的一个组成部分——当期所得税。

2．确定资产与负债的账面价值

按照会计准则确定资产负债表中除递延所得税资产和递延所得税负债以外的其他资产和负债项目的账面价值。资产与负债的账面价值，是指企业按照会计准则进行核算后在资产负债表中列示的金额。例如，企业持有的应收账款账面余额为 3 000 万元，企业对该应收账款计提了 100 万元的坏账准备，其账面价值为 2 900 万元，为该应收账款在资产负债表中的列示金额。

3．确定资产与负债的计税基础

以税收法规为基础，确定资产负债表中有关资产与负债表日的计税基础。

4．确定暂时性差异与递延所得税

比较资产、负债的账面价值与计税基础，对于两者之间存在的暂时性差异，根据其性质确定应纳税暂时性差异与可抵扣暂时性差异。然后，以暂时性差异乘以所得税税率，确定资产负债表日递延所得税负债与递延所得税资产应有金额，并与期初递延所得税负债与递延所得税资产的余额比较，确定当期递延所得税负债与递延所得税资产金额，作为利润表中所得税费用的另一个组成部分——递延所得税。

5．确定当期所得税费用

利润表中的所得税费用包括当期所得税和递延所得税两个组成部分。企业在计算确定了当期所得税和递延所得税后，两者之和（或之差）是利润表中的所得税费用。

由此可见，正确计算当期应纳所得税、正确确定资产负债的计税基础、准确区分暂时性差异、准确计算递延所得税资产和递延所得税负债是计算所得税费用的关键。当期所得税的计算见前企业所得税的计算与缴纳。

【例 10-16】 某公司采用资产负债表债务法计提所得税费用。2014 年度利润总额 800 000 元，有两个事项税法与会计的处理有差异。

（1）2014 年因销售产品承诺提供 3 年的免费保修服务，在当年利润表中确认了 30 000 元的销售费用，同时确认为预计负债，当年度未发生相关的修理支出。按税法规定，与产品售后服务相关的费用在实际发生时允许税前扣除。

（2）2013 年年末购入一台价值为 500 万元的设备，按会计规定 2014 年计提的折旧额为 50 万元，按税法规定 2014 年可在税前扣除的折旧额为 100 万元。

除以上项目外，会计与税法的处理规定均为一致，且“递延所得税资产”“递延所得税负债”科目期初无余额。

要求：计算 2014 年应计提的所得税费用金额。

（1）确认当期所得税。未发生的保修费支出，税上不允许扣除，纳税调增 3 万元；固定资产的折旧费，会计上计提的折旧额＝50 万元；税上允许扣除的折旧额＝100 万纳税调 50 万元。

应纳所得税额＝80＋3－50＝33（万元）

应纳所得税＝33×25%＝8.25（万元）

（2）确认资产、负债的账面价值与计税基础，并进行暂时性差异分析。

预计负债，账面价值 3 万元，计税基础 0，形成可抵扣差异 3 万元。

固定资产，账面价值＝500－50＝450（万元），计税基础＝500－100＝400（万元），形成应纳税差异 50 万元。

（3）期末递延所得税资产（负债）确认。

期末递延所得税资产余额＝3×25%＝0.75（万元）

期末递延所得税负债余额＝50×25%＝12.5（万元）

（4）确认当期递延所得税资产（负债）发生额。

递延所得税资产当期发生额＝0.75（万元）

期末递延所得税负债当期发生额＝12.5（万元）

（5）计算所得税费用。

所得税费用＝当期所得税＋递延所得税＝8.25＋12.5－0.75＝20（万元）

三、企业所得税会计处理

1. 设置账户

在资产负债表债务法下，为反映企业当期应交所得税和在利润表中确认所得税费用，企业应设置“应交税费——应交所得税”“所得税费用”“递延所得税资产”和“递延所得税负债”等会计账户。

（1）“应交税费——应交所得税”账户。该账户为负债类账户，核算企业按照税法规定计算的应缴纳的企业所得税额。企业按照税法规定计算当期应纳的所得税额，记入该账户的贷方；缴纳的所得税额，记入该账户的借方。期末，该账户贷方余额反映欠缴的所得税；如出现借方余额，反映企业多缴的所得税。

（2）“所得税费用”账户。该账户为损益类账户，核算企业确认的应从当期利润总额中扣除的所得税费用。可设置“当期所得税费用”和“递延所得税费用”两个明细分类账户进行明细核算。期末，应将该科目的余额转入“本年利润”科目，结转后本科目应无余额。

（3）“递延所得税负债”账户。该账户为负债类账户，核算企业确认的应纳税暂时性差异产生的所得税负债，可按应纳税暂时性差异的具体项目进行明细核算。该账户贷方登记当期确认的递延所得税负债，借方登记当期转回的递延所得税负债，期末余额反映企业已确认的递延所得税负债的余额。

（4）“递延所得税资产”账户。该账户为资产类账户，核算企业确认的可抵扣暂时性差异产生的递延所得税资产，可按可抵扣暂时性差异的项目设置明细分类账户进行明细核算。根据税法规定可用以后年度税前利润弥补的亏损及税款抵减产生的所得税资产，也在该账户核算。该账户的借方登记当期确认的递延所得税资产，贷方登记转回的递延所得税资产，期末借方余额反映企业已确认的递延所得税资产的余额。

2. 计提所得税费用的核算

（1）资产负债表日，企业按照税法规定计算确定的当期应交所得税，借记“所得税费用——当期所得税费用”科目，贷记“应交税费——应交所得税”科目。

【例 10-17】 承【例 10-16】，当期应纳所得税 82 500 元，据此编制会计分录。

借：所得税费用	82 500	
贷：应交税费——应交所得税		82 500

（2）资产负债表日，根据递延所得税负债期末数减去期初数计算当期应确认或转回的递延所得税负债，若为正数，表示期末应有数大于实有数，应确认（增加）递延所得税负债，递延所得税增加，按其差额借记“所得税费用——递延所得税费用”科目，贷记“递延所得税负债”科目；若为负数，表示期末应有数小于实有数，递延所得税应转回，递延所得税负债减少，应按其差额，借记“递延所得税负债”科目，贷记“所得税费用——递延所得税费用”科目。

直接计入所有者权益的交易或事项相关的递延所得税负债，借记“资本公积——其他资本公积”科目，贷记“递延所得税负债”科目。

企业合并中取得资产或负债的入账价值与计税基础不同形成应纳税暂时性差异的，应于购买日确认递延所得税负债，同时调整商誉，借记“商誉”等科目，贷记“递延所得税负债”科目。

【例 10-18】 承【例 10-16】和【例 10-17】，递延所得税负债期初余额为 0，期末余额为 125 000 元，当期应确认的递延所得税负债 125 000 元，据此编制会计分录。

借：所得税费用　　125 000
　贷：递延所得税负债　　125 000

（3）资产负债表日，根据递延所得税资产期末数减去期初数计算当期应确认或转回的递延所得税资产，若为正数，表示期末应有数大于实有数，企业应确认（增加）递延所得税资产，按其差额，借记“递延所得税资产”科目，贷记“所得税费用——递延所得税费用”科目；若为负数，表示期末应有数小于实有数，递延所得税资产应冲减，按其差额，借记“所得税费用——递延所得税费用”科目，贷记“递延所得税资产”科目。

与直接计入所有者权益的交易或事项相关的递延所得税资产，借记“递延所得税资产”科目，贷记“资本公积——其他资本公积”科目。

企业合并中取得资产或负债的入账价值与计税基础不同形成可抵扣暂时性差异的，应于购买日确认递延所得税资产，借记“递延所得税资产”科目，贷记“商誉”等科目。

【例 10-19】 承【例 10-16】【例 10-17】和【例 10-18】，根据递延所得税资产期初余额为 0，期末余额为 7 500 元，当期应确认的递延所得税资产 7 500 元，据此编制会计分录。

借：递延所得税资产　　7 500
　贷：所得税费用　　7 500

3. 缴纳企业所得税的核算

企业预缴或汇算清缴企业所得税时，根据税收缴款书上已缴的企业所得税额，借记“应交税费——应交所得税”科目，贷记“银行存款”科目。

4. 结转所得税费用的核算

资产负债表日，企业结转所得税费用，借记“本年利润”科目，贷记“所得税费用——当期所得税费用、递延所得税费用”科目。

知识拓展

应付税款法

应付税款法是企业所得税的另一种核算方法，是指本期税前会计利润与应纳税所得额之间的差异造成的影响纳税的金额直接计入当期损益，而不递延到以后各期的会计处理方法。在应付税款法下，不需要确认税前会计利润与应纳税所得额之间的差异造成的影响纳税的金额，因此，当期计入损益的所得税费用等于当期按应纳税所得额计算的应交所得税。在这种方法下，本期的所得税费用等于应付所得税金额。在应付税款法下，根据当期应纳所得税额，借记“所得税费用”科目，贷记“应交税费——应交所得税”。

同步测试

一、单项选择题

1. 下列机构中，不属于企业所得税纳税人的是（　　）。

A. 基金会　　B. 合伙企业　　C. 非企业单位　　D. 社会团体

2. 居民企业是指依法在中国境内成立，或者依照外国（地区）法律成立但（　　）在中国境内的企业。

A. 总机构　　B. 财务部门　　C. 人事部门　　D. 实际管理机构

3. 根据企业所得税法律制度的规定，下列关于非居民企业的表述中，正确的是（　　）。

A. 在境外成立的企业均属于非居民企业

B. 在境内成立但有来源于境外所得的企业属于非居民企业

C. 依照外国法律成立，实际管理机构在中国境内的企业属于非居民企业

D. 依照外国法律成立，实际管理机构不在中国境内但在中国境内设立机构、场所的企业属于非居民企业

4. 根据企业所得税法规的规定，纳税人取得的下列收入中，不计入应纳税所得额的是（　　）。

A. 国库券利息收入　　B. 国家重点建设债券利息收入

C. 金融债券的利息收入　　D. 银行存款的利息收入

5. 在计算企业所得税应纳税所得额时，下列税金不得从收入总额中扣除的是（　　）。

A. 增值税　　B. 消费税　　C. 营业税　　D. 城市维护建设税

6. 根据企业所得税法律制度的规定，在计算企业应纳税所得额时，除国务院财政、税务主管部门另有规定外，有关费用支出不超过规定比例的准予扣除，超过部分，准予在以后纳税年度结转扣除。下列各项中，属于该有关费用的是（　　）。

A. 工会会费　　B. 社会保险费　　C. 职工福利费　　D. 职工教育经费

7. 企业发生的公益性捐赠支出，在年度利润总额（　　）以内的部分，准予在计算应纳税所得额时扣除。

A. 3%　　B. 10%　　C. 12%　　D. 20%

8. 某企业某年度实现利润总额 20 万元，在营业外支出账户列支了通过公益性社会团体向贫困地区的捐款 5 万元。根据企业所得税法律制度的规定，在计算该企业该年度应纳税所得额时，允许扣除的捐款数额为（　　）万元。

A. 5　　B. 2.4　　C. 1.5　　D. 1

9. 某企业某年的销售收入为 5 000 万元，实际支出的业务招待费为 40 万元，在计算应纳税所得额时允许扣除的业务招待费是（　　）。

A. 18 万元　　B. 24 万元　　C. 25 万元　　D. 30 万元

10. 某汽车制造行业某年实现销售（营业）收入 1 000 万元，实际发生广告费和业务宣传费支出 300 万元，则该企业该年计算应纳税所得额时可以税前扣除的广告费和业务宣传费为（　　）万元。

A. 20　　B. 80　　C. 150　　D. 300

11. 某软件企业是国家需要重点扶持的高新技术企业。2012 年度该企业的应纳税所得额为 200 万元，该企业 2012 年度应缴纳的企业所得税额为（　　）万元。

A. 50　　B. 40　　C. 30　　D. 20

12. 根据《企业所得税法》的规定，企业为开发新技术、新产品、新工艺发生的研究开发费用，未形成无形资产计入当期损益的，在按照规定据实扣除的基础上，按照研究开发费用的一定比例加计扣除，则该比例为（　　）。

A. 50%　　B. 100%　　C. 150%　　D. 200%

13. 某项机器设备原值为 150 万元，现账面价值为 100 万元，计税的累计折旧为 90 万元，则此项资产的计税基础为（　　）万元。

A. 60　　B. 150　　C. 100　　D. 90

14. 甲公司 2007 年年末某项资产账面价值 20 万元，计税基础 30 万元，则该项资产（　　）。

A. 产生可抵扣暂时性差异 10 万元　　B. 产生可抵扣暂时性差异 2.5 万元

C. 产生应纳税暂时性差异 10 万元　　D. 产生应纳税暂时性差异 2.5 万元

二、多项选择题

1. 根据《企业所得税法》的规定，下列各项中，在计算企业所得税应纳税所得额时不得扣除的有（　　）。

A. 向投资者支付的红利

B. 企业内部营业机构之间支付的租金

C. 企业内部营业机构之间支付的特许权使用费

D. 未经核定的准备金支出

2. 在中国境内未设立机构、场所的非居民企业从中国境内取得的下列所得，应按收入全额计算征收企业所得税的有（　　）。

A. 股息　　B. 转让财产所得　　C. 租金　　D. 特许权使用费

3. 下列各项中，需调整增加企业应纳税所得额的项目有（　　）。

A. 国债利息收入　　B. 已计入损益的税收滞纳金

C. 超标的业务招待费支出　　D. 合同违约金

4. 下列各项，在计算应纳税所得额时，不需要做纳税调减的是（　　）。

A. 超标的广告费支出　　B. 超过税法规定标准的职工薪酬

C. 国库券利息收入　　D. 税收滞纳金支出

5. 下列项目中，应确认递延所得税负债的有（　　）。

A. 固定资产账面价值大于其计税基础

B. 固定资产账面价值小于其计税基础

C. 可供出售金融资产账面价值大于其计税基础

D. 预计负债账面价值大于其计税基础

6. 下列各项中，可能会影响本期所得税费用的有（　　）。

A. 期末在产品成本　　B. 本期应交所得税

C. 本期递延所得税资产借方发生额　　D. 本期递延所得税负债借方发生额

三、业务处理题

1. 某公司 2014 年度利润表中营业收入额为 2 000 万元，会计利润 300 万元，该公司适用的所得税税率为 25%。2014 年发生的有关交易和事项中，会计处理与税收处理存在差别的有以下 8 项：

（1）8 月份取得作为交易性金融资产核算的股票投资成本为 800 万元，2014 年 12 月 31 日的公允价值为 900 万元。

（2）管理费用中已列支业务招待费 20 万元。

（3）销售费用中已列支广告费和业务宣传费 210 万元。

（4）营业外支出中共列支了捐赠 48 万元，其中直接向关联企业捐赠 8 万元，通过红十字会捐赠 40 万元。

（5）2014 年 1 月开始计提折旧的一项固定资产，成本为 2 000 万元，使用年限为 10 年，净残值为 0。会计处理按双倍余额递减法计提折旧，税收处理按直线法计提折旧。税法规定的使用年限及净残值与会计规定相同。

（6）年末对固定资产计提了 30 万元的固定资产减值准备。

（7）因销售产品提供 3 年的保修服务，估计很可能发生保修费支出，故会计上确认了 200 万元的销售费用，同时确认为预计负债。

（8）2010—2013 年度账面有未弥补亏损 10 万元。

要求完成以下任务：

（1）逐项核定调增调减所得额，并计算 2014 年应纳税所得额。

（2）计算该公司 2014 年度应纳企业所得税额，并用应付税款法编制计提所得税费用的会计分录。

2. 某公司企业所得税采用资产负债表债务法核算。2014 年年初递延所得税资产账面余额为借方 120 万元，递延所得税负债账面余额为贷方 60 万元。2014 年当期应交所得税为 462 万元，有关资产、负债的账面价值与其计税基础不一致的项目资料如下表所示。

要求完成以下任务：

（1）分析各项目产生的暂时性差异的类型，计算差异额，并填入表格相应位置。

项　目	账面价值	计税基础	应纳税暂时性差异	可抵扣暂时性差异
存　货	1 600 万元	1 680 万元		
固定资产	364 万元	480 万元		
无形资产	280 万元	0		
预计负债	100 万元	0		
合　计				

（2）计算该公司 2014 年递延所得税资产、递延所得税负债期末账面应有余额、本期发生额，并将金额填入表格中。

	期初账面余额	期末账面应有余额	本期发生额
递延所得税资产			
递延所得税负债			

（3）编制本年度计提所得税的会计分录。

北京大学出版社第六事业部高职高专财务会计系列教材目录

书　名	书　号	主　编	定　价
财经法规与会计职业道德（第2版）	即将出版	胡玲玲，王　平	35.00（估）
财经英语阅读	978-7-81117-952-1	朱　琳	29.00
公共关系实务（第2版）	978-7-301-25190-4	李　东，王伟东	32.00
管理心理学	978-7-301-23314-6	蒋爱先，杨元利	31.00
管理学基础	978-7-81117-974-3	李蔚田	34.00
管理学实务教程	978-7-301-21324-7	杨清华	33.00
管理学原理与应用	978-7-5655-0065-7	秦　虹	27.00
经济法原理与实务（第2版）	978-7-301-26098-2	柳国华	38.00
经济学基础	978-7-301-22536-3	王　平	32.00
经济学基础	978-7-301-21034-5	陈守强	34.00
人力资源管理实务（第2版）	978-7-301-25680-0	赵国忻，钱　程	31.00
Excel 财务管理应用	978-7-5655-0358-0	陈立稳	33.00
Excel 在财务和管理中的应用	978-7-301-22264-5	陈跃安，等	33.00
财务管理（第2版）	978-7-301-25725-8	翟其红	35.00
财务管理	978-7-301-17843-0	林　琳，等	35.00
财务管理实务教程	978-7-301-21945-4	包忠明，等	30.00
财务会计	978-7-301-20951-6	张严心，等	32.00
财务会计实务	978-7-301-22005-4	管玲芳	36.00
财务活动管理	978-7-5655-0162-3	石兰东	26.00
成本费用核算	978-7-5655-0165-4	王　磊	27.00
成本会计	978-7-5655-0130-2	陈东领	25.00
成本会计	978-7-301-21561-6	潘素琼	27.00
成本会计（第2版）	978-7-301-26207-8	平　音，赵　霞	30.00
成本会计实务	978-7-301-19308-2	王书果，等	36.00
初级会计实务	978-7-301-23586-7	史新浩，张建峰	40.00
初级会计实务学习指南	978-7-301-23511-9	史新浩，朱云萍	30.00
电算会计综合实习	978-7-301-21096-3	陈立稳，陈健	38.00
管理会计	978-7-301-22822-7	王红珠，邵敬浩	34.00
会计电算化技能实训	978-7-301-23966-7	李　焱	40.00
会计电算化项目教程	978-7-301-22104-4	亓文会，亓凤华	34.00
会计基本技能	978-7-5655-0067-1	高东升，王立新	26.00
会计基础实务	978-7-301-21145-8	刘素菊，潘素琼	27.00
会计基础实训	978-7-301-19964-0	刘春才	29.00
基础会计教程与实训（第2版）	978-7-301-16075-6	李　洁，付　强	30.00
基础会计实务	978-7-301-23843-1	郭武燕	30.00

书　名	书　号	主　编	定　价
企业会计基础	978-7-301-20460-3	徐炳炎	33.00
税务会计实用教程	978-7-301-26295-5	周常青，等	37.00
商务统计实务	978-7-301-21293-6	陈晔武	29.00
审计实务	978-7-301-25971-9	涂申清	37.00
审计业务操作	978-7-5655-0171-5	涂申清	30.00
审计业务操作全程实训教程	978-7-5655-0259-0	涂申清	26.00
统计基础与案例（第2版）	即将出版	黄彬红	35.00（估）
统计基础理论与实务	978-7-301-22862-3	康燕燕，刘红英	34.00
统计学原理	978-7-301-21924-9	吴思莹，刑小博	36.00
预算会计	978-7-301-20440-5	冯　萍	39.00
中小企业财务管理教程	978-7-301-19936-7	周　兵	28.00
保险实务	978-7-301-20952-3	朱丽莎	30.00
货币银行学	978-7-301-21181-6	王　菲，李松华	37.00
纳税申报与筹划	978-7-301-20921-9	李英艳，黄体允	38.00
企业纳税计算与申报	978-7-301-21327-8	傅凤阳	30.00
企业纳税与筹划实务	978-7-301-20193-0	郭武燕	38.00
商业银行会计实务	978-7-301-21132-8	王启姣	35.00
商业银行经营管理	978-7-301-21294-3	胡良琼，李远慧	27.00
商业银行综合柜台业务	978-7-301-23146-3	曹俊勇，杨天平	30.00
税务代理实务	978-7-301-22848-7	侯荣新，赵　晶	34.00
新编纳税筹划	978-7-301-22770-1	李　丹	30.00

如您需要更多教学资源如电子课件、电子样章、习题答案等，请登录北京大学出版社第六事业部官网 www.pup6.cn 搜索下载。

如您需要浏览更多专业教材，请扫下面的二维码，关注北京大学出版社第六事业部官方微信（微信号：pup6book），随时查询专业教材、浏览教材目录、内容简介等信息，并可在线申请纸质样书用于教学。

感谢您使用我们的教材，欢迎您随时与我们联系，我们将及时做好全方位的服务。联系方式：010-62750667，sywat716@126.com，pup_6@163.com，lihu80@163.com，欢迎来电来信。客户服务 QQ 号：1292552107，欢迎随时咨询。